Heinrich Heine

Werke in fünf Bänden

Band 1

Könemann

© 1995 für diese Ausgabe
Könemann Verlagsgesellschaft mbH
Bonner Straße 126, D-50968 Köln

Herausgegeben von Rolf Toman
Lektorat: Ursula Buchheister
Herstellungsleiter: Detlev Schaper
Covergestaltung: Peter Feierabend
Satz: HEVO GmbH, Dortmund
Printed in Hungary
ISBN 3-89508-065-9

Inhalt

Buch der Lieder

Vorrede zur zweiten Auflage

Diese neue Ausgabe des Buchs der Lieder kann ich dem über-rheinischen Publikum nicht zuschicken, ohne sie mit freundlichen Grüßen in ehrlichster Prosa zu begleiten. Ich weiß nicht welches wunderliche Gefühl mich davon abhält, dergleichen Vorworte, wie es bei Gedichtesammlungen üblich ist, in schönen Rhythmen zu versifizieren. Seit einiger Zeit sträubt sich etwas in mir gegen alle gebundene Rede, und wie ich höre, regt sich bei manchen Zeitgenossen eine ähnliche Abneigung. Es will mich bedünken, als sei in schönen Versen allzuviel gelogen worden, und die Wahrheit scheue sich in metrischen Gewanden zu erscheinen.

Nicht ohne Befangenheit übergebe ich der Lesewelt den erneuten Abdruck dieses Buches. Es hat mir die größte Überwindung gekostet, ich habe fast ein ganzes Jahr gezaudert, ehe ich mich zur flüchtigen Durchsicht desselben entschließen konnte. Bei seinem Anblick erwachte in mir all jenes Unbehagen, das mir einst vor zehn Jahren, bei der ersten Publikation, die Seele beklemmte. Verstehen wird diese Empfindung nur der Dichter oder Dichterling, der seine ersten Gedichte gedruckt sah. Erste Gedichte! Sie müssen auf nachlässigen, verblichenen Blättern geschrieben sein, dazwischen, hie und da, müssen welke Blumen liegen, oder eine blonde Locke, oder ein verfärbtes Stückchen Band, und an mancher Stelle muß noch die Spur einer Träne sichtbar sein. ... Erste Gedichte aber, die gedruckt sind, grell schwarz gedruckt auf entsetzlich glattem Papier, diese haben ihren süßesten, jungfräulichsten Reiz verloren und erregen bei dem Verfasser einen schauerlichen Mißmut.

Ja, es sind nun zehn Jahre, seitdem diese Gedichte zuerst erschienen, und ich gebe sie wie damals in chronologischer Folge, und ganz voran ziehen wieder Lieder, die in jenen früheren Jahren gedichtet worden, als die ersten Küsse der deutschen

Muse in meiner Seele brannten. Ach! die Küsse dieser guten Dirne verloren seitdem sehr viel von ihrer Glut und Frische! Bei so langjährigem Verhältnis mußte die Inbrunst der Flitterwochen allmählich verrauchen; aber die Zärtlichkeit wurde manchmal um so herzlicher, besonders in schlechten Tagen, und da bewährte sie mir ihre ganze Liebe und Treue, die deutsche Muse! Sie tröstete mich in heimischen Drangsalen, folgte mir ins Exil, erheiterte mich in bösen Stunden des Verzagens, ließ mich nie im Stich, sogar in Geldnot wußte sie mir zu helfen, die deutsche Muse, die gute Dirne!

Ebensowenig wie an der Zeitfolge, änderte ich an den Gedichten selbst. Nur hie und da, in der ersten Abteilung, wurden einige Verse verbessert. Der Raumersparnis wegen habe ich die Dedikationen der ersten Auflage weggelassen. Doch kann ich nicht umhin zu erwähnen, daß das lyrische Intermezzo einem Buche entlehnt ist, welches unter dem Titel »Tragödien« im Jahr 1823 erschien und meinem Oheim Salomon Heine zugeeignet worden. Die hohe Achtung, die ich diesem großartigen Manne zollte, sowie auch meine Dankbarkeit für die Liebe, die er mir damals bewiesen, wollte ich durch jene Widmung beurkunden. »Die Heimkehr« welche zuerst in den Reisebildern erschien, ist der seligen Friederike Varnhagen von Ense gewidmet, und ich darf mich rühmen der erste gewesen zu sein, der diese große Frau mit öffentlicher Huldigung verehrte. Es war eine große Tat von August Varnhagen, daß er, alles kleinliche Bedenken abweisend, jene Briefe veröffentlichte, worin sich Rahel mit ihrer ganzen Persönlichkeit offenbart. Dieses Buch kam zur rechten Zeit, wo es eben am besten wirken, stärken und trösten konnte. Das Buch kam zur trostbedürftig rechten Zeit. Es ist als ob die Rahel wußte, welche posthume Sendung ihr beschieden war. Sie glaubte freilich es würde besser werden und wartete; doch als des Wartens kein Ende nahm, schüttelte sie ungeduldig den Kopf, sah Varnhagen an, und starb schnell – um desto schneller auferstehn zu können. Sie mahnt mich an die Sage jener anderen Rahel, die aus dem Grabe hervorstieg und an der Landstraße stand und weinte, als ihre Kinder in die Gefangenschaft zogen.

Ich kann ihrer nicht ohne Wehmut gedenken, der liebreichen Freundin, die mir immer die unermüdlichste Teilnahme widmete, und sich oft nicht wenig für mich ängstigte, in jener Zeit meiner jugendlichen Übermüten, in jener Zeit als die Flamme der Wahrheit mich mehr erhitzte als erleuchtete. ...

Diese Zeit ist vorbei! Ich bin jetzt mehr erleuchtet als erhitzt. Solche kühle Erleuchtung kommt aber immer zu spät bei den Menschen. Ich sehe jetzt im klarsten Lichte die Steine über welche ich gestolpert. Ich hätte ihnen so leicht ausweichen können, ohne darum einen unrechten Weg zu wandeln. Jetzt weiß ich auch, daß man in der Welt sich mit allem befassen kann, wenn man nur die dazu nötigen Handschuhe anzieht. Und dann sollten wir nur das tun, was tunlich ist und wozu wir am meisten Geschick haben, im Leben wie in der Kunst. Ach! zu den unseligsten Mißgriffen des Menschen gehört, daß er den Wert der Geschenke, die ihm die Natur am bequemsten entgegenträgt, kindisch verkennt, und dagegen die Güter, die ihm am schwersten zugänglich sind, für die kostbarsten ansieht. Den Edelstein, der im Schoße der Erde festgewachsen, die Perle, die in den Untiefen des Meeres verborgen, hält der Mensch für die besten Schätze; er würde sie gering achten, wenn die Natur sie gleich Kieseln und Muscheln zu seinen Füßen legte. Gegen unsere Vorzüge sind wir gleichgültig; über unsere Gebrechen suchen wir uns so lange zu täuschen, bis wir sie endlich für Vortrefflichkeiten halten. Als ich einst, nach einem Konzerte von Paganini, diesem Meister mit leidenschaftlichen Lobsprüchen über sein Violinspiel entgegentrat, unterbrach er mich mit den Worten: »aber wie gefielen Ihnen heut meine Komplimente, meine Verbeugungen?«

Bescheidenen Sinnes und um Nachsicht bittend, übergebe ich dem Publikum das Buch der Lieder; für die Schwäche dieser Gedichte mögen vielleicht meine politischen, theologischen und philosophischen Schriften einigen Ersatz bieten.

Bemerken muß ich jedoch, daß meine poetischen, ebensogut wie meine politischen, theologischen und philosophischen Schriften, einem und demselben Gedanken entsprossen sind, und daß man die einen nicht verdammen darf, ohne den andern allen Beifall zu entziehen. Zugleich erlaube ich mir auch die Bemerkung, daß das Gerücht, als hätte jener Gedanken eine bedenkliche Umwandlung in meiner Seele erlitten, auf Angaben beruht, die ich ebenso verachten wie bedauern muß. Nur gewissen bornierten Geistern konnte die Milderung meiner Rede, oder gar mein erzwungenes Schweigen, als ein Abfall von mir selber erscheinen. Sie mißdeuteten meine Mäßigung, und das war um so liebloser, da ich doch nie ihre Überwut mißdeutet habe. Höchstens dürfte man mich einer Ermüdung beschuldigen. Aber ich habe ein Recht müde zu sein ... Und dann muß jeder dem Gesetze der Zeit gehorchen, er mag wollen oder nicht ...

>»Und scheint die Sonne noch so schön,
Am Ende muß sie untergehn!«

Die Melodie dieser Verse summt mir schon den ganzen Morgen im Kopfe und klingt vielleicht wieder aus allem was ich soeben geschrieben. In einem Stücke von Raymund, dem wackeren Komiker, der sich unlängst aus Melancholie totgeschossen, erscheinen Jugend und Alter als allegorische Personen, und das Lied welches die Jugend singt, wenn sie von dem Helden Abschied nimmt, beginnt mit den erwähnten Versen. Vor vielen Jahren, in München, sah ich dieses Stück, ich glaube es heißt »der Bauer als Millionär«. Sobald die Jugend abgeht, sieht man wie die Person des Helden, der allein auf der Szene zurückbleibt, eine sonderbare Veränderung erleidet. Sein braunes Haar wird allmählich grau und endlich schneeweiß; sein Rükken krümmt sich, seine Knie schlottern; an die Stelle des vorigen Ungestüms, tritt eine weinerliche Weichheit ... das Alter erscheint.

Naht diese winterliche Gestalt auch schon dem Verfasser dieser Blätter? Gewahrst du schon, teurer Leser, eine ähnliche Umwandlung an dem Schriftsteller, der immer jugendlich, fast allzu jugendlich in der Literatur sich bewegte? Es ist ein betrübender Anblick, wenn ein Schriftsteller vor unseren Augen, angesichts des ganzen Publikums, allmählich alt wird. Wir haben's gesehen, nicht bei Wolfgang Goethe, dem ewigen Jüngling, aber bei August Wilhelm von Schlegel, dem bejahrten Gecken; wir haben's gesehen, nicht bei Adalbert Chamisso, der mit jedem Jahre sich blütenreicher verjüngt, aber wir sahen es bei Herrn Ludwig Tieck, dem ehemaligen romantischen Strohmian, der jetzt ein alter räudiger Muntsche geworden ... O, ihr Götter! ich bitte euch nicht mir die Jugend zu lassen, aber laßt mir die Tugenden der Jugend, den uneigennützigen Groll, die uneigennützige Träne! Laßt mich nicht ein alter Polterer werden, der aus Neid die jüngeren Geister ankläfft, oder ein matter Jammermensch, der über die gute alte Zeit beständig flennt ... Laßt mich ein Greis werden, der die Jugend liebt, und trotz der Altersschwäche noch immer teilnimmt an ihren Spielen und Gefahren! Mag immerhin meine Stimme zittern und beben, wenn nur der Sinn meiner Worte unerschrocken und frisch bleibt!

Sie lächelte gestern so sonderbar, halb mitleidig halb boshaft, die schöne Freundin, als sie mit ihren rosigen Fingern meine Locken glättete ... Nicht wahr, du hast auf meinem Haupte einige weiße Haare bemerkt?

»Und scheint die Sonne noch so schön,
Am Ende muß sie untergehn.«

Geschrieben zu Paris im Frühjahr 1837.

Heinrich Heine

Junge Leiden

1817–1821

Traumbilder

1.

Mir träumte einst von wildem Liebesglühn,
Von hübschen Locken, Myrten und Resede,
Von süßen Lippen und von bittrer Rede,
Von düstrer Lieder düstern Melodien.

Verblichen und verweht sind längst die Träume,
Verweht ist gar mein liebstes Traumgebild!
Geblieben ist mir nur, was glutenwild
Ich einst gegossen hab' in weiche Reime.

Du bliebst, verwaistes Lied! Verweh' jetzt auch,
Und such' das Traumbild, das mir längst entschwunden,
Und grüß' es mir, wenn du es aufgefunden –
Dem lust'gen Schatten send' ich lust'gen Hauch.

2.

Ein Traum, gar seltsam schauerlich,
Ergötzte und erschreckte mich.
Noch schwebt mir vor manch grausig Bild,
Und in dem Herzen wogt es wild.

Das war ein Garten, wunderschön,
Da wollt' ich lustig mich ergehn;
Viel schöne Blumen sahn mich an,
Ich hatte meine Freude dran.

Es zwitscherten die Vögelein
Viel muntre Liebesmelodei'n;
Die Sonne rot, von Gold umstrahlt,
Die Blumen lustig bunt bemalt.

Viel Balsamduft aus Kräutern rinnt,
Die Lüfte wehen lieb und lind;
Und alles schimmert, alles lacht,
Und zeigt mir freundlich seine Pracht.

Inmitten in dem Blumenland
Ein klarer Marmorbrunnen stand;
Da schaut' ich eine schöne Maid,
Die emsig wusch ein weißes Kleid.

Die Wänglein süß, die Äuglein mild,
Ein blondgelocktes Heil'genbild;
Und wie ich schau', die Maid ich fand
So fremd und doch so wohlbekannt.

Die schöne Maid, die sputet sich,
Sie summt ein Lied gar wunderlich:
»Rinne, rinne, Wässerlein,
Wasche mir das Linnen rein!«

Ich ging und nahete mich ihr,
Und flüsterte: O sage mir,
Du wunderschöne, süße Maid,
Für wen ist dieses weiße Kleid?

Da sprach sie schnell: Sei bald bereit,
Ich wasche dir dein Totenkleid!
Und als sie dies gesprochen kaum,
Zerfloß das ganze Bild, wie Schaum. –

Und fortgezaubert stand ich bald
In einem düstern, wilden Wald.
Die Bäume ragten himmelan;
Ich stand erstaunt und sann und sann.

Und horch! welch dumpfer Widerhall!
Wie ferner Äxtenschläge Schall;
Ich eil' durch Busch und Wildnis fort,
Und komm' an einen freien Ort.

Inmitten in dem grünen Raum,
Da stand ein großer Eichenbaum;
Und sieh! mein Mägdlein wundersam
Haut mit dem Beil den Eichenstamm.

Und Schlag auf Schlag, und sonder Weil'
Summt sie ein Lied und schwingt das Beil:
»Eisen blink, Eisen blank,
Zimmre hurtig Eichenschrank!«

Ich ging und nahete mich ihr,
Und flüsterte: O sage mir,
Du wundersüßes Mägdelein,
Wem zimmerst du den Eichenschrein?

Da sprach sie schnell: Die Zeit ist karg,
Ich zimmre deinen Totensarg!
Und als sie dies gesprochen kaum,
Zerfloß das ganze Bild, wie Schaum. –

Es lag so bleich, es lag so weit
Ringsum nur kahle, kahle Heid;
Ich wußte nicht wie mir geschah,
Und heimlich schaudernd stand ich da.

Und nun ich eben fürder schweif',
Gewahr' ich einen weißen Streif;
Ich eilt' drauf zu, und eilt' und stand,
Und sieh! die schöne Maid ich fand.

Auf weiter Heid' stand weiße Maid,
Grub tief die Erd' mit Grabescheit.
Kaum wagt' ich noch sie anzuschau'n,
Sie war so schön und doch ein Grau'n.

Die schöne Maid, die sputet sich,
Sie summt ein Lied gar wunderlich:
»Spaten, Spaten, scharf und breit,
Schaufle Grube tief und weit!«

Ich ging und nahete mich ihr
Und flüsterte: O sage mir,
Du wunderschöne, süße Maid,
Was diese Grube hier bedeut't?

Da sprach sie schnell: Sei still, ich hab'
Geschaufelt dir ein kühles Grab.
Und als so sprach die schöne Maid,
Da öffnet sich die Grube weit;

Und als ich in die Grube schaut',
Ein kalter Schauer mich durchgraut;
Und in die dunkle Grabesnacht
Stürzt' ich hinein – und bin erwacht.

3.

Im näct'gen Traum' hab' ich mich selbst geschaut,
In schwarzem Galafrack und seidner Weste,
Manschetten an der Hand, als ging's zum Feste,
Und vor mir stand mein Liebchen, süß und traut.

Ich beugte mich und sagte: »Sind Sie Braut?
Ei! Ei! so gratulier' ich, meine Beste!«
Doch fast die Kehle mir zusammenpreßte
Der langgezog'ne, vornehm kalte Laut.

Und bitt're Tränen plötzlich sich ergossen
Aus Liebchens Augen, und in Tränenwogen
Ist mir das holde Bildnis fast zerflossen.

O süße Augen, fromme Liebessterne,
Obschon ihr mir im Wachen oft gelogen,
Und auch im Traum, glaub' ich euch dennoch gerne!

4.

Im Traum' sah ich ein Männchen klein und putzig,
Das ging auf Stelzen, Schritte ellenweit,
Trug weiße Wäsche und ein feines Kleid,
Inwendig aber war es grob und schmutzig.

Inwendig war es jämmerlich, nichtsnutzig,
Jedoch von außen voller Würdigkeit;
Von der Courage sprach es lang und breit,
Und tat sogar recht trutzig und recht stutzig.

»Und weißt du, wer das ist? Komm her und schau'!«
So sprach der Traumgott, und er zeigt' mir schlau
Die Bilderflut in eines Spiegels Rahmen.

Vor einem Altar stand das Männchen da,
Mein Lieb daneben, beide sprachen: »Ja!«
Und tausend Teufel riefen lachend: »Amen!«

5.

Was treibt und tobt mein tolles Blut?
Was flammt mein Herz in wilder Glut?
Es kocht mein Blut und schäumt und gärt,
Und grimme Glut mein Herz verzehrt.

Das Blut ist toll, und gärt und schäumt,
Weil ich den bösen Traum geträumt:
Es kam der finstre Sohn der Nacht,
Und hat mich keuchend fortgebracht.

Er bracht' mich in ein helles Haus,
Wo Harfenklang und Saus und Braus,
Und Fackelglanz und Kerzenschein;
Ich kam zum Saal, ich trat hinein.

Das war ein lustig Hochzeitfest;
Zur Tafel saßen froh die Gäst'.
Und wie ich nach dem Brautpaar schaut', –
O Weh! mein Liebchen war die Braut.

Das war mein Liebchen wunnesam,
Ein fremder Mann war Bräutigam;

Dicht hinter'm Ehrenstuhl der Braut,
Da blieb ich stehn, gab keinen Laut.

Es rauscht Musik, – gar still stand ich;
Der Freudenlärm betrübte mich.
Die Braut, sie blickt so hochbeglückt,
Der Bräut'gam ihre Hände drückt.

Der Bräut'gam füllt den Becher sein,
Und trinkt daraus, und reicht gar fein
Der Braut ihn hin; sie lächelt Dank, –
O Weh! mein rotes Blut sie trank.

Die Braut ein hübsches Äpflein nahm,
Und reicht es hin dem Bräutigam.
Der nahm sein Messer, schnitt hinein, –
O Weh! Das war das Herze mein.

Sie äugeln süß, sie äugeln lang,
Der Bräut'gam kühn die Braut umschlang,
Und küßt sie auf die Wangen rot, –
O Weh! mich küßt der kalte Tod.

Wie Blei lag meine Zung' im Mund',
Daß ich kein Wörtlein sprechen kunnt'.
Da rauscht es auf, der Tanz begann;
Das schmucke Brautpaar tanzt voran.

Und wie ich stand so leichenstumm,
Die Tänzer schweben flink herum; –
Ein leises Wort der Bräut'gam spricht,
Die Braut wird rot, doch zürnt sie nicht. – –

6.

Im süßen Traum, bei stiller Nacht,
Da kam zu mir, mit Zaubermacht,
Mit Zaubermacht, die Liebste mein,
Sie kam zu mir ins Kämmerlein.

Ich schau' sie an, das holde Bild!
Ich schau' sie an, sie lächelt mild,
Und lächelt bis das Herz mir schwoll,
Und stürmisch kühn das Wort entquoll:

»Nimm hin, nimm alles was ich hab',
Mein Liebstes tret' ich gern dir ab,
Dürft' ich dafür dein Buhle sein,
Von Mitternacht bis Hahnenschrein.«

Da staunt' mich an gar seltsamlich,
So lieb, so weh, und inniglich,
Und sprach zu mir die schöne Maid:
O, gib mir deine Seligkeit!

»Mein Leben süß, mein junges Blut,
Gäb' ich, mit Freud und wohlgemut
Für dich, o Mädchen, engelgleich, –
Doch nimmermehr das Himmelreich.«

Wohl braust hervor mein rasches Wort,
Doch blühet schöner immerfort,
Und immer spricht die schöne Maid:
O, gib mir deine Seligkeit!

Dumpf dröhnt dies Wort mir ins Gehör,
Und schleudert mir ein Glutenmeer

Wohl in der Seele tiefsten Raum;
Ich atme schwer, ich atme kaum. –

Das waren weiße Engelein,
Umglänzt von goldnem Glorienschein;
Nun aber stürmte wild herauf
Ein gräulich schwarzer Koboldhauf'.

Die rangen mit den Engelein,
Und drängten fort die Engelein;
Und endlich auch die schwarze Schar
In Nebelduft zerronnen war. –

Ich aber wollt' in Lust vergehn,
Ich hielt im Arm mein Liebchen schön;
Sie schmiegt sich an mich wie ein Reh,
Doch weint sie auch mit bitterm Weh.

Feins Liebchen weint; ich weiß warum,
Und küss' ihr Rosenmündlein stumm –
»O still', feins Lieb, die Tränenflut,
Ergib dich meiner Liebesglut!

»Ergib dich meiner Liebesglut –«
Da plötzlich starrt zu Eis mein Blut;
Laut bebet auf der Erde Grund,
Und öffnet gähnend sich ein Schlund.

Und aus dem schwarzen Schlunde steigt
Die schwarze Schar; – feins Lieb erbleicht!
Aus meinen Armen schwand feins Lieb;
Ich ganz alleine stehen blieb.

Da tanzt im Kreise wunderbar,
Um mich herum, die schwarze Schar,
Und drängt heran, erfaßt mich bald,
Und gellend Hohngelächter schallt.

Und immer enger wird der Kreis,
Und immer summt die Schauerweis':
Du gabest hin die Seligkeit,
Gehörst uns nun in Ewigkeit!

7.

Nun hast du das Kaufgeld, nun zögerst du doch?
Blutfinstrer Gesell, was zögerst du noch?
Schon sitze ich harrend im Kämmerlein traut,
Und Mitternacht naht schon, – es fehlt nur die Braut.

Viel schauernde Lüftchen vom Kirchhofe wehn; –
Ihr Lüftchen! habt ihr mein Bräutchen gesehn?
Viel blasse Larven gestalten sich da,
Umknixen mich grinsend, und nicken: O ja!

Pack' aus, was bringst du für Botschafterei,
Du schwarzer Schlingel in Feuerlivrei?
»Die gnädige Herrschaft meldet sich an,
Gleich kommt sie gefahren im Drachengespann.«

Du lieb grau Männchen, was ist dein Begehr?
Mein toter Magister, was treibt dich her?
Er schaut mich mit schweigend trübseligem Blick,
Und schüttelt das Haupt, und wandelt zurück.

Was winselt und wedelt der zott'ge Gesell?
Was glimmert schwarz Katers Auge so hell?
Was heulen die Weiber mit fliegendem Haar?
Was lullt mir Frau Amme mein Wiegenlied gar?

Frau Amme bleib heut mit dem Singsang zu Haus,
Das Eiapopeia ist lange schon aus;
Ich fei're ja heute mein Hochzeitfest, –
Da schau' mal, dort kommen schon zierliche Gäst'.

Da schau' mal! Ihr Herren, das nenn' ich galant!
Ihr tragt, statt der Hüte, die Köpf' in der Hand!
Ihr Zappelbein-Leutchen im Galgenornat,
Der Wind ist still, was kommt ihr so spat?

Da kommt auch alt Besenstielmütterchen schon,
Ach segne mich, Mütterchen, bin ja dein Sohn.
Da zittert der Mund im weißen Gesicht:
»In Ewigkeit Amen!« das Mütterchen spricht.

Zwölf winddürre Musiker schlendern herein;
Blind Fiedelweib holpert wohl hintendrein.
Da schleppt der Hanswurst, in buntscheckiger Jack',
Den Totengräber huckepack.

Es tanzen zwölf Klosterjungfrauen herein;
Die schielende Kupplerin führet den Reih'n.
Es folgen zwölf lüsterne Pfäffelein schon,
Und pfeifen ein Schandlied im Kirchenton'.

Herr Trödler, o schrei dir nicht blau das Gesicht,
Im Fegfeuer nützt mir dein Pelzröckel nicht;
Dort heizet man gratis jahraus, jahrein,
Statt mit Holz, mit Fürsten- und Bettlergebein.

Die Blumenmädchen sind bucklicht und krumm,
Und purzeln kopfüber im Zimmer herum.
Ihr Eulengesichter mit Heuschreckenbein,
Hei! laßt mir das Rippengeklapper nur sein!

Die sämtliche Höll' ist los fürwahr,
Und lärmet und schwärmet in wachsender Schar.
Sogar der Verdammnis-Walzer erschallt, –
Still, still! nun kommt mein feins Liebchen auch bald.

Gesindel sei still, oder trolle dich fort!
Ich höre kaum selber mein leibliches Wort, –
Ei, rasselt nicht eben ein Wagen vor?
Frau Köchin! wo bist du? schnell öffne das Tor.

Willkommen, feins Liebchen, wie geht's dir, mein
Schatz?
Willkommen Herr Pastor, ach nehmen Sie Platz!
Herr Pastor mit Pferdefuß und Schwanz,
Ich bin Eu'r Ehrwürden Diensteigener ganz!

Lieb Bräutchen, was stehst du so stumm und bleich?
Der Herr Pastor schreitet zur Trauung sogleich;
Wohl zahl ich ihm teure, blutteure Gebühr,
Doch dich zu besitzen gilt's Kinderspiel mir.

Knie' nieder, süß Bräutchen, knie' hin mir zur Seit'! –
Da kniet sie, da sinkt sie, – o selige Freud!
Sie sinkt mir ans Herz, an die schwellende Brust,
Ich halt' sie umschlungen mit schauernder Lust.

Die Goldlockenwellen umspielen uns beid';
An mein Herze pocht das Herze der Maid.

Sie pochen wohl beide vor Lust und vor Weh,
Und schweben hinauf in die Himmelshöh'.

Die Herzlein schwimmen im Freudensee,
Dort oben in Gottes heil'ger Höh';
Doch auf den Häuptern, wie Grausen und Brand,
Da hat die Hölle gelegt die Hand.

Das ist der finstre Sohn der Nacht,
Der hier den segnenden Priester macht;
Er murmelt die Formel aus blutigem Buch,
Sein Beten ist Lästern, sein Segnen ist Fluch.

Und es krächzet und zischet und heulet toll,
Wie Wogengebrause, wie Donnergeroll; –
Da blitzet auf einmal ein bläuliches Licht, –
»In Ewigkeit Amen!« das Mütterchen spricht.

8.

Ich kam von meiner Herrin Haus,
Und wandelt' in Wahnsinn und Mitternachtgraus.
Und wie ich am Kirchhof vorübergehn will,
Da winken die Gräber ernst und still.

Da winkt's von des Spielmanns Leichenstein;
Das war der flimmernde Mondesschein.
Da lispelt's: Lieb Bruder, ich komme gleich!
Da steigt's aus dem Grabe nebelbleich.

Der Spielmann war's, der entstiegen jetzt,
Und hoch auf den Leichenstein sich setzt.

In die Saiten der Zither greift er schnell,
Und singt dabei recht hohl und grell:

Ei! kennt ihr noch das alte Lied,
Das einst so wild die Brust durchglüht,
Ihr Saiten, dumpf und trübe?
Die Engel, die nennen es Himmelsfreud,
Die Teufel, die nennen es Höllenleid,
Die Menschen, die nennen es: Liebe!

Kaum tönte des letzten Wortes Schall,
Da taten sich auf die Gräber all';
Viel Luftgestalten dringen hervor,
Umschweben den Spielmann und schrillen im Chor:

Liebe! Liebe! deine Macht
Hat uns hier zu Bett gebracht,
Und die Augen zugemacht, –
Ei, was rufst du in der Nacht?

So heult es verworren, und ächzet und girrt,
Und brauset und sauset, und krächzet und klirrt;
Und der tolle Schwarm den Spielmann umschweift,
Und der Spielmann wild in die Saiten greift:

Bravo! Bravo! immer toll!
Seid willkommen!
Habt vernommen
Daß mein Zauberwort erscholl!
Liegt man doch jahraus, jahrein,
Mäuschenstill im Kämmerlein;
Laßt uns heute lustig sein!
Mit Vergunst, –
Seht erst zu, sind wir allein? –

Narren waren wir im Leben,
Und mit toller Wut ergeben
Einer tollen Liebesbrunst.
Kurzweil kann uns heut nicht fehlen,
Jeder soll hier treu erzählen,
Was ihn weiland hergebracht,
Wie gehetzt,
Wie zerfetzt
Ihn die tolle Liebesjagd.

Da hüpft aus dem Kreise, so leicht wie der Wind,
Ein mageres Wesen, das summend beginnt:

Ich war ein Schneidergeselle
Mit Nadel und mit Scher';
Ich war so flink und schnelle
Mit Nadel und mit Scher';
Da kam die Meisterstochter
Mit Nadel und mit Scher';
Und hat mir ins Herz gestochen
Mit Nadel und mit Scher'.

Da lachten die Geister im lustigen Chor;
Ein Zweiter trat still und ernst hervor:

Den Rinaldo Rinaldini,
Schinderhanno, Orlandini,
Und besonders Carlo Moor
Nahm ich mir als Muster vor.

Auch verliebt – mit Ehr' zu melden –
Hab' ich mich, wie jene Helden,
Und das schönste Frauenbild
Spukte mir im Kopfe wild.

Und ich seufzte auch und girrte;
Und wenn Liebe mich verwirrte,
Steckt' ich meine Finger rasch
In des reichen Nachbars Tasch'.

Doch der Gassenvogt mir grollte,
Daß ich Sehnsuchtstränen wollte
Trocknen mit dem Taschentuch,
Das mein Nachbar bei sich trug.

Und nach frommer Häschersitte
Nahm man still mich in die Mitte,
Und das Zuchthaus, heilig groß,
Schloß mir auf den Mutterschoß.

Schwelgend süß in Liebessinnen,
Saß ich dort beim Wollespinnen,
Bis Rinaldos Schatten kam
Und die Seele mit sich nahm.

Da lachten die Geister im lustigen Chor:
Geschminkt und geputzt trat ein Dritter hervor:

Ich war ein König der Bretter,
Und spielte das Liebhaberfach,
Ich brüllte manch wildes: Ihr Götter!
Ich seufzte manch zärtliches: Ach!

Den Mortimer spielt' ich am besten,
Maria war immer so schön!
Doch trotz der natürlichsten Gesten,
Sie wollte mich nimmer verstehn. –

Einst, als ich verzweifelnd am Ende
»Maria, du Heilige!« rief,
Da nahm ich den Dolch behende –
Und stach mich ein bißchen zu tief.

Da lachten die Geister im lustigen Chor;
Im weißen Flausch trat ein Vierter hervor:

Vom Katheder schwatzte herab der Professor,
Er schwatzte, und ich schlief gut dabei ein;
Doch hätt' mir's behagt noch tausendmal besser
Bei seinem holdseligen Töchterlein.

Sie hatt' mir oft zärtlich am Fenster genicket,
Die Blume der Blumen, mein Lebenslicht!
Doch die Blume der Blumen ward endlich gepflücket
Vom dürren Philister, dem reichen Wicht.

Da flucht' ich den Weibern und reichen Halunken,
Und mischte mir Teufelskraut in den Wein,
Und hab' mit dem Tode Smollis getrunken,
Der sprach: Fiduzit, ich heiße Freund Hein!

Da lachten die Geister im lustigen Chor;
Einen Strick um den Hals, trat ein Fünfter hervor:

Es prunkte und prahlte der Graf beim Wein
Mit dem Töchterchen sein und dem Edelgestein.
Was schert mich, du Gräflein, dein Edelgestein,
Mir mundet weit besser dein Töchterlein.

Sie lagen wohl beid' unter Riegel und Schloß,
Und der Graf besold'te viel Dienertroß.

Was scheren mich Diener und Riegel und Schloß –
Ich stieg getrost auf die Leitersproß'.

An Liebchens Fensterlein klettr' ich getrost.
Da hör' ich es unten fluchen erbost:
»Fein sachte, mein Bübchen, muß auch dabei sein,
Ich liebe ja auch das Edelgestein«.

So spöttelt der Graf und erfaßt mich gar,
Und jauchzend umringt mich die Dienerschar.
»Zum Teufel, Gesindel! ich bin ja kein Dieb;
Ich wollte nur stehlen mein trautes Lieb!«

Da half kein Gerede, da half kein Rat,
Da machte man hurtig die Stricke parat;
Wie die Sonne kam, da wundert sie sich,
Am hellen Galgen fand sie mich.

Da lachten die Geister im lustigen Chor;
Den Kopf in der Hand, trat ein Sechster hervor:

Zum Weidwerk trieb mich Liebesharm;
Ich schlich umher, die Büchs' im Arm.
Da schnarret's hohl vom Baum herab,
Der Rabe rief: Kopf – ab! Kopf – ab.

O, spürt' ich doch ein Täubchen aus,
Ich brächt' es meinem Lieb nach Haus!
So dacht' ich, und in Busch und Strauch
Späht ringsumher mein Jägeraug'.

Was koset dort? was schnäbelt fein?
Zwei Turteltäubchen mögen's sein.
Ich schleich herbei, – den Hahn gespannt, –
Sieh da! mein eignes Lieb ich fand.

Das war mein Täubchen, meine Braut,
Ein fremder Mann umarmt sie traut, –
Nun, alter Schütze, treffe gut!
Da lag der fremde Mann im Blut'.

Bald drauf ein Zug mit Henkersfron –
Ich selbst dabei als Hauptperson –
Den Wald durchzog. Vom Baum herab
Der Rabe rief: Kopf – ab! Kopf – ab!

Da lachten die Geister im lustigen Chor;
Da trat der Spielmann selber hervor:

Ich hab' mal ein Liedchen gesungen,
Das schöne Lied ist aus;
Wenn das Herz im Leibe zersprungen,
Dann gehen die Lieder nach Haus!

Und das tolle Gelächter sich doppelt erhebt,
Und die bleiche Schar im Kreise schwebt.
Da scholl vom Kirchturm' »Eins« herab,
Da stürzten die Geister sich heulend ins Grab.

9.

Ich lag und schlief, und schlief recht mild,
Verscheucht war Gram und Leid;
Da kam zu mir ein Traumgebild,
Die allerschönste Maid.

Sie war wie Marmelstein so bleich,
Und heimlich wunderbar;

Im Auge schwamm es perlengleich,
Gar seltsam wallt' ihr Haar.

Und leise, leise sich bewegt
Die marmorblasse Maid,
Und an mein Herz sich niederlegt
Die marmorblasse Maid.

Wie bebt und pocht vor Weh und Lust
Mein Herz, und brennet heiß!
Nicht bebt, nicht pocht der Schönen Brust,
Die ist so kalt wie Eis.

»Nicht bebt, nicht pocht wohl meine Brust,
Die ist wie Eis so kalt;
Doch kenn' auch ich der Liebe Lust,
Der Liebe Allgewalt.

Mir blüht kein Rot auf Mund und Wang,
Mein Herz durchströmt kein Blut;
Doch sträube dich nicht schaudernd bang,
Ich bin dir hold und gut.«

Und wilder noch umschlang sie mich,
Und tat mir fast ein Leid;
Da kräht der Hahn – und stumm entwich
Die marmorblasse Maid.

10.

Da hab' ich viel blasse Leichen
Beschworen mit Wortesmacht;
Die wollen nun nicht mehr weichen
Zurück in die alte Nacht.

Das zähmende Sprüchlein vom Meister
Vergaß ich vor Schauer und Graus;
Nun zieh'n die eig'nen Geister
Mich selber ins neblichte Haus.

Laßt ab, ihr finstern Dämonen!
Laßt ab, und drängt mich nicht!
Noch manche Freude mag wohnen
Hier oben im Rosenlicht.

Ich muß ja immer streben
Nach der Blume wunderhold;
Was bedeutet' mein ganzes Leben,
Wenn ich sie nicht lieben sollt'?

Ich möcht sie nur einmal umfangen,
Und pressen ans glühende Herz!
Nur einmal auf Lippen und Wangen
Küssen den seligsten Schmerz!

Nur einmal aus ihrem Munde
Möcht ich hören ein liebendes Wort, –
Alsdann wollt' ich folgen zur Stunde
Euch, Geister, zum finsteren Ort.

Die Geister haben's vernommen,
Und nicken schauerlich.
Feins Liebchen, nun bin ich gekommen; –
Feins Liebchen, liebst du mich?

Lieder

1.

Morgens steh ich auf und frage:
Kommt feins Liebchen heut?
Abends sink' ich hin und klage:
Ausblieb sie auch heut.

In der Nacht mit meinem Kummer
Lieg' ich schlaflos, wach;
Träumend, wie im halben Schlummer,
Wandle ich bei Tag.

2.

Es treibt mich hin, es treibt mich her!
Noch wenige Stunden, dann soll ich sie schauen,
Sie selber, die Schönste der schönen Jungfrauen; –
Du treues Herz, was pochst du so schwer!

Die Stunden sind aber ein faules Volk!
Schleppen sich behaglich träge,
Schleichen gähnend ihre Wege; –
Tummle dich, du faules Volk!

Tobende Eile mich treibend erfaßt!
Aber wohl niemals liebten die Horen; –
Heimlich im grausamen Bunde verschworen
Spotten sie tückisch der Liebenden Hast.

3.

Ich wandelte unter den Bäumen
Mit meinem Gram allein;
Da kam das alte Träumen,
Und schlich mir ins Herz hinein.

Wer hat euch dies Wörtlein gelehret,
Ihr Vöglein in luftiger Höh?
Schweigt still! wenn mein Herz es höret,
Dann tut es noch einmal so weh.

»Es kam ein Jungfräulein gegangen,
Die sang es immerfort,
Da haben wir Vöglein gefangen
Das hübsche, goldne Wort.«

Das sollt ihr mir nicht mehr erzählen,
Ihr Vöglein wunderschlau;
Ihr wollt meinen Kummer mir stehlen,
Ich aber niemanden trau'.

4.

Lieb Liebchen, leg's Händchen aufs Herze mein; –
Ach, hörst du, wie's pochet im Kämmerlein?
Da hauset ein Zimmermann schlimm und arg,
Der zimmert mir einen Totensarg.

Es hämmert und klopfet bei Tag und bei Nacht;
Es hat mich schon längst um den Schlaf gebracht.
Ach! sputet euch, Meister Zimmermann,
Damit ich balde schlafen kann!

5.

Schöne Wiege meiner Leiden,
Schönes Grabmal meiner Ruh,
Schöne Stadt, wir müssen scheiden, –
Lebe wohl! ruf' ich dir zu.

Lebe wohl, du heil'ge Schwelle,
Wo da wandelt Liebchen traut;
Lebe wohl! du heil'ge Stelle,
Wo ich sie zuerst geschaut.

Hätt' ich dich doch nie gesehen,
Schöne Herzenskönigin!
Nimmer wär es dann geschehen,
Daß ich jetzt so elend bin.

Nie wollt' ich dein Herze rühren,
Liebe hab' ich nie erfleht;
Nur ein stilles Leben führen
Wollt' ich, wo dein Odem weht.

Doch du drängst mich selbst von hinnen,
Bittre Worte spricht dein Mund;
Wahnsinn wühlt in meinen Sinnen,
Und mein Herz ist krank und wund.

Und die Glieder matt und träge
Schlepp' ich fort am Wanderstab,
Bis mein müdes Haupt ich lege
Ferne in ein kühles Grab.

6.

Warte, warte, wilder Schiffsmann,
Gleich folg' ich zum Hafen dir;
Von zwei Jungfrau'n nehm' ich Abschied,
Von Europa und von Ihr.

Blutquell, rinn aus meinen Augen,
Blutquell, brich aus meinem Leib,
Daß ich mit dem heißen Blute
Meine Schmerzen niederschreib'.

Ei, mein Lieb, warum just heute
Schauderst du, mein Blut zu sehn?
Sahst mich bleich und herzeblutend
Lange Jahre vor dir stehn!

Kennst du noch das alte Liedchen
Von der Schlang im Paradies,
Die durch schlimme Apfelgabe
Unsern Ahn ins Elend stieß?

Alles Unheil brachten Äpfel!
Eva bracht' damit den Tod,
Eris brachte Trojas Flammen,
Du bracht'st beides, Flamm' und Tod.

7.

Berg' und Burgen schau'n herunter
In den spiegelhellen Rhein,
Und mein Schiffchen segelt munter,
Rings umglänzt von Sonnenschein.

Ruhig seh' ich zu dem Spiele
Goldner Wellen, kraus bewegt;
Still erwachen die Gefühle,
Die ich tief im Busen hegt'.

Freundlich grüßend und verheißend
Lockt hinab des Stromes Pracht;
Doch ich kenn' ihn, oben gleißend,
Birgt sein Inn'res Tod und Nacht.

Oben Luft, im Busen Tücken,
Strom, du bist der Liebsten Bild!
Die kann auch so freundlich nicken,
Lächelt auch so fromm und mild.

8.

Anfangs wollt ich fast verzagen,
Und ich glaubt' ich trüg' es nie,
Und ich hab' es doch getragen, –
Aber fragt mich nur nicht, wie?

9.

Mit Rosen, Zypressen und Flittergold
Möcht' ich verzieren, lieblich und hold,
Dies Buch wie einen Totenschrein,
Und sargen meine Lieder hinein.

O, könnt' ich die Liebe sargen hinzu!
Am Grabe der Liebe wächst Blümlein der Ruh,

Da blüht es hervor, da pflückt man es ab, –
Doch mir blüht's nur, wenn ich selber im Grab.

Hier sind nun die Lieder, die einst so wild,
Wie ein Lavastrom, der dem Ätna entquillt,
Hervorgestürzt aus dem tiefsten Gemüt,
Und rings viel blitzende Funken versprüht!

Nun liegen sie stumm und Toten gleich,
Nun starren sie kalt und nebelbleich.
Doch aufs neu' die alte Glut sie belebt,
Wenn der Liebe Geist einst über sie schwebt.

Und es wird mir im Herzen viel Ahnung laut:
Der Liebe Geist einst über sie taut;
Einst kommt dies Buch in deine Hand,
Du süßes Lieb im fernen Land.

Dann löst sich des Liedes Zauberbann,
Die blassen Buchstaben schau'n dich an,
Sie schauen dir flehend ins schöne Aug',
Und flüstern mit Wehmut und Liebeshauch.

Romanzen

1.

Der Traurige

Allen tut es weh im Herzen,
Die den bleichen Knaben sehn,
Dem die Leiden, dem die Schmerzen
Aufs Gesicht geschrieben stehn.

Mitleidvolle Lüfte fächeln
Kühlung seiner heißen Stirn;
Labung möcht' ins Herz ihm lächeln
Manche sonst so spröde Dirn'.

Aus dem wilden Lärm der Städter
Flüchtet er sich nach dem Wald.
Lustig rauschen dort die Blätter,
Lust'ger Vogelsang erschallt.

Doch der Sang verstummet balde,
Traurig rauschet Baum und Blatt,
Wenn der Traurige dem Walde
Langsam sich genähert hat.

2.

Die Bergstimme

Ein Reuter durch das Bergtal zieht
Im traurig stillen Trab':
Ach! zieh' ich jetzt wohl in Liebchens Arm,

Oder zieh' ich ins dunkle Grab?
Die Bergstimm' Antwort gab:
Ins dunkle Grab!

Und weiter reutet der Reutersmann,
Und seufzet schwer dazu:
So zieh' ich denn hin ins Grab so früh, –
Wohlan, im Grab ist Ruh.
Die Stimme sprach dazu:
Im Grab ist Ruh!

Dem Reutersmann eine Träne rollt
Von der Wange kummervoll:
Und ist nur im Grabe die Ruhe für mich,
So ist mir im Grabe wohl.
Die Stimm' erwidert hohl:
Im Grabe wohl!

3.

Zwei Brüder

Oben auf der Bergesspitze
Liegt das Schloß in Nacht gehüllt,
Doch im Tale leuchten Blitze,
Helle Schwerter klirren wild.

Das sind Brüder, die dort fechten
Grimmen Zweikampf, wutentbrannt.
Sprich, warum die Brüder rechten
Mit dem Schwerte in der Hand?

Gräfin Lauras Augenfunken
Zündeten den Brüderstreit.
Beide glühen liebestrunken
Für die adlig holde Maid.

Welchem aber von den beiden
Wendet sich ihr Herze zu?
Kein Ergrübeln kann's entscheiden, –
Schwert heraus, entscheide du!

Und sie fechten kühn verwegen,
Hieb auf Hiebe niederkracht's.
Hütet euch, ihr wilden Degen,
Böses Blendwerk schleicht des Nachts.

Wehe! Wehe! blut'ge Brüder!
Wehe! Wehe! blut'ges Tal!
Beide Kämpfer stürzen nieder,
Einer in des andern Stahl. –

Viel Jahrhunderte verwehen,
Viel Geschlechter deckt das Grab;
Traurig von des Berges Höhen
Schaut das öde Schloß herab.

Aber nachts, im Talesgrunde,
Wandelt's heimlich, wunderbar;
Wenn da kommt die zwölfte Stunde,
Kämpfet dort das Brüderpaar.

4.

Der arme Peter

I.

Der Hans und die Grete tanzen herum,
Und jauchzen vor lauter Freude.
Der Peter steht so still und stumm,
Und ist so blaß wie Kreide.

Der Hans und die Grete sind Bräut'gam und Braut,
Und blitzen im Hochzeitsgeschmeide.
Der arme Peter die Nägel kaut
Und geht im Werkeltagskleide.

Der Peter spricht leise vor sich her,
Und schaut betrübet auf beide:
»Ach! wenn ich nicht gar zu vernünftig wär',
Ich tät' mir was zuleide.«

II.

»In meiner Brust, da sitzt ein Weh,
Das will die Brust zersprengen;
Und wo ich steh' und wo ich geh',
Will's mich von hinnen drängen.

»Es treibt mich nach der Liebsten Näh',
Als könnt's die Grete heilen;
Doch wenn ich der ins Auge seh',
Muß ich von hinnen eilen.

»Ich steig' hinauf des Berges Höh',
Dort ist man doch alleine;
Und wenn ich still dort oben steh',
Dann steh' ich still und weine.«

III.

Der arme Peter wankt vorbei,
Gar langsam, leichenblaß und scheu.
Es bleiben fast, wenn sie ihn sehn,
Die Leute auf der Straße stehn.

Die Mädchen flüstern sich ins Ohr:
»Der stieg wohl aus dem Grab hervor?«
Ach nein, ihr lieben Jungfräulein,
Der legt sich erst ins Grab hinein.

Er hat verloren seinen Schatz,
Drum ist das Grab der beste Platz,
Wo er am besten liegen mag,
Und schlafen bis zum Jüngsten Tag.

5.

Lied des Gefangenen

Als meine Großmutter die Liese behext,
Da wollten die Leut' sie verbrennen.
Schon hatte der Amtmann viel Tinte verkleckst,
Doch wollte sie nicht bekennen.

Und als man sie in den Kessel schob,
Da schrie sie Mord und Wehe;

Und als sich der schwarze Qualm erhob,
Da flog sie als Rab' in die Höhe.

Mein schwarzes, gefiedertes Großmütterlein!
O komm mich im Turme besuchen!
Komm, fliege geschwind durchs Gitter herein,
Und bringe mir Käse und Kuchen.

Mein schwarzes, gefiedertes Großmütterlein!
O möchtest du nur sorgen,
Daß die Muhme nicht auspickt die Augen mein,
Wenn ich lustig schwebe morgen.

6.

Die Grenadiere

Nach Frankreich zogen zwei Grenadier',
Die waren in Rußland gefangen.
Und als sie kamen ins deutsche Quartier,
Sie ließen die Köpfe hangen.

Da hörten sie beide die traurige Mär:
Daß Frankreich verloren gegangen,
Besiegt und zerschlagen das große Heer, –
Und der Kaiser, der Kaiser gefangen.

Da weinten zusammen die Grenadier'
Wohl ob der kläglichen Kunde.
Der eine sprach: Wie weh wird mir,
Wie brennt meine alte Wunde!

Der andre sprach: Das Lied ist aus,
Auch ich möcht' mit dir sterben,
Doch hab' ich Weib und Kind zu Haus,
Die ohne mich verderben.

Was schert mich Weib, was schert mich Kind,
Ich trage weit beß'res Verlangen;
Laß sie betteln gehn, wenn sie hungrig sind, –
Mein Kaiser, mein Kaiser gefangen!

Gewähr mir Bruder eine Bitt':
Wenn ich jetzt sterben werde,
So nimm meine Leiche nach Frankreich mit,
Begrab' mich in Frankreichs Erde.

Das Ehrenkreuz am roten Band
Sollst du aufs Herz mir legen;
Die Flinte gib mir in die Hand,
Und gürt' mir um den Degen.

So will ich liegen und horchen still,
Wie eine Schildwach, im Grabe,
Bis einst ich höre Kanonengebrüll,
Und wiehernder Rosse Getrabe.

Dann reitet mein Kaiser wohl über mein Grab,
Viel Schwerter klirren und blitzen;
Dann steig' ich gewaffnet hervor aus dem Grab',
Den Kaiser, den Kaiser zu schützen.

7.

Die Botschaft

Mein Knecht! steh auf und sattle schnell,
Und wirf dich auf dein Roß,
Und jage rasch, durch Wald und Feld,
Nach König Duncans Schloß.

Dort schleiche in den Stall, und wart',
Bis dich der Stallbub schaut.
Den forsch mir aus: »Sprich, welche ist
Von Duncans Töchtern Braut?«

Und spricht der Bub: »Die Braune ist's«,
So bring mir schnell die Mär.
Doch spricht der Bub: »Die Blonde ist's«,
So eilt das nicht so sehr.

Dann geh' zum Meister Seiler hin,
Und kauf' mir einen Strick,
Und reite langsam, sprich kein Wort,
Und bring mir den zurück.

8.

Die Heimführung

Ich geh' nicht allein, mein feines Lieb,
Du mußt mit mir wandern
Nach der lieben, alten, schaurigen Klause,
In dem trüben, kalten, traurigen Hause,

Wo meine Mutter am Eingang kau'rt,
Und auf des Sohnes Heimkehr lau'rt.

»Laß ab von mir, du finstrer Mann!
Wer hat dich gerufen?
Dein Odem glüht, deine Hand ist Eis,
Dein Auge sprüht, deine Wang' ist weiß; –
Ich aber will mich lustig freu'n
An Rosenduft und Sonnenschein.«

Laß duften die Rosen, laß scheinen die Sonn',
Mein süßes Liebchen!
Wirf um den weiten, weißwallenden Schleier,
Und greif in die Saiten der schallenden Leier,
Und singe ein Hochzeitlied dabei;
Der Nachtwind pfeift die Melodei.

9.

Don Ramiro

»Donna Clara! Donna Clara!
Heißgeliebte langer Jahre!
Hast beschlossen mein Verderben,
Und beschlossen ohn' Erbarmen.

Donna Clara! Donna Clara!
Ist doch süß die Lebensgabe!
Aber unten ist es grausig,
In dem dunkeln, kalten Grabe.

Donna Clara! Freu' dich, morgen
Wird Fernando, am Altare,

Dich als Ehgemahl begrüßen –
Wirst du mich zur Hochzeit laden?«

»Don Ramiro! Don Ramiro!
Deine Worte treffen bitter,
Bitt'rer als der Spruch der Sterne,
Die da spotten meines Willens.

Don Ramiro! Don Ramiro!
Rüttle ab den dumpfen Trübsinn;
Mädchen gibt es viel auf Erden,
Aber uns hat Gott geschieden.

Don Ramiro, der du mutig
So viel Mohren überwunden,
Überwinde nun dich selber, –
Komm auf meine Hochzeit morgen.«

»Donna Clara! Donna Clara!
Ja, ich schwör' es, ja, ich komme!
Will mit dir den Reigen tanzen; –
Gute Nacht, ich komme morgen.«

»Gute Nacht!« – Das Fenster klirrte.
Seufzend stand Ramiro unten,
Stand noch lange wie versteinert;
Endlich schwand er fort im Dunkeln. –

Endlich auch, nach langem Ringen,
Muß die Nacht dem Tage weichen;
Wie ein bunter Blumengarten
Liegt Toledo ausgebreitet.

Prachtgebäude und Paläste
Schimmern hell im Glanz der Sonne;
Und der Kirchen hohe Kuppeln
Leuchten stattlich wie vergoldet.

Summend, wie ein Schwarm von Bienen,
Klingt der Glocken Festgeläute,
Lieblich steigen Betgesänge
Aus den frommen Gotteshäusern.

Aber dorten, siehe! siehe!
Dorten aus der Marktkapelle
Im Gewimmel und Gewoge,
Strömt des Volkes bunte Menge.

Blanke Ritter, schmucke Frauen,
Hofgesinde, festlich blinkend,
Und die hellen Glocken läuten,
Und die Orgel rauscht dazwischen.

Doch mit Ehrfurcht ausgewichen,
In des Volkes Mitte wandelt
Das geschmückte junge Ehpaar,
Donna Clara, Don Fernando.

Bis an Bräutigams Palasttor
Wälzet sich das Volksgewühle;
Dort beginnt die Hochzeitfeier,
Prunkhaft und nach alter Sitte.

Ritterspiel und frohe Tafel
Wechseln unter lautem Jubel;
Rauschend schnell entflieh'n die Stunden,
Bis die Nacht herabgesunken.

Und zum Tanze sich versammeln
In dem Saal die Hochzeitgäste;
In dem Glanz der Lichter funkeln
Ihre bunten Prachtgewänder.

Auf erhob'ne Stühle ließen
Braut und Bräutigam sich nieder,
Donna Clara, Don Fernando,
Und sie tauschen süße Reden.

Und im Saale wogen heiter
Die geschmückten Menschenwellen,
Und die lauten Pauken wirbeln,
Und es schmettern die Trommeten.

»Doch warum, o schöne Herrin,
Sind gerichtet deine Blicke
Dorthin nach der Saalesecke?«
So verwundert sprach der Ritter.

»Siehst du denn nicht, Don Fernando,
Dort den Mann im schwarzen Mantel?«
Und der Ritter lächelt freundlich:
»Ach! das ist ja nur ein Schatten.«

Doch es nähert sich der Schatten,
Und es war ein Mann im Mantel;
Und Ramiro schnell erkennend,
Grüßt ihn Clara, glutbefangen.

Und der Tanz hat schon begonnen,
Munter drehen sich die Tänzer
In des Walzers wilden Kreisen,
Und der Boden dröhnt und bebet.

»Wahrlich gerne, Don Ramiro,
Will ich dir zum Tanze folgen,
Doch im nächtlich schwarzen Mantel
Hättest du nicht kommen sollen.«

Mit durchbohrend stieren Augen
Schaut Ramiro auf die Holde,
Sie umschlingend spricht er düster:
»Sprachest ja ich sollte kommen!«

Und ins wirre Tanzgetümmel
Drängen sich die beiden Tänzer;
Und die lauten Pauken wirbeln,
Und es schmettern die Trommeten.

»Sind ja schneeweiß deine Wangen!«
Flüstert Clara, heimlich zitternd.
»Sprachest ja ich sollte kommen!«
Schallet dumpf Ramiros Stimme.

Und im Saal die Kerzen blinzeln
Durch das flutende Gedränge;
Und die lauten Pauken wirbeln,
Und es schmettern die Trommeten.

»Sind ja eiskalt deine Hände!«
Flüstert Clara, schauerzuckend.
»Sprachest ja ich sollte kommen!«
Und sie treiben fort im Strudel.

»Laß mich, laß mich! Don Ramiro!
Leichenduft ist ja dein Odem!«
Wiederum die dunkeln Worte:
»Sprachest ja ich sollte kommen!«

Und der Boden raucht und glühet,
Lustig tönet Geig' und Bratsche;
Wie ein tolles Zauberweben,
Schwindelt alles in dem Saale.

»Laß mich, laß mich! Don Ramiro!«
Wimmert's immer im Gewoge.
Don Ramiro stets erwidert:
»Sprachest ja ich sollte kommen!«

»Nun so geh in Gottes Namen!«
Clara rief's mit fester Stimme,
Und dies Wort war kaum gesprochen,
Und verschwunden war Ramiro!

Clara starret, Tod im Antlitz,
Kaltumflirret, nachtumwoben;
Ohnmacht hat das lichte Bildnis
In ihr dunkles Reich gezogen.

Endlich weicht der Nebelschlummer,
Endlich schlägt sie auf die Wimper;
Aber Staunen will aufs neue
Ihre holden Augen schließen.

Denn derweil der Tanz begonnen,
War sie nicht vom Sitz gewichen,
Und sie sitzt noch bei dem Bräut'gam,
Und der Ritter sorgsam bittet:

»Sprich, was bleichet deine Wangen?
Warum wird dein Aug' so dunkel? – «
»Und Ramiro? – –« stottert Clara,
Und Entsetzen lähmt die Zunge.

Doch mit tiefen, ernsten Falten
Furcht sich jetzt des Bräut'gams Stirne:
»Herrin, forsch' nicht blut'ge Kunde, –
Heute mittag starb Ramiro«.

10.

Belsatzar

Die Mitternacht zog näher schon;
In stummer Ruh lag Babylon.

Nur oben in des Königs Schloß,
Da flackert's, da lärmt des Königs Troß.

Dort oben in dem Königssaal
Belsatzar hielt sein Königsmahl.

Die Knechte saßen in schimmernden Reih'n,
Und leerten die Becher mit funkelndem Wein.

Es klirrten die Becher, es jauchzten die Knecht';
So klang es dem störrigen Könige recht.

Des Königs Wangen leuchten Glut;
Im Wein erwuchs ihm kecker Mut.

Und blindlings reißt der Mut ihn fort;
Und er lästert die Gottheit mit sündigem Wort.

Und er brüstet sich frech, und lästert wild;
Die Knechtenschar ihm Beifall brüllt.

Der König rief mit stolzem Blick;
Der Diener eilt und kehrt zurück.

Er trug viel gülden Gerät auf dem Haupt;
Das war aus dem Tempel Jehovahs geraubt.

Und der König ergriff mit frevler Hand
Einen heiligen Becher, gefüllt bis am Rand'.

Und er leert ihn hastig bis auf den Grund,
Und rufet laut mit schäumendem Mund:

»Jehovah! dir künd' ich auf ewig Hohn, –
Ich bin der König von Babylon!«

Doch kaum das grause Wort verklang,
Dem König ward's heimlich im Busen bang.

Das gellende Lachen verstummte zumal;
Es wurde leichenstill im Saal.

Und sieh! und sieh! an weißer Wand,
Da kam's hervor wie Menschenhand;

Und schrieb, und schrieb an weißer Wand
Buchstaben von Feuer, und schrieb und schwand.

Der König stieren Blicks da saß,
Mit schlotternden Knien und totenblaß.

Die Knechtenschar saß kalt durchgraut,
Und saß gar still, gab keinen Laut.

Die Magier kamen, doch keiner verstand
Zu deuten die Flammenschrift an der Wand.

Belsatzar ward aber in selbiger Nacht
Von seinen Knechten umgebracht.

11.

Die Minnesänger

Zu dem Wettgesange schreiten
Minnesänger jetzt herbei;
Ei, das gibt ein seltsam Streiten,
Ein gar seltsames Turnei!

Phantasie, die schäumend wilde,
Ist des Minnesängers Pferd,
Und die Kunst dient ihm zum Schilde,
Und das Wort, das ist sein Schwert.

Hübsche Damen schauen munter
Vom beteppichten Balkon',
Doch die rechte ist nicht drunter
Mit der rechten Lorbeerkron'.

Andre Leute, wenn sie springen
In die Schranken, sind gesund;
Doch wir Minnesänger bringen
Dort schon mit die Todeswund'.

Und wem dort am besten dringet
Liederblut aus Herzensgrund',
Der ist Sieger, der erringet
Bestes Lob aus schönstem Mund'.

12.

Die Fensterschau

Der bleiche Heinrich ging vorbei,
Schön Hedwig lag am Fenster.
Sie sprach halblaut: Gott steh mir bei,
Der unten schaut bleich wie Gespenster!

Der unten erhub sein Aug' in die Höh',
Hinschmachtend nach Hedewigs Fenster.
Schön Hedwig ergriff es wie Liebesweh,
Auch sie ward bleich wie Gespenster.

Schön Hedwig stand nun mit Liebesharm
Tagtäglich lauernd am Fenster.
Bald aber lag sie in Heinrichs Arm,
Allnächtlich zur Zeit der Gespenster.

13.

Der wunde Ritter

Ich weiß eine alte Kunde,
Die hallet dumpf und trüb':
Ein Ritter liegt liebeswunde,
Doch treulos ist sein Lieb.

Als treulos muß er verachten
Die eigne Herzliebste sein,
Als schimpflich muß er betrachten
Die eigne Liebespein.

Er möcht' in die Schranken reiten
Und rufen die Ritter zum Streit:
Der mag sich zum Kampfe bereiten,
Wer mein Lieb eines Makels zeiht!

Da würden wohl alle schweigen,
Nur nicht sein eigener Schmerz;
Da müßt' er die Lanze neigen
Widers eigne klagende Herz.

14.

Wasserfahrt

Ich stand gelehnet an den Mast,
Und zählte jede Welle.
Ade! mein schönes Vaterland!
Mein Schiff, das segelt schnelle!

Ich kam schön Liebchens Haus vorbei,
Die Fensterscheiben blinken;
Ich guck' mir fast die Augen aus,
Doch will mir niemand winken.

Ihr Tränen, bleibt mir aus dem Aug',
Daß ich nicht dunkel sehe.
Mein krankes Herze, brich mir nicht
Vor allzu großem Wehe.

15.

Das Liedchen von der Reue

Herr Ulrich reutet im grünen Wald,
Die Blätter lustig rauschen.
Er sieht eine holde Mädchengestalt
Durch Baumeszweige lauschen.

Der Junker spricht: Wohl kenne ich
Dies blühende, glühende Bildnis,
Verlockend stets umschwebt es mich
In Volksgewühl und Wildnis.

Zwei Röslein sind die Lippen dort,
Die lieblichen, die frischen;
Doch manches häßlich bitt're Wort
Schleicht tückisch oft dazwischen.

Drum gleicht dies Mündlein gar genau
Den hübschen Rosenbüschen,
Wo gift'ge Schlangen wunderschlau
Im dunkeln Laube zischen.

Dort seh' ich ein schönes Lockenhaar
Vom schönsten Köpfchen hangen;
Das sind die Netze wunderbar,
Womit mich der Böse gefangen.

Und jenes blaue Auge dort,
So klar, wie stille Welle,
Das hielt ich für des Himmels Pfort',
Doch war's die Pforte der Hölle. –

Herr Ulrich reutet weiter im Wald,
Die Blätter rauschen schaurig.
Da sieht er von fern eine zweite Gestalt,
Die ist so bleich, so traurig.

Der Junker spricht: O Mutter dort,
Die mich so mütterlich liebte,
Der ich mit bösem Tun und Wort
Das Leben bitterlich trübte!

O, könnt' ich dir trocknen die Augen naß,
Mit der Glut von meinen Schmerzen!
O, könnt' ich dir röten die Wangen blaß,
Mit dem Blut' aus meinem Herzen!

Und weiter reutet Herr Ulerich,
Im Wald beginnt es zu düstern,
Viel seltsame Stimmen regen sich,
Die Abendwinde flüstern.

Der Junker hört die Worte sein
Gar vielfach widerklingen.
Das taten die spöttischen Waldvöglein,
Die zwitschern laut und singen:

Herr Ulrich singt ein hübsches Lied,
Das Liedchen von der Reue,
Und hat er zu Ende gesungen das Lied,
So singt er es wieder aufs neue.

16.

An eine Sängerin
Als sie eine alte Romanze sang

Ich denke noch der Zaubervollen,
Wie sie zuerst mein Auge sah!
Wie ihre Töne lieblich klangen,
Und heimlich süß ins Herze drangen,
Entrollten Tränen meinen Wangen, –
Ich wußte nicht wie mir geschah.

Ein Traum war über mich gekommen:
Mir war als sei ich noch ein Kind,
Und säße still, beim Lämpchenscheine,
In Mutters frommem Kämmerleine,
Und läse Märchen, wunderfeine,
Derweilen draußen Nacht und Wind.

Die Märchen fangen an zu leben,
Die Ritter steigen aus der Gruft;
Bei Ronzisval da gibt's ein Streiten,
Da kommt Herr Roland herzureiten,
Viel kühne Degen ihn begleiten,
Auch leider Ganelon, der Schuft.

Durch den wird Roland schlimm gebettet,
Er schwimmt in Blut, und atmet kaum;
Kaum mochte fern sein Jagdhornzeichen
Das Ohr des großen Karls erreichen,
Da muß der Ritter schon erbleichen, –
Und mit ihm stirbt zugleich mein Traum.

Das war ein lautverworr'nes Schallen,
Das mich aus meinen Träumen rief.
Verklungen war jetzt die Legende,
Die Leute schlugen in die Hände,
Und riefen »Bravo!« ohne Ende;
Die Sängerin verneigt sich tief.

17.

Das Lied von den Dukaten

Meine güldenen Dukaten,
Sagt wo seid ihr hingeraten?

Seid ihr bei den güldnen Fischlein,
Die im Bache froh und munter
Tauchen auf und tauchen unter?

Seid ihr bei den güldnen Blümlein,
Die auf lieblich grüner Aue
Funkeln hell im Morgentaue?

Seid ihr bei den güldnen Vöglein,
Die da schweifen glanzumwoben
In den blauen Lüften oben?

Seid ihr bei den güldnen Sternlein,
Die im leuchtenden Gewimmel
Lächeln jede Nacht am Himmel?

Ach! ihr güldenen Dukaten
Schwimmt nicht in des Baches Well',
Funkelt nicht auf grüner Au',

Schwebet nicht in Lüften blau,
Lächelt nicht am Himmel hell, –
Meine Manichäer, traun!
Halten euch in ihren Klau'n.

18.

Gespräch auf der Paderborner Heide

Hörst du nicht die fernen Töne,
Wie von Brummbaß und von Geigen?
Dorten tanzt wohl manche Schöne
Den geflügelt leichten Reigen.

»Ei, mein Freund, das nenn' ich irren,
Von den Geigen hör' ich keine,
Nur die Ferklein hör' ich quirren,
Grunzen nur hör' ich die Schweine.«

Hörst du nicht das Waldhorn blasen?
Jäger sich des Weidwerks freuen,
Fromme Lämmer seh' ich grasen,
Schäfer spielen auf Schalmeien.

»Ei, mein Freund, was du vernommen,
Ist kein Waldhorn, noch Schalmeie;
Nur den Sauhirt seh' ich kommen,
Heimwärts treibt er seine Säue.«

Hörst du nicht das ferne Singen,
Wie von süßen Wettgesängen?
Englein schlagen mit den Schwingen
Lauten Beifall solchen Klängen.

»Ei, was dort so hübsch geklungen,
Ist kein Wettgesang, mein Lieber!
Singend treiben Gänsejungen
Ihre Gänselein vorüber.«

Hörst du nicht die Glocken läuten,
Wunderlieblich, wunderhelle?
Fromme Kirchengänger schreiten
Andachtsvoll zur Dorfkapelle.

»Ei, mein Freund, das sind die Schellen
Von den Ochsen, von den Kühen,
Die nach ihren dunkeln Ställen
Mit gesenktem Kopfe ziehen.«

Siehst du nicht den Schleier wehen?
Siehst du nicht das leise Nicken?
Dort seh' ich die Liebste stehen,
Feuchte Wehmut in den Blicken.

»Ei! mein Freund, dort seh' ich nicken
Nur das Waldweib, nur die Liese;
Blaß und hager an den Krücken,
Hinkt sie weiter nach der Wiese.«

Nun, mein Freund, so magst du lachen
Über des Phantasten Frage!
Wirst du auch zur Täuschung machen,
Was ich fest im Busen trage?

19.

Lebensgruß
Stammbuchblatt

Eine große Landstraß' ist unsere Erd',
Wir Menschen sind Passagiere;
Man rennet und jaget zu Fuß und zu Pferd,
Wie Läufer oder Kuriere.

Man fährt sich vorüber, man nicket, man grüßt
Mit dem Taschentuch' aus der Karosse;
Man hätte sich gerne geherzt und geküßt,
Doch jagen von hinnen die Rosse.

Kaum trafen wir uns auf derselben Station,
Herzliebster Prinz Alexander,
Da bläst schon zur Abfahrt der Postillion,
Und bläst uns schon auseinander.

20.

Wahrhaftig

Wenn der Frühling kommt mit dem Sonnenschein,
Dann knospen und blühen die Blümlein auf;
Wenn der Mond beginnt seinen Strahlenlauf,
Dann schwimmen die Sternlein hintendrein;
Wenn der Sänger zwei süße Äuglein sieht,
Dann quellen ihm Lieder aus tiefem Gemüt; -
Doch Lieder und Sterne und Blümelein,
Und Äuglein und Mondglanz und Sonnenschein,
Wie sehr das Zeug auch gefällt,
So macht's doch noch lang' keine Welt.

Sonette

An A. W. v. Schlegel

Im Reifrockputz, mit Blumen reich verzieret,
Schönpflästerchen auf den geschminkten Wangen,
Mit Schnabelschuh'n, mit Stickerei'n behangen,
Mit Turmfrisur, und wespengleich geschnüret:
    So war die Aftermuse ausstaffieret,
Als sie einst kam, dich liebend zu umfangen;
Du bist ihr aber aus dem Weg gegangen,
Und irrtest fort, von dunkelm Trieb geführet.
    Da fandest Du ein Schloß in alter Wildnis,
Und drinnen lag, wie'n holdes Marmorbildnis,
Die schönste Maid in Zauberschlaf versunken.
    Doch wich der Zauber bald, bei deinem Gruße
Aufwachte lächelnd Deutschlands echte Muse,
Und sank in deine Arme liebestrunken.

An meine Mutter B. Heine,
geborene v. Geldern

I.

Ich bin's gewohnt den Kopf recht hoch zu tragen,
Mein Sinn ist auch ein bißchen starr und zähe;
Wenn selbst der König mir ins Antlitz sähe,
Ich würde nicht die Augen niederschlagen.
    Doch, liebe Mutter, offen will ich's sagen:
Wie mächtig auch mein stolzer Mut sich blähe,
In deiner selig süßen, trauten Nähe
Ergreift mich oft ein demutvolles Zagen.
    Ist es dein Geist, der heimlich mich bezwinget,
Dein hoher Geist, der alles kühn durchdringet,
Und blitzend sich zum Himmelslichte schwinget?

Quält mich Erinnerung, daß ich verübet
So manche Tat, die dir das Herz betrübet,
Das schöne Herz, das mich so sehr geliebet?

II.

Im tollen Wahn hatt' ich dich einst verlassen,
Ich wollte gehn die ganze Welt zu Ende,
Und wollte sehn ob ich die Liebe fände,
Um liebevoll die Liebe zu umfassen.
　Die Liebe suchte ich auf allen Gassen,
Vor jeder Türe streckt' ich aus die Hände,
Und bettelte um gringe Liebesspende, –
Doch lachend gab man mir nur kaltes Hassen.
　Und immer irrte ich nach Liebe, immer
Nach Liebe, doch die Liebe fand ich nimmer,
Und kehrte um nach Hause, krank und trübe.
　Doch da bist du entgegen mir gekommen,
Und ach! was da in deinem Aug' geschwommen,
Das war die süße, langgesuchte Liebe.

An H. S.

Wie ich dein Büchlein hastig aufgeschlagen,
Da grüßen mir entgegen viel vertraute,
Viel goldne Bilder, die ich weiland schaute
Im Knabentraum und in den Kindertagen.
　Ich sehe wieder stolz gen Himmel ragen
Den frommen Dom, den deutscher Glaube baute,
Ich hör' der Glocken und der Orgel Laute,
Dazwischen klingt's wie süße Liebesklagen.

Wohl seh' ich auch wie sie den Dom umklettern,
Die flinken Zwerglein, die sich dort erfrechen
Das hübsche Blum- und Schnitzwerk abzubrechen.
   Doch mag man immerhin die Eich' entblättern
Und sie des grünen Schmuckes rings berauben, –
Kommt neuer Lenz, wird sie sich neu belauben.

Fresko-Sonette an Christian S.

I.

Ich tanz' nicht mit, ich räuchre nicht den Klötzen,
Die außen goldig sind, inwendig Sand;
Ich schlag' nicht ein, reicht mir ein Bub die Hand,
Der heimlich mir den Namen will zerfetzen.
   Ich beug' mich nicht vor jenen hübschen Metzen,
Die schamlos prunken mit der eignen Schand';
Ich zieh' nicht mit, wenn sich der Pöbel spannt
Vor Siegeswagen seiner eiteln Götzen.
   Ich weiß es wohl, die Eiche muß erliegen,
Derweil das Rohr am Bach durch schwankes Biegen
In Wind und Wetter stehn bleibt, nach wie vor.
   Doch sprich, wie weit bringt's wohl am End' solch Rohr?
Welch Glück! als ein Spazierstock dient's dem Stutzer
Als Kleiderklopfer dient's dem Stiefelputzer.

II.

Gib her die Larv', ich will mich jetzt maskieren
In einen Lumpenkerl, damit Halunken,
Die prächtig in Charaktermasken prunken,
Nicht wähnen, Ich sei einer von den Ihren.

Gib her gemeine Worte und Manieren,
Ich zeige mich in Pöbelart versunken,
Verleugne all die schönen Geistesfunken,
Womit jetzt fade Schlingel kokettieren.

So tanz' ich auf dem großen Maskenballe,
Umschwärmt von deutschen Rittern, Mönchen, Kön'gen
Von Harlekin gegrüßt, erkannt von wen'gen.

Mit ihrem Holzschwert prügeln sie mich alle.
Das ist der Spaß. Denn wollt' ich mich entmummen,
So müßte all das Galgenpack verstummen.

III.

Ich lache ob den abgeschmackten Laffen,
Die mich anglotzen mit den Bocksgesichtern;
Ich lache ob den Füchsen, die so nüchtern
Und hämisch mich beschnüffeln und begaffen.

Ich lache ob den hochgelahrten Affen,
Die sich aufbläh'n zu stolzen Geistesrichtern;
Ich lache ob den feigen Bösewichtern,
Die mich bedroh'n mit giftgetränkten Waffen.

Denn wenn des Glückes hübsche sieben Sachen
Uns von des Schicksals Händen sind zerbrochen,
Und so zu unsern Füßen hingeschmissen;

Und wenn das Herz im Leibe ist zerrissen,
Zerrissen, und zerschnitten, und zerstochen, –
Dann bleibt uns doch das schöne gelle Lachen.

IV.

Im Hirn spukt mir ein Märchen wunderfein,
Und in dem Märchen klingt ein feines Lied,
Und in dem Liede lebt und webt und blüht
Ein wunderschönes, zartes Mägdelein.

Und in dem Mägdlein wohnt ein Herzchen klein,
Doch in dem Herzchen keine Liebe glüht;
In dieses lieblos frostige Gemüt
Kam Hochmut nur und Übermut hinein.

Hörst du, wie mir im Kopf das Märchen klinget?
Und wie das Liedchen summet ernst und schaurig?
Und wie das Mägdlein kichert, leise, leise?

Ich fürchte nur, daß mir der Kopf zerspringet, –
Und ach! da wär's doch gar entsetzlich traurig,
Käm' der Verstand mir aus dem alten Gleise.

V.

In stiller, wehmutweicher Abendstunde,
Umklingen mich die längst verscholl'nen Lieder,
Und Tränen fließen von der Wange nieder,
Und Blut entquillt der alten Herzenswunde.

Und wie in eines Zauberspiegels Grunde
Seh' ich das Bildnis meiner Liebsten wieder;
Sie sitzt am Arbeitstisch', im roten Mieder,
Und Stille herrscht in ihrer sel'gen Runde.

Doch plötzlich springt sie auf vom Stuhl und schneidet
Von ihrem Haupt die schönste aller Locken,
Und gibt sie mir, – vor Freud bin ich erschrocken.

Mephisto hat die Freude mir verleidet,
Er spann ein festes Seil von jenen Haaren,
Und schleift mich dran herum seit vielen Jahren.

VI.

»Als ich vor einem Jahr dich wiederblickte,
Küßtest du mich nicht in der Willkommstund'.«
So sprach ich, und der Liebsten roter Mund
Den schönsten Kuß auf meine Lippen drückte.

Und lächelnd süß ein Myrtenreis sie pflückte
Vom Myrtenstrauche, der am Fenster stund:
»Nimm hin und pflanz' dies Reis in frischen Grund,
Und stell' ein Glas darauf,« sprach sie und nickte. –
    Schon lang ist's her. Es starb das Reis im Topf.
Sie selbst hab' ich seit Jahren nicht gesehn;
Doch brennt der Kuß mir immer noch im Kopf.
    Und aus der Ferne trieb's mich jüngst zum Ort,
Wo Liebchen wohnt. Vorm Hause blieb ich stehn
Die ganze Nacht, ging erst am Morgen fort.

VII.

Hüt' dich, mein Freund, vor grimmen Teufelsfratzen,
Doch schlimmer sind die sanften Engelsfrätzchen.
Ein solches bot mir einst ein süßes Schmätzchen,
Doch wie ich kam, da fühlt' ich scharfe Tatzen.
    Hüt' dich, mein Freund, vor schwarzen, alten Katzen,
Doch schlimmer sind die weißen, jungen Kätzchen;
Ein solches macht' ich einst zu meinem Schätzchen,
Doch tät mein Schätzchen mir das Herz zerkratzen.
    O süßes Frätzchen, wundersüßes Mädchen!
Wie konnte mich dein klares Äuglein täuschen?
Wie konnt' dein Pfötchen mir das Herz zerfleischen?
    O meines Kätzchens wunderzartes Pfötchen!
Könnt' ich dich an die glüh'nden Lippen pressen,
Und könnt' mein Herz verbluten unterdessen!

VIII.

Du sah'st mich oft im Kampf mit jenen Schlingeln,
Geschminkten Katzen und bebrillten Pudeln,
Die mir den blanken Namen gern besudeln,
Und mich so gerne ins Verderben züngeln.

Du sahest oft, wie mich Pedanten hudeln,
Wie Schellenkappenträger mich umklingeln,
Wie gift'ge Schlangen um mein Herz sich ringeln;
Du sah'st mein Blut aus tausend Wunden sprudeln.
  Du aber standest fest gleich einem Turme;
Ein Leuchtturm war dein Kopf mir in dem Sturme,
Dein treues Herz war mir ein guter Hafen.
  Wohl wogt um jenen Hafen wilde Brandung,
Nur wen'ge Schiff' erringen dort die Landung,
Doch ist man dort, so kann man sicher schlafen.

                    IX.

Ich möchte weinen, doch ich kann es nicht;
Ich möcht' mich rüstig in die Höhe heben,
Doch kann ich's nicht; am Boden muß ich kleben,
Umkrächzt, umzischt von eklem Wurmgezücht.
  Ich möchte gern mein heitres Lebenslicht,
Mein schönes Lieb, allüberall umschweben,
In ihrem selig süßen Hauche leben, –
Doch kann ich's nicht, mein krankes Herze bricht.
  Aus dem gebrochnen Herzen fühl' ich fließen,
Mein heißes Blut, ich fühle mich ermatten,
Und vor den Augen wird's mir trüb und trüber.
  Und heimlich schauernd sehn' ich mich hinüber
Nach jenem Nebelreich, wo stille Schatten
Mit weichen Armen liebend mich umschließen.

Lyrisches Intermezzo

1822–1823

Es war mal ein Ritter trübselig und stumm,
Mit hohlen, schneeweißen Wangen;
Er schwankte und schlenderte schlotternd herum,
In dumpfen Träumen befangen.
Er war so hölzern, so täppisch, so links,
Die Blümlein und Mägdlein, die kicherten rings,
Wenn er stolpernd vorbeigegangen.

Oft saß er im finstersten Winkel zu Haus;
Er hatt' sich vor Menschen verkrochen.
Da streckte er sehnend die Arme aus,
Doch hat er kein Wörtlein gesprochen.
Kam aber die Mitternachtstunde heran,
Ein seltsames Singen und Klingen begann –
An die Türe da hört' er es pochen.

Da kommt seine Liebste geschlichen herein,
Im rauschenden Wellenschaumkleide,
Sie blüht und glüht, wie ein Röselein,
Ihr Schleier ist eitel Geschmeide.
Goldlocken umspielen die schlanke Gestalt,
Die Äuglein grüßen mit süßer Gewalt –
In die Arme sinken sich beide.

Der Ritter umschlingt sie mit Liebesmacht,
Der Hölzerne steht jetzt in Feuer,
Der Blasse errötet, der Träumer erwacht,
Der Blöde wird freier und freier.
Sie aber, sie hat ihn gar schalkhaft geneckt,
Sie hat ihm ganz leise den Kopf bedeckt
Mit dem weißen, demantenen Schleier.

In einen kristallenen Wasserpalast
Ist plötzlich gezaubert der Ritter.
Er staunt, und die Augen erblinden ihm fast,
Vor alle dem Glanz und Geflitter.
Doch hält ihn die Nixe umarmet gar traut,
Der Ritter ist Bräut'gam, die Nixe ist Braut,
Ihre Jungfrau'n spielen die Zither.

Sie spielen und singen, und singen so schön,
Und heben zum Tanze die Füße;
Dem Ritter, dem wollen die Sinne vergehn,
Und fester umschließt er die Süße –
Da löschen auf einmal die Lichter aus,
Der Ritter sitzt wieder ganz einsam zu Haus,
In dem düstern Poetenstübchen.

1.

Im wunderschönen Monat Mai,
Als alle Knospen sprangen,
Da ist in meinem Herzen
Die Liebe aufgegangen.

Im wunderschönen Monat Mai,
Als alle Vögel sangen,
Da hab' ich ihr gestanden
Mein Sehnen und Verlangen.

2.

Aus meinen Tränen sprießen
Viel blühende Blumen hervor,
Und meine Seufzer werden
Ein Nachtigallenchor.

Und wenn du mich lieb hast, Kindchen,
Schenk' ich dir die Blumen all',
Und vor deinem Fenster soll klingen
Das Lied der Nachtigall.

3.

Die Rose, die Lilje, die Taube, die Sonne,
Die liebt' ich einst alle in Liebeswonne.
Ich lieb' sie nicht mehr, ich liebe alleine
Die Kleine, die Feine, die Reine, die Eine;
Sie selber, aller Liebe Bronne,
Ist Rose und Lilje und Taube und Sonne.

4.

Wenn ich in deine Augen seh',
So schwindet all mein Leid und Weh;
Doch wenn ich küsse deinen Mund,
So werd' ich ganz und gar gesund.

Wenn ich mich lehn' an deine Brust,
Kommt's über mich wie Himmelslust;
Doch wenn du sprichst: Ich liebe dich!
So muß ich weinen bitterlich.

5.

Dein Angesicht so lieb und schön,
Das hab' ich jüngst im Traum gesehn;
Es ist so mild und engelgleich,
Und doch so bleich, so schmerzenbleich.

Und nur die Lippen, die sind rot;
Bald aber küßt sie bleich der Tod.
Erlöschen wird das Himmelslicht,
Das aus den frommen Augen bricht.

6.

Lehn deine Wang' an meine Wang',
Dann fließen die Tränen zusammen;
Und an mein Herz drück' fest dein Herz,
Dann schlagen zusammen die Flammen!

Und wenn in die große Flamme fließt
Der Strom von unsern Tränen,
Und wenn dich mein Arm gewaltig umschließt –
Sterb' ich vor Liebessehnen!

7.

Ich will meine Seele tauchen
In den Kelch der Lilje hinein;
Die Lilje soll klingend hauchen
Ein Lied von der Liebsten mein.

Das Lied soll schauern und beben,
Wie der Kuß von ihrem Mund',
Den sie mir einst gegeben
In wunderbar süßer Stund'.

8.

Es stehen unbeweglich
Die Sterne in der Höh',
Viel tausend Jahr', und schauen
Sich an mit Liebesweh.

Sie sprechen eine Sprache,
Die ist so reich, so schön;
Doch keiner der Philologen
Kann diese Sprache verstehn.

Ich aber hab' sie gelernet,
Und ich vergesse sie nicht;
Mir diente als Grammatik
Der Herzallerliebsten Gesicht.

9.

Auf Flügeln des Gesanges,
Herzliebchen, trag' ich dich fort,
Fort nach den Fluren des Ganges,
Dort weiß ich den schönsten Ort.

Dort liegt ein rotblühender Garten
Im stillen Mondenschein;
Die Lotosblumen erwarten
Ihr trautes Schwesterlein.

Die Veilchen kichern und kosen,
Und schau'n nach den Sternen empor;
Heimlich erzählen die Rosen
Sich duftende Märchen ins Ohr.

Es hüpfen herbei und lauschen
Die frommen, klugen Gazell'n;
Und in der Ferne rauschen
Des heiligen Stromes Well'n.

Dort wollen wir niedersinken
Unter dem Palmenbaum,
Und Liebe und Ruhe trinken,
Und träumen seligen Traum.

10.

Die Lotosblume ängstigt
Sich vor der Sonne Pracht,
Und mit gesenktem Haupte
Erwartet sie träumend die Nacht.

Der Mond, der ist ihr Buhle,
Er weckt sie mit seinem Licht',
Und ihm entschleiert sie freundlich
Ihr frommes Blumengesicht.

Sie blüht und glüht und leuchtet,
Und starret stumm in die Höh';
Sie duftet und weinet und zittert
Vor Liebe und Liebesweh'.

· 11.

Im Rhein, im schönen Strome,
Da spiegelt sich in den Well'n,
Mit seinem großen Dome,
Das große, heilige Köln.

Im Dom da steht ein Bildnis,
Auf goldenem Leder gemalt;
In meines Lebens Wildnis
Hat's freundlich hineingestrahlt.

Es schweben Blumen und Englein
Um unsre liebe Frau;
Die Augen, die Lippen, die Wänglein,
Die gleichen der Liebsten genau.

12.

Du liebst mich nicht, du liebst mich nicht,
Das kümmert mich gar wenig;
Schau' ich dir nur ins Angesicht,
So bin ich froh wie'n König.

Du hassest, hassest mich sogar,
So spricht dein rotes Mündchen;
Reich mir es nur zum Küssen dar,
So tröst' ich mich, mein Kindchen.

13.

O schwöre nicht und küsse nur,
Ich glaube keinem Weiberschwur!
Dein Wort ist süß, doch süßer ist
Der Kuß, den ich dir abgeküßt!
Den hab' ich, und dran glaub' ich auch,
Das Wort ist eitel Dunst und Hauch.

O schwöre, Liebchen, immerfort,
Ich glaube dir aufs bloße Wort!
An deinen Busen sink' ich hin,
Und glaube, daß ich selig bin;
Ich glaube, Liebchen, ewiglich,
Und noch viel länger liebst du mich.

14.

Auf meiner Herzliebsten Äugelein
Mach' ich die schönsten Kanzonen.
Auf meiner Herzliebsten Mündchen klein
Mach' ich die besten Terzinen.
Auf meiner Herzliebsten Wängelein
Mach' ich die herrlichsten Stanzen.
Und wenn meine Liebste ein Herzchen hätt',
Ich machte darauf ein hübsches Sonett.

15.

Die Welt ist dumm, die Welt ist blind,
Wird täglich abgeschmackter!
Sie spricht von dir, mein schönes Kind,
Du hast keinen guten Charakter.

Die Welt ist dumm, die Welt ist blind,
Und dich wird sie immer verkennen;
Sie weiß nicht, wie süß deine Küsse sind,
Und wie sie beseligend brennen.

16.

Liebste, sollst mir heute sagen:
Bist du nicht ein Traumgebild',
Wie's in schwülen Sommertagen
Aus dem Hirn des Dichters quillt?

Aber nein, ein solches Mündchen,
Solcher Augen Zauberlicht,
Solch ein liebes, süßes Kindchen,
Das erschafft der Dichter nicht.

Basilisken und Vampire,
Lindenwürm' und Ungeheu'r,
Solche schlimme Fabeltiere,
Die erschafft des Dichters Feu'r.

Aber dich und deine Tücke,
Und dein holdes Angesicht,
Und die falschen frommen Blicke –
Das erschafft der Dichter nicht.

17.

Wie die Wellenschaumgeborene
Strahlt mein Lieb im Schönheitsglanz,
Denn sie ist das auserkorene
Bräutchen eines fremden Manns.

Herz, mein Herz, du vielgeduldiges,
Grolle nicht ob dem Verrat;
Trag es, trag es, und entschuldig' es,
Was die holde Törin tat.

18.

Ich grolle nicht, und wenn das Herz auch bricht,
Ewig verlor'nes Lieb! ich grolle nicht.
Wie du auch strahlst in Diamantenpracht,
Es fällt kein Strahl in deines Herzens Nacht.

Das weiß ich längst. Ich sah dich ja im Traum',
Und sah die Nacht in deines Herzens Raum',
Und sah die Schlang', die dir am Herzen frißt,
Ich sah, mein Lieb, wie sehr du elend bist.

19.

Ja, du bist elend, und ich grolle nicht; –
Mein Lieb, wir sollen beide elend sein!
Bis uns der Tod das kranke Herze bricht,
Mein Lieb, wir sollen beide elend sein.

Wohl seh' ich Spott, der deinen Mund umschwebt,
Und seh' dein Auge blitzen trotziglich,
Und seh' den Stolz, der deinen Busen hebt, –
Und elend bist du doch, elend wie ich.

Unsichtbar zuckt auch Schmerz um deinen Mund,
Verborgne Träne trübt des Auges Schein,
Der stolze Busen hegt geheime Wund', –
Mein Lieb, wir sollen beide elend sein.

20.

Das ist ein Flöten und Geigen,
Trompeten schmettern drein;
Da tanzt den Hochzeitreigen
Die Herzallerliebste mein.

Das ist ein Klingen und Dröhnen
Von Pauken und Schalmei'n;
Dazwischen schluchzen und stöhnen
Die guten Engelein.

21.

So hast du ganz und gar vergessen,
Daß ich so lang dein Herz besessen,
Dein Herzchen so süß und so falsch und so klein,
Es kann nirgend was Süß'res und Falscheres sein.

So hast du die Lieb' und das Leid vergessen,
Die das Herz mir täten zusammenpressen.
Ich weiß nicht, war Liebe größer als Leid?
Ich weiß nur, sie waren groß allebeid'!

22.

Und wüßten's die Blumen, die kleinen,
Wie tief verwundet mein Herz,
Sie würden mit mir weinen,
Zu heilen meinen Schmerz.

Und wüßten's die Nachtigallen,
Wie ich so traurig und krank,
Sie ließen fröhlich erschallen
Erquickenden Gesang.

Und wüßten sie mein Wehe,
Die goldnen Sternelein,
Sie kämen aus ihrer Höhe
Und sprächen Trost mir ein.

Die alle können's nicht wissen,
Nur Eine kennt meinen Schmerz:
Sie hat ja selbst zerrissen,
Zerrissen mir das Herz.

23.

Warum sind denn die Rosen so blaß,
O sprich, mein Lieb, warum?
Warum sind denn im grünen Gras
Die blauen Veilchen so stumm?

Warum singt denn mit so kläglichem Laut
Die Lerche in der Luft?
Warum steigt denn aus dem Balsamkraut
Hervor ein Leichenduft?

Warum scheint denn die Sonn' auf die Au'
So kalt und verdrießlich herab?
Warum ist denn die Erde so grau
Und öde wie ein Grab?

Warum bin ich selbst so krank und so trüb,
Mein liebes Liebchen, sprich?
O sprich, mein herzallerliebstes Lieb,
Warum verließest du mich?

24.

Sie haben dir viel erzählet
Und haben viel geklagt;
Doch was meine Seele gequälet,
Das haben sie nicht gesagt.

Sie machten ein großes Wesen,
Und schüttelten kläglich das Haupt;
Sie nannten mich den Bösen,
Und du hast alles geglaubt.

Jedoch das Allerschlimmste,
Das haben sie nicht gewußt;
Das Schlimmste und das Dümmste,
Das trug ich geheim in der Brust.

25.

Die Linde blühte, die Nachtigall sang,
Die Sonne lachte mit freundlicher Lust;
Da küßtest du mich, und dein Arm mich umschlang,
Da preßtest du mich an die schwellende Brust.

Die Blätter fielen, der Rabe schrie hohl,
Die Sonne grüßte verdrossenen Blicks;
Da sagten wir frostig einander: »Lebwohl!«
Da knickstest du höflich den höflichsten Knicks.

26.

Wir haben viel füreinander gefühlt,
Und dennoch uns gar vortrefflich vertragen.
Wir haben oft »Mann und Frau« gespielt,
Und dennoch uns nicht gerauft und geschlagen.
Wir haben zusammen gejauchzt und gescherzt,
Und zärtlich uns geküßt und geherzt.
Wir haben am Ende, aus kindischer Lust,
»Verstecken« gespielt in Wäldern und Gründen,
Und haben uns so zu verstecken gewußt,
Daß wir uns nimmermehr wiederfinden.

27.

Du bliebest mir treu am längsten,
Und hast dich für mich verwendet,
Und hast mir Trost gespendet
In meinen Nöten und Ängsten.

Du gabest mir Trank und Speise,
Und hast mir Geld geborget,

Und hast mich mit Wäsche versorget,
Und mit dem Paß für die Reise.

Mein Liebchen! daß Gott dich behüte,
Noch lange, vor Hitz' und vor Kälte,
Und daß er dir nimmer vergelte,
Die mir erwiesene Güte!

28.

Die Erde war so lange geizig,
Da kam der Mai, und sie ward spendabel,
Und alles lacht, und jauchzt, und freut sich,
Ich aber bin nicht zu lachen kapabel.

Die Blumen sprießen, die Glöcklein schallen,
Die Vögel sprechen wie in der Fabel;
Mir aber will das Gespräch nicht gefallen,
Ich finde alles miserabel.

Das Menschenvolk mich ennuyieret,
Sogar der Freund, der sonst passabel; –
Das kömmt, weil man Madame tituliert
Mein süßes Liebchen, so süß und aimabel.

29.

Und als ich so lange, so lange gesäumt,
In fremden Landen geschwärmt und geträumt;
Da ward meiner Liebsten zu lang die Zeit,
Und sie nähete sich ein Hochzeitkleid,
Und hat mit zärtlichen Armen umschlungen,
Als Bräut'gam, den dümmsten der dummen Jungen.

Mein Liebchen ist so schön und mild,
Noch schwebt mir vor ihr süßes Bild;
Die Veilchenaugen, die Rosenwänglein,
Die glühen und blühen, jahraus, jahrein.
Daß ich von solchem Lieb konnt' weichen,
War der dümmste von meinen dummen Streichen.

30.

Die blauen Veilchen der Äugelein,
Die roten Rosen der Wängelein,
Die weißen Liljen der Händchen klein,
Die blühen und blühen noch immerfort,
Und nur das Herzchen ist verdorrt.

31.

Die Welt ist so schön und der Himmel so blau,
Und die Lüfte die wehen so lind und so lau,
Und die Blumen winken auf blühender Au',
Und funkeln und glitzern im Morgentau,
Und die Menschen jubeln, wohin ich schau', –
Und doch möcht' ich im Grabe liegen,
Und mich an mein totes Liebchen schmiegen.

32.

Mein süßes Lieb, wenn du im Grab',
Im dunkeln Grab' wirst liegen,
Dann will ich steigen zu dir hinab,
Und will mich an dich schmiegen.

Ich küsse, umschlinge und presse dich wild,
Du Stille, du Kalte, du Bleiche!

Ich jauchze, ich zitt're, ich weine mild,
Ich werde selber zur Leiche.

Die Toten stehn auf, die Mitternacht ruft,
Sie tanzen im luftigen Schwarme;
Wir beide bleiben in der Gruft,
Ich liege in deinem Arme.

Die Toten stehn auf, der Tag des Gerichts
Ruft sie zu Qual und Vergnügen;
Wir beide bekümmern uns um nichts,
Und bleiben umschlungen liegen.

33.

Ein Fichtenbaum steht einsam
Im Norden auf kahler Höh'.
Ihn schläfert; mit weißer Decke
Umhüllen ihn Eis und Schnee.

Er träumt von einer Palme,
Die, fern im Morgenland,
Einsam und schweigend trauert
Auf brennender Felsenwand.

34.

(Der Kopf spricht:)

Ach, wenn ich nur der Schemel wär',
Worauf der Liebsten Füße ruh'n!
Und stampfte sie mich noch so sehr,
Ich wollte doch nicht klagen tun.

(Das Herz spricht:)

Ach, wenn ich nur das Kißchen wär',
Wo sie die Nadeln steckt hinein!
Und stäche sie mich noch so sehr,
Ich wollte mich der Stiche freu'n.

(Das Lied spricht:)

Ach, wär' ich nur das Stück Papier,
Das sie als Papillote braucht!
Ich wollte heimlich flüstern ihr
Ins Ohr, was in mir lebt und haucht.

35.

Seit die Liebste war entfernt,
Hatt' ich's Lachen ganz verlernt.
Schlechten Witz riß mancher Wicht,
Aber lachen konnt' ich nicht.

Seit ich sie verloren hab',
Schafft' ich auch das Weinen ab;
Fast vor Weh' das Herz mir bricht,
Aber weinen kann ich nicht.

36.

Aus meinen großen Schmerzen
Mach' ich die kleinen Lieder;
Die heben ihr klingend Gefieder
Und flattern nach ihrem Herzen.

Sie fanden den Weg zur Trauten,
Doch kommen sie wieder und klagen,
Und klagen, und wollen nicht sagen,
Was sie im Herzen schauten.

37.

Philister in Sonntagsröcklein
Spazieren durch Wald und Flur;
Sie jauchzen, sie hüpfen wie Böcklein,
Begrüßen die schöne Natur.

Betrachten mit blinzelnden Augen,
Wie alles romantisch blüht;
Mit langen Ohren saugen
Sie ein der Spatzen Lied.

Ich aber verhänge die Fenster
Des Zimmers mit schwarzem Tuch;
Es machen mir meine Gespenster
Sogar einen Tagesbesuch.

Die alte Liebe erscheinet,
Sie stieg aus dem Totenreich,
Sie setzt sich zu mir und weinet,
Und macht das Herz mir weich.

38.

Manch Bild vergessener Zeiten
Steigt auf aus seinem Grab',
Und zeigt wie in deiner Nähe
Ich einst gelebet hab'.

Am Tage schwankte ich träumend
Durch alle Straßen herum;
Die Leute verwundert mich ansahn,
Ich war so traurig und stumm.

Des Nachts da war es besser,
Da waren die Straßen leer;
Ich und mein Schatten selbander,
Wir wandelten schweigend einher.

Mit widerhallendem Fußtritt
Wandelt' ich über die Brück';
Der Mond brach aus den Wolken
Und grüßte mit ernstem Blick'.

Stehn blieb ich vor deinem Hause
Und starrte in die Höh',
Und starrte nach deinem Fenster, –
Das Herz tat mir so weh.

Ich weiß, du hast aus dem Fenster
Gar oft herabgesehn,
Und sahst mich im Mondenlichte
Wie eine Säule stehn.

39.

Ein Jüngling liebt ein Mädchen,
Die hat einen andern erwählt;
Der andre liebt eine andre,
Und hat sich mit dieser vermählt.

Das Mädchen heiratet aus Ärger
Den ersten besten Mann,
Der ihr in den Weg gelaufen;
Der Jüngling ist übel dran.

Es ist eine alte Geschichte,
Doch bleibt sie immer neu;
Und wem sie just passieret,
Dem bricht das Herz entzwei.

40.

Hör' ich das Liedchen klingen,
Das einst die Liebste sang,
So will mir die Brust zerspringen,
Vor wildem Schmerzendrang.

Es treibt mich ein dunkles Sehnen
Hinauf zur Waldeshöh',
Dort löst sich auf in Tränen
Mein übergroßes Weh'.

41.

Mir träumte von einem Königskind',
Mit nassen, blassen Wangen;
Wir saßen unter der grünen Lind',
Und hielten uns liebumfangen.

»Ich will nicht deines Vaters Thron,
Und nicht sein Zepter von Golde,
Ich will nicht seine demantene Kron',
Ich will dich selber, du Holde.«

»Das kann nicht sein,« sprach sie zu mir,
»Ich liege ja im Grabe,
Und nur des Nachts komm' ich zu dir,
Weil ich so lieb dich habe.«

42.

Mein Liebchen, wir saßen beisammen,
Traulich im leichten Kahn.
Die Nacht war still und wir schwammen
Auf weiter Wasserbahn.

Die Geisterinsel, die schöne,
Lag dämm'rig im Mondenglanz;
Dort klangen liebe Töne,
Und wogte der Nebeltanz.

Dort klang es lieb und lieber
Und wogt' es hin und her;
Wir aber schwammen vorüber,
Trostlos auf weitem Meer.

43.

Aus alten Märchen winkt es
Hervor mit weißer Hand,
Da singt es und da klingt es
Von einem Zauberland':

Wo große Blumen schmachten
Im goldnen Abendlicht,
Und zärtlich sich betrachten
Mit bräutlichem Gesicht; –

Wo alle Bäume sprechen,
Und singen wie ein Chor,
Und laute Quellen brechen
Wie Tanzmusik hervor; –

Und Liebesweisen tönen,
Wie du sie nie gehört,
Bis wundersüßes Sehnen
Dich wundersüß betört!

Ach, könnt' ich dorthin kommen,
Und dort mein Herz erfreu'n,
Und aller Qual entnommen,
Und frei und selig sein!

Ach! jenes Land der Wonne,
Das seh' ich oft im Traum',
Doch kommt die Morgensonne,
Zerfließt's wie eitel Schaum.

44.

Ich hab' dich geliebet und liebe dich noch!
Und fiele die Welt zusammen,
Aus ihren Trümmern stiegen doch
Hervor meiner Liebe Flammen.

45.

Am leuchtenden Sommermorgen
Geh' ich im Garten herum.
Es flüstern und sprechen die Blumen,
Ich aber, ich wandle stumm.

Es flüstern und sprechen die Blumen,
Und schau'n mitleidig mich an:
Sei unserer Schwester nicht böse,
Du trauriger, blasser Mann!

46.

Es leuchtet meine Liebe,
In ihrer dunkeln Pracht,
Wie'n Märchen traurig und trübe,
Erzählt in der Sommernacht.

»Im Zaubergarten wallen
Zwei Buhlen, stumm und allein;
Es singen die Nachtigallen,
Es flimmert der Mondenschein.

Die Jungfrau steht still wie ein Bildnis,
Der Ritter vor ihr kniet.
Da kommt der Riese der Wildnis,
Die bange Jungfrau flieht.

Der Ritter sinkt blutend zur Erde,
Es stolpert der Riese nach Haus« –
Wenn ich begraben werde,
Dann ist das Märchen aus.

47.

Sie haben mich gequälet,
Geärgert blau und blaß,
Die einen mit ihrer Liebe,
Die andern mit ihrem Haß.

Sie haben das Brot mir vergiftet
Sie gossen mir Gift ins Glas,
Die einen mit ihrer Liebe,
Die andern mit ihrem Haß.

Doch sie, die mich am meisten
Gequält, geärgert, betrübt,
Die hat mich nie gehasset,
Und hat mich nie geliebt.

48.

Es liegt der heiße Sommer
Auf deinen Wängelein;
Es liegt der Winter, der kalte,
In deinem Herzchen klein.

Das wird sich bei dir ändern,
Du Vielgeliebte mein!
Der Winter wird auf den Wangen,
Der Sommer im Herzen sein.

49.

Wenn zwei von einander scheiden,
So geben sie sich die Händ',
Und fangen an zu weinen,
Und seufzen ohne End'.

Wir haben nicht geweinet,
Wir seufzten nicht Weh und Ach!
Die Tränen und die Seufzer,
Die kamen hintennach.

50.

Sie saßen und tranken am Teetisch,
Und sprachen von Liebe viel.
Die Herren, die waren ästhetisch,
Die Damen von zartem Gefühl.

Die Liebe muß sein platonisch,
Der dürre Hofrat sprach.
Die Hofrätin lächelt ironisch,
Und dennoch seufzet sie: Ach!

Der Domherr öffnet den Mund weit:
Die Liebe sei nicht zu roh,
Sie schadet sonst der Gesundheit.
Das Fräulein lispelt: Wieso?

Die Gräfin spricht wehmütig:
Die Liebe ist eine Passion!
Und präsentieret gütig
Die Tasse dem Herren Baron.

Am Tische war noch ein Plätzchen;
Mein Liebchen, da hast du gefehlt.
Du hättest so hübsch, mein Schätzchen,
Von deiner Liebe erzählt.

51.

Vergiftet sind meine Lieder; –
Wie könnt' es anders sein?
Du hast mir ja Gift gegossen
Ins blühende Leben hinein.

Vergiftet sind meine Lieder; –
Wie könnt' es anders sein?
Ich trage im Herzen viel Schlangen,
Und dich, Geliebte mein.

52.

Mir träumte wieder der alte Traum:
Es war eine Nacht im Maie,
Wir saßen unter dem Lindenbaum,
Und schwuren uns ewige Treue.

Das war ein Schwören und Schwören aufs neu',
Ein Kichern, ein Kosen, ein Küssen;
Daß ich gedenk des Schwures sei,
Hast du in die Hand mich gebissen.

O Liebchen mit den Äuglein klar
O Liebchen schön und bissig!
Das Schwören in der Ordnung war,
Das Beißen war überflüssig.

53.

Ich steh' auf des Berges Spitze,
Und werde sentimental.
»Wenn ich ein Vöglein wäre!«
Seufz' ich viel tausendmal.

Wenn ich eine Schwalbe wäre,
So flög' ich zu dir, mein Kind,
Und baute mir mein Nestchen,
Wo deine Fenster sind.

Wenn ich eine Nachtigall wäre,
So flög' ich zu dir, mein Kind,
Und sänge dir nachts meine Lieder
Herab von der grünen Lind'.

Wenn ich ein Gimpel wäre,
So flög' ich gleich an dein Herz;
Du bist ja hold den Gimpeln,
Und heilest Gimpelschmerz.

54.

Mein Wagen rollet langsam
Durch lustiges Waldesgrün,
Durch blumige Täler, die zaubrisch
Im Sonnenglanze blüh'n.

Ich sitze und sinne und träume,
Und denk' an die Liebste mein;
Da grüßen drei Schattengestalten
Kopfnickend zum Wagen herein.

Sie hüpfen und schneiden Gesichter,
So spöttisch und doch so scheu,
Und quirlen wie Nebel zusammen,
Und kichern und huschen vorbei.

55.

Ich hab' im Traum' geweinet,
Mir träumte du lägest im Grab'.
Ich wachte auf, und die Träne
Floß noch von der Wange herab.

Ich hab' im Traum' geweinet,
Mir träumt' du verließest mich.
Ich wachte auf, und ich weinte
Noch lange bitterlich.

Ich hab' im Traum' geweinet,
Mir träumte du bliebest mir gut.
Ich wachte auf, und noch immer
Strömt meine Tränenflut.

56.

Allnächtlich im Traume seh' ich dich,
Und sehe dich freundlich grüßen,
Und laut aufweinend stürz' ich mich
Zu deinen süßen Füßen.

Du siehst mich an wehmütiglich,
Und schüttelst das blonde Köpfchen;
Aus deinen Augen schleichen sich
Die Perlentränentröpfchen.

Du sagt mir heimlich ein leises Wort,
Und gibst mir den Strauß von Zypressen.
Ich wache auf, und der Strauß ist fort,
Und das Wort hab' ich vergessen.

57.

Das ist ein Brausen und Heulen,
Herbstnacht und Regen und Wind;
Wo mag wohl jetzo weilen
Mein armes, banges Kind?

Ich seh' sie am Fenster lehnen
Im einsamen Kämmerlein;
Das Auge gefüllt mit Tränen,
Starrt sie in die Nacht hinein.

58.

Der Herbstwind rüttelt die Bäume,
Die Nacht ist feucht und kalt;
Gehüllt im grauen Mantel,
Reite ich einsam im Wald.

Und wie ich reite, so reiten
Mir die Gedanken voraus;
Sie tragen mich leicht und lustig
Nach meiner Liebsten Haus.

Die Hunde bellen, die Diener
Erscheinen mit Kerzengeflirr;
Die Wendeltreppe stürm' ich
Hinauf mit Sporengeklirr.

Im leuchtenden Teppichgemache,
Da ist es so duftig und warm,
Da harret meiner die Holde –
Ich fliege in ihren Arm.

Es säuselt der Wind in den Blättern,
Es spricht der Eichenbaum:
Was willst du, törichter Reiter,
Mit deinem törichten Traum?

59.

Es fällt ein Stern herunter
Aus seiner funkelnden Höh'!
Das ist der Stern der Liebe,
Den ich dort fallen seh'.

Es fallen vom Apfelbaume
Der Blüten und Blätter viel!
Es kommen die neckenden Lüfte
Und treiben damit ihr Spiel.

Es singt der Schwan im Weiher
Und rudert auf und ab,
Und immer leiser singend
Taucht er ins Flutengrab.

Es ist so still und dunkel!
Verweht ist Blatt und Blüt',
Der Stern ist knisternd zerstoben,
Verklungen das Schwanenlied.

60.

Der Traumgott bracht' mich in ein Riesenschloß,
Wo schwüler Zauberduft und Lichterschimmer,
Und bunte Menschenwoge sich ergoß
Durch labyrinthisch vielverschlungne Zimmer.
Die Ausgangspforte sucht der bleiche Troß,
Mit Händeringen und mit Angstgewimmer.
Jungfrau'n und Ritter ragen aus der Menge,
Ich selbst bin fortgezogen im Gedränge.

Doch plötzlich steh' ich ganz allein, und seh',
Und staun', wie schnell die Menge konnt' verschwinden,
Und wandre fort allein, und eil', und geh'
Durch die Gemächer, die sich seltsam winden.
Mein Fuß wird Blei, im Herzen Angst und Weh,
Verzweifl' ich fast den Ausgang je zu finden.
Da komm' ich endlich an das letzte Tor;
Ich will hinaus – o Gott, wer steht davor!

Es war die Liebste, die am Tore stand,
Schmerz um die Lippen, Sorge auf der Stirne.
Ich soll zurückgehn, winkt sie mit der Hand;
Ich weiß nicht ob sie warne oder zürne.
Doch aus den Augen bricht ein süßer Brand,
Der mir durchzuckt das Herz und das Gehirne.
Wie sie mich ansah, streng und wunderlich,
Und doch so liebevoll, erwachte ich.

61.

Die Mitternacht war kalt und stumm;
Ich irrte klagend im Wald herum.
Ich habe die Bäum' aus dem Schlaf' gerüttelt;
Sie haben mitleidig die Köpfe geschüttelt.

62.

Am Kreuzweg wird begraben,
Wer selber sich brachte um;
Dort wächst eine blaue Blume,
Die Armesünderblum'.

Am Kreuzweg stand ich und seufzte;
Die Nacht war kalt und stumm.
Im Mondschein bewegte sich langsam
Die Armesünderblum'.

63.

Wo ich bin, mich rings umdunkelt
Finsternis, so dumpf und dicht,
Seit mir nicht mehr leuchtend funkelt,
Liebste, deiner Augen Licht.

Mir erloschen ist der süßen
Liebessterne goldne Pracht,
Abgrund gähnt zu meinen Füßen –
Nimm mich auf, uralte Nacht!

64.

Nacht lag auf meinen Augen,
Blei lag auf meinem Mund',
Mit starrem Hirn und Herzen
Lag ich im Grabesgrund'.

Wie lang kann ich nicht sagen,
Daß ich geschlafen hab';
Ich wachte auf und hörte,
Wie's pochte an mein Grab.

»Willst du nicht aufstehn, Heinrich?
Der ew'ge Tag bricht an,
Die Toten sind erstanden,
Die ew'ge Lust begann.«

Mein Lieb, ich kann nicht aufstehn,
Bin ja noch immer blind;
Durch Weinen meine Augen
Gänzlich erloschen sind.

»Ich will dir küssen, Heinrich,
Vom Auge fort die Nacht;
Die Engel sollst du schauen,
Und auch des Himmels Pracht.«

Mein Lieb, ich kann nicht aufstehn,
Noch blutet's immerfort,

Wo du ins Herz mich stachest
Mit einem spitz'gen Wort.

»Ganz leise leg' ich, Heinrich,
Dir meine Hand aufs Herz;
Dann wird es nicht mehr bluten,
Geheilt ist all' sein Schmerz.«

Mein Lieb, ich kann nicht aufstehn,
Es blutet auch mein Haupt;
Hab' ja hineingeschossen,
Als du mir wurdest geraubt.

»Mit meinen Locken, Heinrich,
Stopf' ich des Hauptes Wund',
Und dräng' zurück den Blutstrom,
Und mache dein Haupt gesund.«

Es bat so sanft, so lieblich,
Ich konnt' nicht widerstehn;
Ich wollte mich erheben
Und zu der Liebsten gehn.

Da brachen auf die Wunden,
Da stürzt' mit wilder Macht
Aus Kopf und Brust der Blutstrom,
Und sieh! – ich bin erwacht.

65.

Die alten, bösen Lieder,
Die Träume schlimm und arg,
Die laßt uns jetzt begraben,
Holt einen großen Sarg.

Hinein leg' ich gar manches,
Doch sag' ich noch nicht was;
Der Sarg muß sein noch größer
Wie's Heidelberger Faß.

Und holt eine Totenbahre
Von Brettern fest und dick;
Auch muß sie sein noch länger
Als wie zu Mainz die Brück'.

Und holt mir auch zwölf Riesen,
Die müssen noch stärker sein
Als wie der heil'ge Christoph
Im Dom zu Köln am Rhein.

Sie sollen den Sarg forttragen,
Und senken ins Meer hinab,
Denn solchem großen Sarge
Gebührt ein großes Grab.

Wißt ihr warum der Sarg wohl
So groß und schwer mag sein?
Ich legt' auch meine Liebe
Und meinen Schmerz hinein.

Die Heimkehr

1823–1824

1.

In mein gar zu dunkles Leben
Strahlte einst ein süßes Bild;
Nun das süße Bild erblichen,
Bin ich gänzlich nachtumhüllt.

Wenn die Kinder sind im Dunkeln,
Wird beklommen ihr Gemüt,
Und um ihre Angst zu bannen,
Singen sie ein lautes Lied.

Ich, ein tolles Kind, ich singe
Jetzo in der Dunkelheit;
Klingt das Lied auch nicht ergötzlich,
Hat's mich doch von Angst befreit.

2.

Ich weiß nicht, was soll es bedeuten,
Daß ich so traurig bin;
Ein Märchen aus alten Zeiten,
Das kommt mir nicht aus dem Sinn.

Die Luft ist kühl und es dunkelt,
Und ruhig fließt der Rhein;
Der Gipfel des Berges funkelt
Im Abendsonnenschein.

Die schönste Jungfrau sitzet
Dort oben wunderbar,
Ihr goldnes Geschmeide blitzet,
Sie kämmt ihr goldenes Haar.

Sie kämmt es mit goldenem Kamme,
Und singt ein Lied dabei;
Das hat eine wundersame,
Gewaltige Melodei.

Den Schiffer im kleinen Schiffe
Ergreift es mit wildem Weh;
Er schaut nicht die Felsenriffe,
Er schaut nur hinauf in die Höh'.

Ich glaube, die Wellen verschlingen
Am Ende Schiffer und Kahn;
Und das hat mit ihrem Singen
Die Lorelei getan.

3.

Mein Herz, mein Herz ist traurig,
Doch lustig leuchtet der Mai;
Ich stehe, gelehnt an der Linde,
Hoch auf der alten Bastei.

Da drunten fließt der blaue
Stadtgraben in stiller Ruh';
Ein Knabe fährt im Kahne,
Und angelt und pfeift dazu.

Jenseits erheben sich freundlich,
In winziger, bunter Gestalt,
Lusthäuser, und Gärten, und Menschen,
Und Ochsen, und Wiesen, und Wald.

Die Mägde bleichen Wäsche,
Und springen im Gras' herum;

Das Mühlrad stäubt Diamanten,
Ich höre sein fernes Gesumm'.

Am alten grauen Turme
Ein Schilderhäuschen steht;
Ein rotgeröckter Bursche
Dort auf und nieder geht.

Er spielt mit seiner Flinte,
Die funkelt im Sonnenrot,
Er präsentiert und schultert –
Ich wollt', er schösse mich tot.

4.

Im Walde wandl' ich und weine,
Die Drossel sitzt in der Höh';
Sie springt und singt gar feine:
Warum ist dir so weh?

»Die Schwalben, deine Schwestern,
Die können's dir sagen, mein Kind;
Sie wohnten in klugen Nestern,
Wo Liebchens Fenster sind.«

5.

Die Nacht ist feucht und stürmisch,
Der Himmel sternenleer;
Im Wald, unter rauschenden Bäumen,
Wandle ich schweigend einher.

Es flimmert fern ein Lichtchen
Aus dem einsamen Jägerhaus';

Es soll mich nicht hin verlocken,
Dort sieht es verdrießlich aus.

Die blinde Großmutter sitzt ja
Im ledernen Lehnstuhl dort,
Unheimlich und starr, wie ein Steinbild,
Und spricht kein einziges Wort.

Fluchend geht auf und nieder
Des Försters rotköpfiger Sohn,
Und wirft an die Wand die Büchse,
Und lacht vor Wut und Hohn.

Die schöne Spinnerin weinet
Und feuchtet mit Tränen den Flachs;
Wimmernd zu ihren Füßen
Schmiegt sich des Vaters Dachs.

6.

Als ich, auf der Reise, zufällig
Der Liebsten Familie fand,
Schwesterchen, Vater und Mutter,
Sie haben mich freudig erkannt.

Sie fragten nach meinem Befinden,
Und sagten selber sogleich:
Ich hätte mich gar nicht verändert,
Nur mein Gesicht sei bleich.

Ich fragte nach Muhmen und Basen,
Nach manchem langweil'gen Gesell'n,
Und nach dem kleinen Hündchen,
Mit seinem sanften Bell'n.

Auch nach der vermählten Geliebten
Fragte ich nebenbei;
Und freundlich gab man zur Antwort
Daß sie in den Wochen sei.

Und freundlich gratuliert' ich,
Und lispelte liebevoll:
Daß man sie von mir recht herzlich
Viel tausendmal grüßen soll.

Schwesterchen rief dazwischen:
Das Hündchen, sanft und klein,
Ist groß und toll geworden,
Und ward ertränkt, im Rhein.

Die Kleine gleicht der Geliebten,
Besonders wenn sie lacht;
Sie hat dieselben Augen,
Die mich so elend gemacht.

7.

Wir saßen am Fischerhause,
Und schauten nach der See;
Die Abendnebel kamen,
Und stiegen in die Höh'.

Im Leuchtturm wurden die Lichter
Allmählich angesteckt,
Und in der weiten Ferne
Ward noch ein Schiff entdeckt.

Wir sprachen von Sturm und Schiffbruch,
Vom Seemann, und wie er lebt,

Und zwischen Himmel und Wasser,
Und Angst und Freude schwebt.

Wir sprachen von fernen Küsten,
Vom Süden und vom Nord,
Und von den seltsamen Völkern
Und seltsamen Sitten dort.

Am Ganges duftet's und leuchtet's,
Und Riesenbäume blüh'n,
Und schöne, stille Menschen
Vor Lotusblumen knie'n.

In Lappland sind schmutzige Leute,
Plattköpfig, breitmäulig und klein;
Sie kauern ums Feuer, und backen
Sich Fische, und quäken und schrei'n.

Die Mädchen horchten ernsthaft,
Und endlich sprach niemand mehr;
Das Schiff war nicht mehr sichtbar,
Es dunkelte gar zu sehr.

8.

Du schönes Fischermädchen,
Treibe den Kahn ans Land;
Komm zu mir und setze dich nieder,
Wir kosen Hand in Hand.

Leg' an mein Herz dein Köpfchen,
Und fürchte dich nicht zu sehr,
Vertrau'st du dich doch sorglos
Täglich dem wilden Meer.

Mein Herz gleicht ganz dem Meere,
Hat Sturm und Ebb' und Flut,
Und manche schöne Perle
In seiner Tiefe ruht.

9.

Der Mond ist aufgegangen
Und überstrahlt die Well'n;
Ich halte mein Liebchen umfangen,
Und unsre Herzen schwell'n.

Im Arm des holden Kindes
Ruh' ich allein am Strand; –
Was horchst du beim Rauschen des Windes?
Was zuckt deine weiße Hand?

»Das ist kein Rauschen des Windes,
Das ist der Seejungfern Gesang,
Und meine Schwestern sind es,
Die einst das Meer verschlang.«

10.

Der Wind zieht seine Hosen an,
Die weißen Wasserhosen!
Er peitscht die Wellen, so stark er kann,
Die heulen und brausen und tosen.

Aus dunkler Höh', mit wilder Macht,
Die Regengüsse träufen;
Es ist als wollt' die alte Nacht
Das alte Meer ersäufen.

An den Mastbaum klammert die Möwe sich
Mit heiserem Schrillen und Schreien;
Sie flattert und will gar ängstiglich
Ein Unglück prophezeien.

11.

Der Sturm spielt auf zum Tanze,
Er pfeift und saust und brüllt;
Heisa! wie springt das Schifflein!
Die Nacht ist lustig und wild.

Ein lebendes Wassergebirge
Bildet die tosende See;
Hier gähnt ein schwarzer Abgrund,
Dort türmt es sich weiß in die Höh'.

Ein Fluchen, Erbrechen und Beten
Schallt aus der Kajüte heraus;
Ich halte mich fest am Mastbaum,
Und wünsche: Wär' ich zu Haus.

Der Abend kommt gezogen,
Der Nebel bedeckt die See;
Geheimnisvoll rauschen die Wogen,
Da steigt es weiß in die Höh'.

Die Meerfrau steigt aus den Wellen,
Und setzt sich zu mir an den Strand;
Die weißen Brüste quellen
Hervor aus dem Schleiergewand.

Sie drückt mich und sie preßt mich,
Und tut mir fast ein Weh'; –

Du drückst ja viel zu fest mich,
Du schöne Wasserfee!

»Ich press' dich in meinen Armen,
Und drücke dich mit Gewalt;
Ich will bei dir erwarmen,
Der Abend ist gar zu kalt.«

Der Mond schaut immer blasser
Aus dämmriger Wolkenhöh';
Dein Auge wird trüber und nasser,
Du schöne Wasserfee!

»Es wird nicht trüber und nasser,
Mein Aug' ist naß und trüb',
Weil, als ich stieg aus dem Wasser,
Ein Tropfen im Auge blieb.«

Die Möwen schrillen kläglich,
Es grollt und brandet die See; –
Dein Herz pocht wild beweglich,
Du schöne Wasserfee!

»Mein Herz pocht wild beweglich,
Es pocht beweglich wild,
Weil ich dich liebe unsäglich,
Du liebes Menschenbild!«

13.

Wenn ich an deinem Hause
Des Morgens vorüber geh',
So freut's mich, du liebe Kleine,
Wenn ich dich am Fenster seh'.

Mit deinen schwarzbraunen Augen
Siehst du mich forschend an:
Wer bist du, und was fehlt dir,
Du fremder, kranker Mann?

»Ich bin ein deutscher Dichter,
Bekannt im deutschen Land;
Nennt man die besten Namen,
So wird auch der meine genannt.

Und was mir fehlt, du Kleine,
Fehlt manchem im deutschen Land;
Nennt man die schlimmsten Schmerzen,
So wird auch der meine genannt.«

14.

Das Meer erglänzte weit hinaus,
Im letzten Abendscheine;
Wir saßen am einsamen Fischerhaus,
Wir saßen stumm und alleine.

Der Nebel stieg, das Wasser schwoll,
Die Möwe flog hin und wieder;
Aus deinen Augen, liebevoll,
Fielen die Tränen nieder.

Ich sah sie fallen auf deine Hand,
Und bin aufs Knie gesunken;
Ich hab von deiner weißen Hand
Die Tränen fortgetrunken.

Seit jener Stunde verzehrt sich mein Leib,
Die Seele stirbt vor Sehnen; –
Mich hat das unglücksel'ge Weib
Vergiftet mit ihren Tränen.

15.

Da droben auf jenem Berge,
Da steht ein feines Schloß,
Da wohnen drei schöne Fräulein,
Von denen ich Liebe genoß.

Sonnabend küßte mich Jette,
Und Sonntag die Julia,
Und Montag die Kunigunde,
Die hat mich erdrückt beinah.

Doch Dienstag war eine Fete
Bei meinen drei Fräulein im Schloß;
Die Nachbarschafts-Herren und Damen
Die kamen zu Wagen und Roß.

Ich aber war nicht geladen,
Und das habt ihr dumm gemacht!
Die zischelnden Muhmen und Basen,
Die merkten's und haben gelacht.

16.

Am fernen Horizonte
Erscheint, wie ein Nebelbild,
Die Stadt mit ihren Türmen
In Abenddämmrung gehüllt.

Ein feuchter Windzug kräuselt
Die graue Wasserbahn;
Mit traurigem Takte rudert
Der Schiffer in meinem Kahn.

Die Sonne hebt sich noch einmal
Leuchtend vom Boden empor,
Und zeigt mir jene Stelle,
Wo ich das Liebste verlor.

17.

Sei mir gegrüßt, du große,
Geheimnisvolle Stadt,
Die einst in ihrem Schoße
Mein Liebchen umschlossen hat.

Sagt an, ihr Türme und Tore,
Wo ist die Liebste mein?
Euch hab' ich sie anvertrauet,
Ihr solltet mir Bürge sein.

Unschuldig sind die Türme,
Sie konnten nicht von der Stell',
Als Liebchen mit Koffern und Schachteln
Die Stadt verlassen so schnell.

Die Tore jedoch, die ließen
Mein Liebchen entwischen gar still;
Ein Tor ist immer willig,
Wenn eine Törin will.

18.

So wandl' ich wieder den alten Weg,
Die wohlbekannten Gassen;
Ich komme von meiner Liebsten Haus,
Das steht so leer und verlassen.

Die Straßen sind doch gar zu eng!
Das Pflaster ist unerträglich!
Die Häuser fallen mir auf den Kopf!
Ich eile so viel als möglich!

19.

Ich trat in jene Hallen,
Wo sie mir Treue versprochen;
Wo einst ihre Tränen gefallen,
Sind Schlangen hervorgekrochen.

20.

Still ist die Nacht, es ruhen die Gassen,
In diesem Hause wohnte mein Schatz;
Sie hat schon längst die Stadt verlassen,
Doch steht noch das Haus auf demselben Platz.

Da steht auch ein Mensch und starrt in die Höhe,
Und ringt die Hände, vor Schmerzensgewalt;
Mir graust es, wenn ich sein Antlitz sehe, –
Der Mond zeigt mir meine eigne Gestalt.

Du Doppeltgänger! du bleicher Geselle!
Was äffst du nach mein Liebesleid,
Das mich gequält auf dieser Stelle,
So manche Nacht, in alter Zeit?

21.

Wie kannst du ruhig schlafen,
Und weißt, ich lebe noch?
Der alte Zorn kommt wieder,
Und dann zerbrech ich mein Joch.

Kennst du das alte Liedchen:
Wie einst ein toter Knab'
Um Mitternacht die Geliebte
Zu sich geholt ins Grab?

Glaub' mir, du wunderschönes,
Du wunderholdes Kind,
Ich lebe und bin noch stärker
Als alle Toten sind!

22.

»Die Jungfrau schläft in der Kammer,
Der Mond schaut zitternd hinein;
Da draußen singt es und klingt es,
Wie Walzermelodei'n.

Ich will mal schau'n aus dem Fenster,
Wer drunten stört meine Ruh'.
Da steht ein Totengerippe,
Und fiedelt und singt dazu:

Hast einst mir den Tanz versprochen,
Und hast gebrochen dein Wort,
Und heut ist Ball auf dem Kirchhof,
Komm mit, wir tanzen dort.

Die Jungfrau ergreift es gewaltig,
Es lockt sie hervor aus dem Haus;
Sie folgt dem Gerippe, das singend
Und fiedelnd schreitet voraus.

Es fiedelt und tänzelt und hüpfet,
Und klappert mit seinem Gebein,
Und nickt und nickt mit dem Schädel
Unheimlich im Mondenschein.«

23.

Ich stand in dunkeln Träumen
Und starrte ihr Bildnis an,
Und das geliebte Antlitz
Heimlich zu leben begann.

Um ihre Lippen zog sich
Ein Lächeln wunderbar,
Und wie von Wehmutstränen
Erglänzte ihr Augenpaar.

Auch meine Tränen flossen
Mir von den Wangen herab –
Und ach, ich kann es nicht glauben,
Daß ich dich verloren hab'!

24.

Ich unglücksel'ger Atlas! eine Welt,
Die ganze Welt der Schmerzen, muß ich tragen,
Ich trage Unerträgliches, und brechen
Will mir das Herz im Leibe.

Du stolzes Herz, du hast es ja gewollt!
Du wolltest glücklich sein, unendlich glücklich
Oder unendlich elend, stolzes Herz,
Und jetzo bist du elend.

25.

Die Jahre kommen und gehen,
Geschlechter steigen ins Grab,
Doch nimmer vergeht die Liebe,
Die ich im Herzen hab'.

Nur einmal noch möcht ich dich sehen,
Und sinken vor dir aufs Knie,
Und sterbend zu dir sprechen:
Madame, ich liebe Sie!

26.

Mir träumte: traurig schaute der Mond,
Und traurig schienen die Sterne;
Es trug mich zur Stadt, wo Liebchen wohnt,
Viel hundert Meilen ferne.

Es hat mich zu ihrem Hause geführt,
Ich küßte die Steine der Treppe,
Die oft ihr kleiner Fuß berührt,
Und ihres Kleides Schleppe.

Die Nacht war lang, die Nacht war kalt,
Es waren so kalt die Steine;
Es lugt' aus dem Fenster die blasse Gestalt,
Beleuchtet vom Mondenscheine.

27.

Was will die einsame Träne?
Sie trübt mir ja den Blick.
Sie blieb aus alten Zeiten
In meinem Auge zurück.

Sie hatte viel leuchtende Schwestern,
Die alle zerflossen sind,
Mit meinen Qualen und Freuden,
Zerflossen in Nacht und Wind.

Wie Nebel sind auch zerflossen
Die blauen Sternelein,
Die mir jene Freuden und Qualen
Gelächelt ins Herz hinein.

Ach, meine Liebe selber
Zerfloß wie eitel Hauch!
Du alte, einsame Träne,
Zerfließe jetzunder auch.

28.

Der bleiche, herbstliche Halbmond
Lugt aus den Wolken heraus;
Ganz einsam liegt auf dem Kirchhof'
Das stille Pfarrerhaus.

Die Mutter liest in der Bibel,
Der Sohn, der starret ins Licht,
Schlaftrunken dehnt sich die ält're,
Die jüngere Tochter spricht:

Ach Gott, wie einem die Tage
Langweilig hier vergehn!
Nur wenn sie einen begraben,
Bekommen wir etwas zu sehn.

Die Mutter spricht zwischen dem Lesen:
Du irrst, es starben nur vier,
Seit man deinen Vater begraben,
Dort an der Kirchhofstür'.

Die ält're Tochter gähnet:
Ich will nicht verhungern bei euch,
Ich gehe morgen zum Grafen,
Und der ist verliebt und reich.

Der Sohn bricht aus in Lachen:
Drei Jäger zechen im Stern,
Die machen Gold und lehren
Mir das Geheimnis gern.

Die Mutter wirft ihm die Bibel
Ins mag're Gesicht hinein:
So willst du, Gottverfluchter,
Ein Straßenräuber sein!

Sie hören pochen ans Fenster,
Und sehn eine winkende Hand;
Der tote Vater steht draußen
Im schwarzen Pred'gergewand.

29.

Das ist ein schlechtes Wetter,
Es regnet und stürmt und schneit;
Ich sitze am Fenster und schaue
Hinaus in die Dunkelheit.

Da schimmert ein einsames Lichtchen,
Das wandelt langsam fort;
Ein Mütterchen mit dem Laternchen
Wankt über die Straße dort.

Ich glaube, Mehl und Eier
Und Butter kaufte sie ein;
Sie will einen Kuchen backen
Fürs große Töchterlein.

Die liegt zu Haus im Lehnstuhl,
Und blinzelt schläfrig ins Licht;
Die goldnen Locken wallen
Über das süße Gesicht.

30.

Man glaubt, daß ich mich gräme
In bitter'm Liebesleid,
Und endlich glaub' ich es selber,
So gut wie andre Leut'.

Du Kleine mit großen Augen,
Ich hab' es dir immer gesagt,
Daß ich dich unsäglich liebe,
Daß Liebe mein Herz zernagt.

Doch nur in einsamer Kammer
Sprach ich auf solche Art,
Und ach! ich hab' immer geschwiegen
In deiner Gegenwart.

Da gab es böse Engel,
Die hielten mir zu den Mund;
Und ach! durch böse Engel
Bin ich so elend jetzund.

31.

Deine weißen Lilienfinger,
Könnt' ich sie noch einmal küssen,
Und sie drücken an mein Herz,
Und vergehn in stillem Weinen!

Deine klaren Veilchenaugen
Schweben vor mir Tag und Nacht,
Und mich quält es: Was bedeuten
Diese süßen, blauen Rätsel?

32.

»Hat sie sich denn nie geäußert
Über dein verliebtes Wesen?
Konntest du in ihren Augen
Niemals Gegenliebe lesen?

Konntest du in ihren Augen
Niemals bis zur Seele dringen?
Und du bist ja sonst kein Esel,
Teurer Freund, in solchen Dingen.«

33.

Sie liebten sich beide, doch keiner
Wollt' es dem andern gestehn;
Sie sahen sich an so feindlich,
Und wollten vor Liebe vergehn.

Sie trennten sich endlich und sahn sich
Nur noch zuweilen im Traum;
Sie waren längst gestorben,
Und wußten es selber kaum.

34.

Und als ich euch meine Schmerzen geklagt,
Da habt ihr gegähnt und nichts gesagt;
Doch als ich sie zierlich in Verse gebracht,
Da habt ihr mir große Elogen gemacht.

35.

Ich rief den Teufel und er kam,
Und ich sah ihn mit Verwund'rung an;
Er ist nicht häßlich und ist nicht lahm,
Er ist ein lieber, scharmanter Mann,
Ein Mann in seinen besten Jahren,
Verbindlich und höflich und welterfahren.
Er ist ein gescheuter Diplomat,
Und spricht recht schön über Kirch' und Staat.
Blaß ist er etwas, doch ist es kein Wunder,
Sanskrit und Hegel studiert er jetzunder.
Sein Lieblingspoet ist noch immer Fouqué.
Doch will er nicht mehr mit Kritik sich befassen,
Die hat er jetzt gänzlich überlassen

Der teuren Großmutter Hekate.
Er lobte mein juristisches Streben,
Hat früher sich auch damit abgegeben.
Er sagte meine Freundschaft sei
Ihm nicht zu teuer, und nickte dabei,
Und frug: ob wir uns früher nicht
Schon einmal gesehn beim span'schen Gesandten?
Und als ich recht besah sein Gesicht,
Fand ich in ihm einen alten Bekannten.

36.

Mensch, verspotte nicht den Teufel,
Kurz ist ja die Lebensbahn,
Und die ewige Verdammnis
Ist kein bloßer Pöbelwahn.

Mensch, bezahle deine Schulden,
Lang ist ja die Lebensbahn,
Und du mußt noch manchmal borgen,
Wie du es so oft getan.

37.

Die heil'gen drei Könige aus Morgenland,
Sie frugen in jedem Städtchen:
Wo geht der Weg nach Bethlehem,
Ihr lieben Buben und Mädchen?

Die Jungen und Alten, sie wußten es nicht,
Die Könige zogen weiter;
Sie folgten einem goldenen Stern,
Der leuchtete lieblich und heiter.

Der Stern blieb stehn über Josephs Haus,
Da sind sie hineingegangen;
Das Öchslein brüllte, das Kindlein schrie,
Die heil'gen drei Könige sangen.

38.

Mein Kind, wir waren Kinder,
Zwei Kinder, klein und froh;
Wir krochen ins Hühnerhäuschen,
Versteckten uns unter das Stroh.

Wir krähten wie die Hähne,
Und kamen Leute vorbei –
»Kikereküh!« sie glaubten,
Es wäre Hahnengeschrei.

Die Kisten auf unserem Hofe
Die tapezierten wir aus,
Und wohnten drin beisammen,
Und machten ein vornehmes Haus.

Des Nachbars alte Katze
Kam öfters zum Besuch;
Wir machten ihr Bückling' und Knickse
Und Komplimente genug.

Wir haben nach ihrem Befinden
Besorglich und freundlich gefragt;
Wir haben seitdem dasselbe
Mancher alten Katze gesagt.

Wir saßen auch oft und sprachen
Vernünftig, wie alte Leut',

Und klagten, wie alles besser
Gewesen zu unserer Zeit;

Wie Lieb' und Treu' und Glauben
Verschwunden aus der Welt,
Und wie so teuer der Kaffee
Und wie so rar das Geld! – – –

Vorbei sind die Kinderspiele
Und alles rollt vorbei, –
Das Geld und die Welt und die Zeiten,
Und Glauben und Lieb' und Treu'.

39.

Das Herz ist mir bedrückt, und sehnlich
Gedenke ich der alten Zeit;
Die Welt war damals noch so wöhnlich,
Und ruhig lebten hin die Leut'.

Doch jetzt ist alles wie verschoben,
Das ist ein Drängen! eine Not!
Gestorben ist der Herrgott oben,
Und unten ist der Teufel tot.

Und alles schaut so grämlich trübe,
So krausverwirrt und morsch und kalt,
Und wäre nicht das bißchen Liebe,
So gäb' es nirgends einen Halt.

40.

Wie der Mond sich leuchtend dränget
Durch den dunkeln Wolkenflor,

Also taucht aus dunkeln Zeiten
Mir ein lichtes Bild hervor.

Saßen all auf dem Verdecke,
Fuhren stolz hinab den Rhein,
Und die sommergrünen Ufer
Glühn im Abendsonnenschein.

Sinnend saß ich zu den Füßen
Einer Dame, schön und hold;
In ihr liebes, bleiches Antlitz
Spielt' das rote Sonnengold.

Lauten klangen, Buben sangen,
Wunderbare Fröhlichkeit!
Und der Himmel wurde blauer,
Und die Seele wurde weit.

Märchenhaft vorüberzogen
Berg' und Burgen, Wald und Au'; –
Und das alles sah ich glänzen
In dem Aug' der schönen Frau.

41.

Im Traum sah ich die Geliebte,
Ein banges, bekümmertes Weib,
Verwelkt und abgefallen
Der sonst so blühende Leib.

Ein Kind trug sie auf dem Arme,
Ein andres führt sie an der Hand,
Und sichtbar ist Armut und Trübsal
Am Gang und Blick und Gewand.

Sie schwankte über den Marktplatz
Und da begegnet sie mir,
Und sieht mich an, und ruhig
Und schmerzlich sag' ich zu ihr:

Komm mit nach meinem Hause,
Denn du bist blaß und krank;
Ich will durch Fleiß und Arbeit
Dir schaffen Speis' und Trank.

Ich will auch pflegen und warten
Die Kinder, die bei dir sind,
Vor allem aber dich selber,
Du armes, unglückliches Kind.

Ich will dir nie erzählen,
Daß ich dich geliebet hab',
Und wenn du stirbst, so will ich
Weinen auf deinem Grab.

42.

»Teurer Freund! Was soll es nützen,
Stets das alte Lied zu leiern?
Willst du ewig brütend sitzen
Auf den alten Liebes-Eiern!

Ach! Das ist ein ewig Gattern,
Aus den Schalen kriechen Küchlein,
Und sie piepsen und sie flattern,
Und du sperrst sie in ein Büchlein.«

43.

Werdet nur nicht ungeduldig,
Wenn von alten Leidensklängen
Manche noch vernehmlich tönen
In den neuesten Gesängen.

Wartet nur, es wird verhallen
Dieses Echo meiner Schmerzen,
Und ein neuer Liederfrühling
Sprießt aus dem geheilten Herzen.

44.

Nun ist es Zeit, daß ich mit Verstand
Mich aller Torheit entled'ge;
Ich hab' so lang' als ein Komödiant
Mit dir gespielt die Komödie.

Die prächt'gen Kulissen, sie waren bemalt
Im hochromantischen Stile,
Mein Rittermantel hat goldig gestrahlt,
Ich fühlte die feinsten Gefühle.

Und nun ich mich gar säuberlich
Des tollen Tands entled'ge,
Noch immer elend fühl' ich mich,
Als spielt' ich noch immer Komödie.

Ach Gott! im Scherz und unbewußt
Sprach ich was ich gefühlet;
Ich hab' mit dem Tod in der eignen Brust
Den sterbenden Fechter gespielet.

45.

Den König Wiswamitra,
Den treibt's ohne Rast und Ruh',
Er will durch Kampf und Büßung
Erwerben Wasischtas Kuh.

O, König Wiswamitra,
O, welch ein Ochs bist du,
Daß du so viel kämpfest und büßest,
Und alles für eine Kuh!

46.

Herz, mein Herz, sei nicht beklommen,
Und ertrage dein Geschick.
Neuer Frühling gibt zurück,
Was der Winter dir genommen.

Und wie viel ist dir geblieben,
Und wie schön ist noch die Welt!
Und, mein Herz, was dir gefällt,
Alles, alles darfst du lieben!

47.

Du bist wie eine Blume
So hold und schön und rein;
Ich schau' dich an, und Wehmut
Schleicht mir ins Herz hinein.

Mir ist als ob ich die Hände
Aufs Haupt dir legen sollt',
Betend, daß Gott dich erhalte
So rein und schön und hold.

48.

Kind! es wäre dein Verderben,
Und ich geb' mir selber Mühe,
Daß dein liebes Herz in Liebe
Nimmermehr für mich erglühe.

Nur daß mir's so leicht gelinget,
Will mich dennoch fast betrüben,
Und ich denke manchmal dennoch:
Möchtest du mich dennoch lieben!

49.

Wenn ich auf dem Lager liege,
In Nacht und Kissen gehüllt,
So schwebt mir vor ein süßes,
Anmutig liebes Bild.

Wenn mir der Stille Schlummer
Geschlossen die Augen kaum,
So schleicht das Bild sich leise
Hinein in meinen Traum.

Doch mit dem Traum des Morgens
Zerrinnt es nimmermehr;
Dann trag' ich es im Herzen
Den ganzen Tag umher.

50.

Mädchen mit dem roten Mündchen,
Mit den Äuglein süß und klar,

Du mein liebes, kleines Mädchen,
Deiner denk' ich immerdar.

Lang ist heut der Winterabend,
Und ich möchte bei dir sein,
Bei dir sitzen, mit dir schwatzen
Im vertrauten Kämmerlein.

An die Lippen wollt' ich pressen
Deine kleine, weiße Hand,
Und mit Tränen sie benetzen,
Deine kleine, weiße Hand.

51.

Mag da draußen Schnee sich türmen,
Mag es hageln, mag es stürmen,
Klirrend mir ans Fenster schlagen,
Nimmer will ich mich beklagen,
Denn ich trage in der Brust
Liebchens Bild und Frühlingslust.

52.

Andre beten zur Madonne,
Andre auch zu Paul und Peter;
Ich jedoch, ich will nur beten,
Nur zu dir, du schöne Sonne.

Gib mir Küsse, gib mir Wonne,
Sei mir gütig, sei mir gnädig,
Schönste Sonne unter den Mädchen,
Schönstes Mädchen unter der Sonne!

53.

Verriet mein blasses Angesicht
Dir nicht mein Liebeswehe?
Und willst du, daß der stolze Mund
Das Bettelwort gestehe?

O, dieser Mund ist viel zu stolz,
Und kann nur küssen und scherzen;
Er spräche vielleicht ein höhnisches Wort,
Während ich sterbe vor Schmerzen.

54.

Teurer Freund, du bist verliebt,
Und dich quälen neue Schmerzen;
Dunkler wird es dir im Kopf,
Heller wird es dir im Herzen.

Teurer Freund, du bist verliebt,
Und du willst es nicht bekennen,
Und ich seh' des Herzens Glut
Schon durch deine Weste brennen.

55.

Ich wollte bei dir weilen
Und an deiner Seite ruh'n;
Du mußtest von mir eilen,
Du hattest viel zu tun.

Ich sagte, daß meine Seele
Dir gänzlich ergeben sei;

Du lachtest aus voller Kehle,
Und machtest 'nen Knicks dabei.

Du hast noch mehr gesteigert
Mir meinen Liebesverdruß,
Und hast mir sogar verweigert
Am Ende den Abschiedskuß.

Glaub' nicht, daß ich mich erschieße,
Wie schlimm auch die Sachen stehn!
Das alles, meine Süße,
Ist mir schon einmal geschehn.

56.

Saphire sind die Augen dein,
Die lieblichen, die süßen.
O, dreimal glücklich ist der Mann,
Den sie mit Liebe grüßen.

Dein Herz, es ist ein Diamant,
Der edle Lichter sprühet.
O, dreimal glücklich ist der Mann,
Für den es liebend glühet.

Rubinen sind die Lippen dein,
Man kann nicht schön're sehen.
O, dreimal glücklich ist der Mann,
Dem sie die Liebe gestehen.

O, kennt' ich nur den glücklichen Mann,
O, daß ich ihn nur fände,
So recht allein im grünen Wald,
Sein Glück hätt' bald ein Ende.

57.

Habe mich mit Liebesreden
Festgelogen an dein Herz,
Und, verstrickt in eignen Fäden,
Wird zum Ernste mir mein Scherz.

Wenn du dich, mit vollem Rechte,
Scherzend nun von mir entfernst,
Nah'n sich mir die Höllenmächte,
Und ich schieß' mich tot im Ernst.

58.

Zu fragmentarisch ist Welt und Leben!
Ich will mich zum deutschen Professor begeben,
Der weiß das Leben zusammenzusetzen,
Und er macht ein verständlich System daraus;
Mit seinen Nachtmützen und Schlafrockfetzen
Stopft er die Lücken des Weltenbaus.

59.

Ich hab' mir lang' den Kopf zerbrochen
Mit Denken und Sinnen, Tag und Nacht,
Doch deine liebenswürdigen Augen
Sie haben mich zum Entschluß gebracht.

Jetzt bleib' ich, wo deine Augen leuchten,
In ihrer süßen, klugen Pracht –
Daß ich noch einmal würde lieben,
Ich hätt' es nimmermehr gedacht.

60.

Sie haben heut abend Gesellschaft,
Und das Haus ist lichterfüllt.
Dort oben am hellen Fenster
Bewegt sich ein Schattenbild.

Du schaust mich nicht, im Dunkeln
Steh' ich hier unten allein;
Noch wen'ger kannst du schauen
In mein dunkles Herz hinein.

Mein dunkles Herze liebt dich,
Es liebt dich und es bricht,
Und bricht und zuckt und verblutet,
Aber du siehst es nicht.

61.

Ich wollt', meine Schmerzen ergössen
Sich all' in ein einziges Wort,
Das gäb' ich den lustigen Winden,
Die trügen es lustig fort.

Sie tragen zu dir, Geliebte,
Das schmerzerfüllte Wort;
Du hörst es zu jeder Stunde,
Du hörst es an jedem Ort.

Und hast du zum nächtlichen Schlummer
Geschlossen die Augen kaum,
So wird dich mein Wort verfolgen
Bis in den tiefsten Traum.

62.

Du hast Diamanten und Perlen,
Hast alles, was Menschenbegehr,
Und hast die schönsten Augen –
Mein Liebchen, was willst du mehr?

Auf deine schönen Augen
Hab' ich ein ganzes Heer
Von ewigen Liedern gedichtet –
Mein Liebchen, was willst du mehr?

Mit deinen schönen Augen
Hast du mich gequält so sehr,
Und hast mich zugrunde gerichtet –
Mein Liebchen, was willst du mehr?

63.

Wer zum ersten Male liebt,
Sei's auch glücklos, ist ein Gott;
Aber wer zum zweiten Male
Glücklos liebt, der ist ein Narr.

Ich, ein solcher Narr, ich liebe
Wieder ohne Gegenliebe!
Sonne, Mond und Sterne lachen,
Und ich lache mit – und sterbe.

64.

Gaben mir Rat und gute Lehren,
Überschütteten mich mit Ehren,

Sagten, daß ich nur warten sollt',
Haben mich protegieren gewollt.

Aber bei all ihrem Protegieren
Hätte ich können vor Hunger krepieren,
Wär' nicht gekommen ein braver Mann,
Wacker nahm er sich meiner an.

Braver Mann! Er schafft mir zu essen!
Will es ihm nie und nimmer vergessen!
Schade, daß ich ihn nicht küssen kann!
Denn ich bin selbst dieser brave Mann.

65.

Diesen liebenswürd'gen Jüngling
Kann man nicht genug verehren;
Oft traktiert er mich mit Austern
Und mit Rheinwein und Likören.

Zierlich sitzt ihm Rock und Höschen,
Doch noch zierlicher die Binde,
Und so kommt er jeden Morgen,
Fragt, ob ich mich wohl befinde;

Spricht von meinem weiten Ruhme,
Meiner Anmut, meinen Witzen;
Eifrig und geschäftig ist er,
Mir zu dienen, mir zu nützen.

Und des Abends, in Gesellschaft,
Mit begeistertem Gesichte,
Deklamiert er vor den Damen
Meine göttlichen Gedichte.

O, wie ist es hoch erfreulich,
Solchen Jüngling noch zu finden,
Jetzt in unsrer Zeit, wo täglich
Mehr und mehr die Bessern schwinden.

66.

Mir träumt': ich bin der liebe Gott,
Und sitz' im Himmel droben,
Und Englein sitzen um mich her,
Die meine Verse loben.

Und Kuchen ess' ich und Konfekt
Für manchen lieben Gulden,
Und Kardinal trink' ich dabei,
Und habe keine Schulden.

Doch Langeweile plagt mich sehr,
Ich wollt', ich wär' auf Erden,
Und wär' ich nicht der liebe Gott,
Ich könnt' des Teufels werden.

Du langer Engel Gabriel,
Geh, mach dich auf die Sohlen,
Und meinen teuern Freund Eugen
Sollst du herauf mir holen.

Such' ihn nicht im Kollegium,
Such' ihn beim Glas Tokayer;
Such' ihn nicht in der Hedwigskirch',
Such' ihn bei Mamsell Meyer.

Da breitet aus sein Flügelpaar
Und fliegt herab der Engel,

Und packt ihn auf, und bringt herauf
Den Freund, den lieben Bengel.

Ja, Jung', ich bin der liebe Gott,
Und ich regier' die Erde!
Ich hab's ja immer dir gesagt,
Daß ich was Rechts noch werde.

Und Wunder tu' ich alle Tag',
Die sollen dich entzücken,
Und dir zum Spaße will ich heut
Die Stadt Berlin beglücken.

Die Pflastersteine auf der Straß',
Die sollen jetzt sich spalten,
Und eine Auster, frisch und klar,
Soll jeder Stein enthalten.

Ein Regen von Zitronensaft
Soll tauig sie begießen,
Und in den Straßengössen soll
Der beste Rheinwein fließen.

Wie freuen die Berliner sich,
Sie gehen schon ans Fressen;
Die Herren von dem Landgericht,
Die saufen aus den Gössen.

Wie freuen die Poeten sich
Bei solchem Götterfraße!
Die Leutnants und die Fähnderichs,
Die lecken ab die Straße.

Die Leutnants und die Fähnderichs,
Das sind die klügsten Leute,

Sie denken: alle Tag' geschieht
Kein Wunder so wie heute.

67.

Ich hab' euch im besten Juli verlassen,
Und find' euch wieder im Januar;
Ihr saßet damals so recht in der Hitze,
Jetzt seid ihr gekühlt und kalt sogar.

Bald scheid' ich nochmals und komm' ich einst wieder,
Dann seid ihr weder warm noch kalt,
Und über eure Gräber schreit' ich,
Und das eigne Herz ist arm und alt.

68.

Von schönen Lippen fortgedrängt, getrieben
Aus schönen Armen, die uns fest umschlossen!
Ich wäre gern noch einen Tag geblieben,
Da kam der Schwager schon mit seinen Rossen.

Das ist das Leben, Kind! ein ewig Jammern.
Ein ewig Abschiednehmen, ew'ges Trennen!
Konnt' denn dein Herz das mein'ge nicht umklammern?
Hat selbst dein Auge mich nicht halten können?

69.

Wir fuhren allein im dunkeln
Postwagen die ganze Nacht;
Wir ruhten einander am Herzen,
Wir haben gescherzt und gelacht.

Doch als es morgens tagte,
Mein Kind, wie staunten wir!
Denn zwischen uns saß Amor,
Der blinde Passagier.

70.

Das weiß Gott, wo sich die tolle
Dirne einquartieret hat;
Fluchend, in dem Regenwetter,
Lauf' ich durch die ganze Stadt.

Bin ich doch von einem Gasthof
Nach dem andern hingerannt,
Und an jeden groben Kellner
Hab' ich mich umsonst gewandt.

Da erblick' ich sie am Fenster,
Und sie winkt und kichert hell.
Konnt' ich wissen, du bewohntest,
Mädchen, solches Prachthotel!

71.

Wie dunkle Träume stehen
Die Häuser in langer Reih';
Tief eingehüllt im Mantel
Schreite ich schweigend vorbei.

Der Turm der Kathedrale
Verkündet die zwölfte Stund';
Mit ihren Reizen und Küssen
Erwartet mich Liebchen jetzund.

Der Mond ist mein Begleiter,
Er leuchtet mir freundlich vor;
Da bin ich an ihrem Hause,
Und freudig ruf' ich empor:

Ich danke dir, alter Vertrauter,
Daß du meinen Weg erhellt;
Jetzt will ich dich entlassen,
Jetzt leuchte der übrigen Welt!

Und findest du einen Verliebten,
Der einsam klagt sein Leid,
So tröst' ihn, wie du mich selber
Getröstet in alter Zeit.

72.

Und bist du erst mein eh'lich Weib,
Dann bist du zu beneiden,
Dann lebst du in lauter Zeitvertreib,
In lauter Pläsier und Freuden.

Und wenn du schiltst und wenn du tobst,
Ich werd' es geduldig leiden;
Doch wenn du meine Verse nicht lobst,
Laß ich mich von dir scheiden.

73.

An deine schneeweiße Schulter
Hab' ich mein Haupt gelehnt,
Und heimlich kann ich behorchen,
Wonach dein Herz sich sehnt.

Es blasen die blauen Husaren,
Und reiten zum Tor herein,
Und morgen will mich verlassen
Die Herzallerliebste mein.

Und willst du mich morgen verlassen,
So bist du doch heute noch mein,
Und in deinen schönen Armen
Will ich doppelt selig sein.

74.

Es blasen die blauen Husaren,
Und reiten zum Tor hinaus;
Da komm' ich, Geliebte, und bringe
Dir einen Rosenstrauß.

Das war eine wilde Wirtschaft!
Kriegsvolk und Landesplag'!
Sogar in deinem Herzchen
Viel Einquartierung lag.

75.

Habe auch, in jungen Jahren,
Manches bitt're Leid erfahren
Von der Liebe Glut.
Doch das Holz ist gar zu teuer,
Und erlöschen will das Feuer,
Ma foi! und das ist gut.

Das bedenke, junge Schöne,
Schicke fort die dumme Träne,

Und den dummen Liebesharm.
Ist das Leben dir geblieben,
So vergiß das alte Lieben,
Ma foi! in meinem Arm.

76.

Bist du wirklich mir so feindlich,
Bist du wirklich ganz verwandelt?
Aller Welt will ich es klagen,
Daß du mich so schlecht behandelt.

O, ihr undankbaren Lippen,
Sagt, wie könnt ihr Schlimmes sagen
Von dem Manne, der so liebend
Euch geküßt, in schönen Tagen?

77.

Ach, die Augen sind es wieder,
Die mich einst so lieblich grüßten,
Und es sind die Lippen wieder,
Die das Leben mir versüßten!

Auch die Stimme ist es wieder,
Die ich einst so gern gehöret!
Nur ich selber bin's nicht wieder,
Bin verändert heimgekehret.

Von den weißen, schönen Armen
Fest und liebevoll umschlossen,
Lieg' ich jetzt an ihrem Herzen,
Dumpfen Sinnes und verdrossen.

78.

Selten habt ihr mich verstanden,
Selten auch verstand ich euch,
Nur wenn wir im Kot uns fanden,
So verstanden wir uns gleich.

79.

Doch die Kastraten klagten,
Als ich meine Stimm' erhob;
Sie klagten und sie sagten:
Ich sänge viel zu grob.

Und lieblich erhoben sie alle
Die kleinen Stimmelein,
Die Trillerchen, wie Kristalle,
Sie klangen so fein und rein.

Sie sangen von Liebessehnen,
Von Liebe und Liebeserguß;
Die Damen schwammen in Tränen,
Bei solchem Kunstgenuß.

80.

Auf den Wällen Salamancas
Sind die Lüfte lind und labend;
Dort, mit meiner holden Donna,
Wandle ich am Sommerabend.

Um den schlanken Leib der Schönen
Hab' ich meinen Arm gebogen,

Und mit sel'gem Finger fühl' ich
Ihres Busens stolzes Wogen.

Doch ein ängstliches Geflüster
Zieht sich durch die Lindenbäume,
Und der dunkle Mühlbach unten
Murmelt böse, bange Träume.

»Ach Sennora, Ahnung sagt mir:
Einst wird man mich relegieren,
Und auf Salamancas Wällen
Gehn wir nimmermehr spazieren.«

81.

Neben mir wohnt Don Henriquez,
Den man auch den Schönen nennet;
Nachbarlich sind unsre Zimmer,
Nur von dünner Wand getrennet.

Salamancas Damen glühen,
Wenn er durch die Straßen schreitet,
Sporenklirrend, schnurrbartkräuselnd,
Und von Hunden stets begleitet.

Doch in stiller Abendstunde
Sitzt er ganz allein daheime,
In den Händen die Gitarre,
In der Seele süße Träume.

In die Saiten greift er bebend
Und beginnt zu phantasieren, –
Ach! wie Katzenjammer quält mich
Sein Geschnarr und Quinquilieren.

82.

Kaum sahen wir uns, und an Augen und Stimme
Merkt' ich, daß du mir gewogen bist;
Stand nicht dabei die Mutter, die schlimme,
Ich glaube, wir hätten uns gleich geküßt.

Und morgen verlasse ich wieder das Städtchen,
Und eile fort im alten Lauf;
Dann lauert am Fenster mein blondes Mädchen,
Und freundliche Grüße werf' ich hinauf.

83.

Über die Berge steigt schon die Sonne,
Die Lämmerherde läutet fern;
Mein Liebchen, mein Lamm, meine Sonne und Wonne,
Noch einmal säh' ich dich gar zu gern!

Ich schaue hinauf, mit spähender Miene –
Leb' wohl, mein Kind, ich wandre von hier!
Vergebens! Es regt sich keine Gardine;
Sie liegt noch und schläft – und träumt von mir?

84.

Zu Halle auf dem Markt,
Da stehn zwei große Löwen.
Ei, du hallischer Löwentrotz,
Wie hat man dich gezähmet!

Zu Halle auf dem Markt,
Da steht ein großer Riese.

Er hat ein Schwert und regt sich nicht,
Er ist vor Schreck versteinert.

Zu Halle auf dem Markt,
Da steht eine große Kirche.
Die Burschenschaft und die Landsmannschaft,
Die haben dort Platz zum Beten.

85.

Dämmernd liegt der Sommerabend
Über Wald und grünen Wiesen;
Goldner Mond, im blauen Himmel,
Strahlt herunter, duftig labend.

An dem Bache zirpt die Grille,
Und es regt sich in dem Wasser,
Und der Wandrer hört ein Plätschern
Und ein Atmen in der Stille.

Dorten, an dem Bach alleine,
Badet sich die schöne Elfe;
Arm und Nacken, weiß und lieblich,
Schimmern in dem Mondenscheine.

86.

Nacht liegt auf den fremden Wegen,
Krankes Herz und müde Glieder; –
Ach, da fließt, wie stiller Segen,
Süßer Mond, dein Licht hernieder.

Süßer Mond, mit deinen Strahlen
Scheuchest du das nächt'ge Grauen;

Es zerrinnen meine Qualen,
Und die Augen übertauen.

87.

Der Tod das ist die kühle Nacht,
Das Leben ist der schwüle Tag.
Es dunkelt schon, mich schläfert,
Der Tag hat mich müd' gemacht.

Über mein Bett erhebt sich ein Baum,
Drin singt die junge Nachtigall;
Sie singt von lauter Liebe,
Ich hör' es sogar im Traum'.

88.

»Sag', wo ist dein schönes Liebchen,
Das du einst so schön besungen,
Als die zaubermächt'gen Flammen
Wunderbar dein Herz durchdrungen?«

Jene Flammen sind erloschen,
Und mein Herz ist kalt und trübe,
Und dies Büchlein ist die Urne
Mit der Asche meiner Liebe.

Götterdämmerung

Der Mai ist da mit seinen goldnen Lichtern,
Und seidnen Lüften und gewürzten Düften,
Und freundlich lockt er mit den weißen Blüten,
Und grüßt aus tausend blauen Veilchenaugen,

Und breitet aus den blumreich grünen Teppich,
Durchwebt mit Sonnenschein und Morgentau,
Und ruft herbei die lieben Menschenkinder.
Das blöde Volk gehorcht dem ersten Ruf.
Die Männer ziehn die Nankinghosen an,
Und Sonntagsröck' mit goldnen Spiegelknöpfen;
Die Frauen kleiden sich in Unschuldweiß;
Jünglinge kräuseln sich den Frühlingsschnurrbart;
Jungfrauen lassen ihre Busen wallen;
Die Stadtpoeten stecken in die Tasche
Papier und Bleistift und Lorgnett'; – und jubelnd
Zieht nach dem Tor die krausbewegte Schar,
Und lagert draußen sich auf grünem Rasen,
Bewundert, wie die Bäume fleißig wachsen,
Spielt mit den bunten, zarten Blümelein,
Horcht auf den Sang der lust'gen Vögelein,
Und jauchzt hinauf zum blauen Himmelszelt.

Zu mir kam auch der Mai. Er klopfte dreimal
An meine Tür' und rief: Ich bin der Mai,
Du bleicher Träumer, komm, ich will dich küssen!
Ich hielt verriegelt meine Tür', und rief:
Vergebens lockst du mich, du schlimmer Gast.
Ich habe dich durchschaut, ich hab' durchschaut
Den Bau der Welt, und hab' zu viel geschaut,
Und viel zu tief, und hin ist alle Freude,
Und ew'ge Qualen zogen in mein Herz.
Ich schaue durch die steinern harten Rinden
Der Menschenhäuser und der Menschenherzen,
Und schau' in beiden Lug und Trug und Elend.
Auf den Gesichtern les' ich die Gedanken,
Viel schlimme. In der Jungfrau Scham-Erröten
Seh' ich geheime Lust begehrlich zittern;
Auf dem begeistert stolzen Jünglingshaupt'

161

Seh' ich die lachend bunte Schellenkappe;
Und Fratzenbilder nur und sieche Schatten
Seh' ich auf dieser Erde, und ich weiß nicht,
Ist sie ein Tollhaus oder Krankenhaus.
Ich sehe durch den Grund der alten Erde,
Als sei sie von Kristall, und seh' das Grausen,
Das mit dem freud'gen Grüne zu bedecken
Der Mai vergeblich strebt. Ich seh' die Toten;
Sie liegen unten in den schmalen Särgen,
Die Händ' gefaltet und die Augen offen,
Weiß das Gewand und weiß das Angesicht,
Und durch die Lippen kriechen gelbe Würmer.
Ich seh', der Sohn setzt sich mit seiner Buhle
Zur Kurzweil nieder auf des Vaters Grab; –
Spottlieder singen rings die Nachtigallen; –
Die sanften Wiesenblümchen lachen hämisch; –
Der tote Vater regt sich in dem Grab'; –
Und schmerzhaft zuckt die alte Mutter Erde.

Du arme Erde, deine Schmerzen kenn' ich!
Ich seh' die Glut in deinem Busen wühlen,
Und deine tausend Adern seh' ich bluten,
Und seh', wie deine Wunde klaffend aufreißt,
Und wild hervorströmt Flamm' und Rauch und Blut.
Ich sehe deine trotz'gen Riesensöhne,
Uralte Brut, aus dunkeln Schlünden steigend
Und rote Fackeln in den Händen schwingend; –
Sie legen ihre Eisenleiter an,
Und stürmen wild hinauf zur Himmelsfeste; –
Und schwarze Zwerge klettern nach; – und knisternd
Zerstieben droben alle goldnen Sterne.
Mit frecher Hand reißt man den goldnen Vorhang,
Vom Zelte Gottes, heulend stürzen nieder,
Aufs Angesicht, die frommen Engelscharen.

Auf seinem Throne sitzt der bleiche Gott,
Reißt sich vom Haupt die Kron', zerrauft sein Haar –
Und näher drängt heran die wilde Rotte.
Die Riesen werfen ihre roten Fackeln
Ins weite Himmelreich, die Zwerge schlagen
Mit Flammengeißeln auf der Englein Rücken; –
Die winden sich und krümmen sich vor Qualen,
Und werden bei den Haaren fortgeschleudert; –
Und meinen eignen Engel seh' ich dort,
Mit seinen blonden Locken, süßen Zügen,
Und mit der ew'gen Liebe um den Mund,
Und mit der Seligkeit im blauen Auge –
Und ein entsetzlich häßlich schwarzer Kobold
Reißt ihn vom Boden, meine bleichen Engel,
Beäugelt grinsend seine edlen Glieder,
Umschlingt ihn fest mit zärtlicher Umschlingung –
Und gellend dröhnt ein Schrei durchs ganze Weltall,
Die Säulen brechen, Erd' und Himmel stürzen
Zusammen, und es herrscht die alte Nacht.

Ratcliff

Der Traumgott brachte mich in eine Landschaft,
Wo Trauerweiden mir »Willkommen« winkten,
Mit ihren langen, grünen Armen, wo die Blumen
Mit klugen Schwesteraugen still mich ansahn,
Wo mir vertraulich klang der Vögel Zwitschern,
Wo gar der Hunde Bellen mir bekannt schien,
Und Stimmen und Gestalten mich begrüßten,
Wie einen alten Freund, und wo doch alles
So fremd mir schien, so wunderseltsam fremd.
Vor einem ländlich schmucken Hause stand ich,
In meiner Brust bewegte sich's, im Kopfe

War's ruhig, ruhig schüttelte ich ab
Den Staub von meinen Reisekleidern,
Grell klang die Klingel, und die Tür ging auf.

Da waren Männer, Frauen, viel bekannte
Gesichter. Stiller Kummer lag auf allen
Und heimlich scheue Angst. Seltsam verstört,
Mit Beileidsmienen fast, sahn sie mich an,
Daß es mir selber durch die Seele schauert',
Wie Ahnung eines unbekannten Unheils.
Die alte Margret hab' ich gleich erkannt;
Ich sah sie forschend an, jedoch sie sprach nicht.
»Wo ist Maria?« fragt' ich, doch sie sprach nicht,
Griff leise meine Hand, und führte mich
Durch viele lange, leuchtende Gemächer,
Wo Prunk und Pracht und Totenstille herrschte,
Und führt' mich endlich in ein dämmernd Zimmer,
Und zeigt', mit abgewandtem Angesicht,
Nach der Gestalt, die auf dem Sofa saß.
»Sind Sie Maria?« fragt' ich. Innerlich
Erstaunt' ich selber ob der Festigkeit,
Womit ich sprach. Und steinern und metallos
Scholl eine Stimm': »So nennen mich die Leute«.
Ein schneidend Weh durchfröstelte mich da,
Denn jener hohle, kalte Ton war doch
Die einst so süße Stimme von Maria!
Und jenes Weib im fahlen Lilakleid,
Nachlässig angezogen, Busen schlotternd,
Die Augen gläsern starr, die Wangenmuskeln
Des weißen Angesichtes lederschlaff –
Ach, jenes Weib war doch die einst so schöne,
Die blühend holde, liebliche Maria!
»Sie waren lang auf Reisen!« sprach sie laut,
Mit kalt unheimlicher Vertraulichkeit,

»Sie schau'n nicht mehr so schmachtend, liebster Freund,
Sie sind gesund, und pralle Lend' und Wade
Bezeugt Solidität.« Ein süßlich Lächeln
Umzitterte den gelblich blassen Mund.
In der Verwirrung sprach's aus mir hervor:
»Man sagte mir, Sie haben sich vermählt?«
»Ach ja!« sprach sie gleichgültig laut und lachend,
»Hab' einen Stock von Holz, der überzogen
Mit Leder ist, Gemahl sich nennt; doch Holz
Ist Holz!« Und klanglos widrig lachte sie,
Daß kalte Angst durch meine Seele rann,
Und Zweifel mich ergriff; – sind das die keuschen,
Die blumenkeuschen Lippen von Maria?
Sie aber hob sich in die Höh', nahm rasch
Vom Stuhl den Kaschemir, warf ihn
Um ihren Hals, hing sich an meinen Arm,
Zog mich von hinnen, durch die offne Haustür,
Und zog mich fort durch Feld und Busch und Au'.

Die glühend rote Sonnenscheibe schwebte
Schon niedrig, und ihr Purpur überstrahlte
Die Bäume und die Blumen und den Strom,
Der in der Ferne majestätisch floß.
»Sehn Sie das große goldne Auge schwimmen
Im blauen Wasser?« rief Maria hastig.
»Still armes Wesen!« sprach ich, und ich schaute
Im Dämmerlicht' ein märchenhaftes Weben.
Es stiegen Nebelbilder aus den Feldern,
Umschlangen sich mit weißen, weichen Armen;
Die Veilchen sahn sich zärtlich an, sehnsüchtig
Zusammenbeugten sich die Lilienkelche;
Aus allen Rosen glühten Wollustgluten;
Die Nelken wollten sich im Hauch entzünden;
In sel'gen Düften schwelgten alle Blumen,

Und alle weinten stille Wonnetränen,
Und alle jauchzten: Liebe! Liebe! Liebe!
Die Schmetterlinge flatterten, die hellen
Goldkäfer summten feine Elfenliedchen,
Die Abendwinde flüsterten, es rauschten
Die Eichen, schmelzend sang die Nachtigall –
Und zwischen all dem Flüstern, Rauschen, Singen
Schwatzte mit blechern klanglos kalter Stimme
Das welke Weib, das mir am Arme hing:
»Ich kenn' Ihr nächtlich Treiben auf dem Schloß;
Der lange Schatten ist ein guter Tropf,
Er nickt und winkt zu allem, was man will;
Der Blaurock ist ein Engel; doch der Rote
Mit blankem Schwert ist Ihnen spinnefeind«.
Und noch viel bunt're, wunderliche Reden
Schwatzt' sie in einem fort, und setzte sich,
Ermüdet, mit mir nieder auf die Moosbank,
Die unterm alten Eichenbaume steht.

Da saßen wir beisammen, still und traurig,
Und sahn uns an, und wurden immer traur'ger.
Die Eiche säuselte wie Sterbeseufzer,
Tiefschmerzlich sang die Nachtigall herab.
Doch rote Lichter drangen durch die Blätter,
Umflimmerten Marias weißes Antlitz,
Und lockten Glut aus ihren starren Augen,
Und mit der alten süßen Stimme sprach sie:
»Wie wußtest du, daß ich so elend bin,
Ich las es jüngst in deinen wilden Liedern?«

Eiskalt durchzog's mir da die Brust, mir grauste
Ob meinem eignen Wahnsinn, der die Zukunft
Geschaut, es zuckte dunkel durch mein Hirn,
Und vor Entsetzen bin ich aufgewacht.

Donna Klara

In dem abendlichen Garten
Wandelt des Alkaden Tochter;
Pauken und Trommetenjubel
Klingt herunter von dem Schlosse.

»Lästig werden mir die Tänze
Und die süßen Schmeichelworte,
Und die Ritter, die so zierlich
Mich vergleichen mit der Sonne.

Überlästig wird mir alles,
Seit ich sah, beim Strahl des Mondes,
Jenen Ritter, dessen Laute
Nächtens mich ans Fenster lockte.

Wie er stand so schlank und mutig,
Und die Augen leuchtend schossen
Aus dem edelblassen Antlitz,
Glich er wahrlich Sankt Georgen.«

Also dachte Donna Klara,
Und sie schaute auf den Boden;
Wie sie aufblickt, steht der schöne,
Unbekannte Ritter vor ihr.

Händedrückend, liebeflüsternd
Wandeln sie umher im Mondschein.
Und der Zephyr schmeichelt freundlich,
Märchenartig grüßen Rosen.

Märchenartig grüßen Rosen,
Und sie glühn'n wie Liebesboten. –

Aber sage mir, Geliebte,
Warum du so plötzlich rot wirst?

»Mücken stachen mich, Geliebter,
Und die Mücken sind, im Sommer,
Mir so tief verhaßt, als wären's
Langenas'ge Judenrotten.«

Laß die Mücken und die Juden,
Spricht der Ritter, freundlich kosend.
Von den Mandelbäumen fallen
Tausend weiße Blütenflocken.

Tausend weiße Blütenflocken
Haben ihren Duft ergossen. –
Aber sage mir, Geliebte,
Ist dein Herz mir ganz gewogen?

»Ja, ich liebe dich, Geliebter,
Bei dem Heiland sei's geschworen,
Den die gottverfluchten Juden
Boshaft tückisch einst ermordet.«

Laß den Heiland und die Juden,
Spricht der Ritter, freundlich kosend.
In der Ferne schwanken traumhaft
Weiße Liljen, lichtumflossen.

Weiße Liljen, lichtumflossen,
Blicken nach den Sternen droben. –
Aber sage mir, Geliebte,
Hast du auch nicht falsch geschworen?

»Falsch ist nicht in mir, Geliebter,
Wie in meiner Brust kein Tropfen
Blut ist von dem Blut der Mohren
Und des schmutz'gen Judenvolkes.«

Laß die Mohren und die Juden,
Spricht der Ritter, freundlich kosend;
Und nach einer Myrtenlaube
Führt er die Alkadentochter.

Mit den weichen Liebesnetzen
Hat er heimlich sie umflochten;
Kurze Worte, lange Küsse,
Und die Herzen überflossen.

Wie ein schmelzend süßes Brautlied
Singt die Nachtigall, die holde;
Wie zum Fackeltanze hüpfen
Feuerwürmchen auf dem Boden.

In der Laube wird es stiller,
Und man hört nur, wie verstohlen,
Das Geflüster kluger Myrten
Und der Blumen Atemholen.

Aber Pauken und Trommeten
Schallen plötzlich aus dem Schlosse,
Und erwachend hat sich Klara
Aus des Ritters Arm gezogen.

»Horch! da ruft es mich, Geliebter,
Doch, bevor wir scheiden, sollst du
Nennen deinen lieben Namen,
Den du mir so lang' verborgen.«

Und der Ritter, heiter lächelnd,
Küßt die Finger seiner Donna,
Küßt die Lippen und die Stirne,
Und er spricht zuletzt die Worte:

Ich, Sennora, Eu'r Geliebter,
Bin der Sohn des vielbelobten,
Großen, schriftgelehrten Rabbi
Israel von Saragossa.

Almansor

In dem Dome zu Corduva
Stehen Säulen, dreizehnhundert,
Dreizehnhundert Riesensäulen
Tragen die gewalt'ge Kuppel.

Und auf Säulen, Kuppel, Wänden
Zieh'n von oben sich bis unten
Des Korans arab'sche Sprüche,
Klug und blumenhaft verschlungen.

Mohrenkön'ge bauten weiland
Dieses Haus zu Allahs Ruhme,
Doch hat vieles sich verwandelt
In der Zeiten dunkelm Strudel.

Auf dem Turme, wo der Türmer
Zum Gebete aufgerufen,
Tönet jetzt der Christenglocken
Melancholisches Gesumme.

Auf den Stufen, wo die Gläub'gen
Das Prophetenwort gesungen,

Zeigen jetzt die Glatzenpfäfflein
Ihrer Messe fades Wunder.

Und das ist ein Dreh'n und Winden
Vor den buntbemalten Puppen,
Und das blökt und dampft und klingelt,
Und die dummen Kerzen funkeln.

In dem Dome zu Corduva
Steht Almansor ben Abdullah,
All die Säulen still betrachtend,
Und die stillen Worte murmelnd:

»O, ihr Säulen, stark und riesig,
Einst geschmückt zu Allahs Ruhme,
Jetzo müßt ihr dienend huld'gen
Dem verhaßten Christentume!

Ihr bequemt euch in die Zeiten,
Und ihr tragt die Last geduldig;
Ei, da muß ja wohl der Schwäch're
Noch viel leichter sich beruh'gen.«

Und sein Haupt, mit heiterm Antlitz,
Beugt Almansor ben Abdullah
Über den gezierten Taufstein
In dem Dome zu Corduva.

2.

Hastig schritt er aus dem Dome,
Jagte fort auf wildem Rappen,
Daß im Wind die feuchten Locken
Und des Hutes Federn wallen.

Auf dem Weg' nach Alcolea.
Dem Guadalquivir entlange,
Wo die weißen Mandeln blühen,
Und die duft'gen Gold-Orangen;

Dorten jagt der lust'ge Ritter,
Pfeift und singt, und lacht behaglich,
Und es stimmen ein die Vögel,
Und des Stromes laute Wasser.

In dem Schloß zu Alcolea
Wohnet Klara de Alvares,
In Navarra kämpft ihr Vater,
Und sie freut sich mindern Zwanges.

Und Almansor hört schon ferne
Pauken und Trommeten schallen,
Und er sieht des Schlosses Lichter
Blitzen durch der Bäume Schatten.

In dem Schloß zu Alcolea
Tanzen zwölf geschmückte Damen,
Tanzen zwölf geschmückte Ritter,
Doch am schönsten tanzt Almansor.

Wie beschwingt von muntrer Laune
Flattert er herum im Saale,
Und er weiß den Damen allen
Süße Schmeichelei'n zu sagen.

Isabellens schöne Hände
Küßt er rasch, und springt von dannen,
Und er setzt sich vor Elviren,
Und er schaut ihr froh ins Antlitz.

Lachend fragt er Leonoren:
Ob er heute ihr gefalle?
Und er zeigt die goldnen Kreuze,
Eingestickt in seinen Mantel.

Er versichert jeder Dame,
Daß er sie im Herzen trage;
Und »so wahr ich Christ bin!« schwört er
Dreißigmal an jenem Abend.

3.

In dem Schloß zu Alcolea
Ist verschollen Lust und Klingen,
Herr'n und Damen sind verschwunden,
Und erloschen sind die Lichter.

Donna Klara und Almansor
Sind allein im Saal geblieben;
Einsam streut die letzte Lampe
Über beide ihren Schimmer.

Auf dem Sessel sitzt die Dame,
Auf dem Schemel sitzt der Ritter,
Und sein Haupt, das schlummermüde,
Ruht auf den geliebten Knieen.

Rosenöl, aus goldnem Fläschchen,
Gießt die Dame, sorgsam sinnend,
Auf Almansors braune Locken –
Und er seufzt aus Herzenstiefe.

Süßen Kuß, mit sanftem Munde,
Drückt die Dame, sorgsam sinnend,

Auf Almansors braune Locken –
Und es wölkt sich seine Stirne.

Tränenflut, aus lichten Augen,
Weint die Dame, sorgsam sinnend,
Auf Almansors braune Locken –
Und es zuckt um seine Lippen.

Und er träumt: er stehe wieder,
Tief das Haupt gebeugt und triefend,
In dem Dome zu Corduva,
Und er hört' viel dunkle Stimmen.

All die hohen Riesensäulen
Hört er murmeln unmutgrimmig,
Länger wollen sie's nicht tragen,
Und sie wanken und sie zittern; –

Und sie brechen wild zusammen,
Es erbleichen Volk und Priester,
Krachend stürzt herab die Kuppel,
Und die Christengötter wimmern.

Die Wallfahrt nach Kevlaar

1.

Am Fenster stand die Mutter,
Im Bette lag der Sohn.
»Willst du nicht aufstehn, Wilhelm,
Zu schau'n die Prozession?«

»Ich bin so krank, o Mutter,
Daß ich nicht hör' und seh';

Ich denk' an das tote Gretchen,
Da tut das Herz mir weh.« –

»Steh' auf, wir wollen nach Kevlaar,
Nimm Buch und Rosenkranz;
Die Mutter Gottes heilt dir
Dein krankes Herze ganz.«

Es flattern die Kirchenfahnen,
Es singt im Kirchenton;
Das ist zu Köllen am Rheine,
Da geht die Prozession.

Die Mutter folgt der Menge,
Den Sohn, den führet sie,
Sie singen beide im Chore:
Gelobt sei'st du, Marie!

2.

Die Mutter Gottes zu Kevlaar
Trägt heut ihr bestes Kleid;
Heut hat sie viel zu schaffen,
Es kommen viel kranke Leut'.

Die kranken Leute bringen
Ihr dar, als Opferspend',
Aus Wachs gebildete Glieder,
Viel wächserne Füß' und Händ'.

Und wer eine Wachshand opfert,
Dem heilt an der Hand die Wund';
Und wer einen Wachsfuß opfert,
Dem wird der Fuß gesund.

Nach Kevlaar ging mancher auf Krücken,
Der jetzo tanzt auf dem Seil',
Gar mancher spielt jetzt die Bratsche,
Dem dort kein Finger war heil.

Die Mutter nahm ein Wachslicht,
Und bildete d'raus ein Herz.
»Bring das der Mutter Gottes,
Dann heilt sie deinen Schmerz.«

Der Sohn nahm seufzend das Wachsherz,
Ging seufzend zum Heiligenbild;
Die Träne quillt aus dem Auge,
Das Wort aus dem Herzen quillt:

»Du Hochgebenedeite,
Du reine Gottesmagd,
Du Königin des Himmels,
Dir sei mein Leid geklagt!

Ich wohnte mit meiner Mutter,
Zu Köllen in der Stadt,
Der Stadt, die viele Hundert
Kapellen und Kirchen hat.

Und neben uns wohnte Gretchen,
Doch die ist tot jetzund –
Marie, dir bring' ich ein Wachsherz,
Heil' du meine Herzenswund'.

Heil' du mein krankes Herze –
Ich will auch spät und früh'
Inbrünstiglich beten und singen:
Gelobt sei'st du, Marie!«

3.

Der kranke Sohn und die Mutter,
Die schliefen im Kämmerlein;
Da kam die Mutter Gottes
Ganz leise geschritten herein.

Sie beugte sich über den Kranken,
Und legte ihre Hand
Ganz leise auf sein Herze,
Und lächelte mild und schwand.

Die Mutter schaut alles im Traume,
Und hat noch mehr geschaut;
Sie erwachte aus dem Schlummer,
Die Hunde bellten so laut.

Da lag dahingestrecket
Ihr Sohn, und der war tot;
Es spielt auf den bleichen Wangen
Das lichte Morgenrot.

Die Mutter faltet die Hände,
Ihr war, sie wußte nicht wie;
Andächtig sang sie leise:
Gelobt sei'st du Marie!

Aus der Harzreise

1824

Prolog

Schwarze Röcke, seidne Strümpfe,
Weiße, höfliche Manschetten,
Sanfte Reden, Embrassieren –
Ach, wenn sie nur Herzen hätten!

Herzen in der Brust, und Liebe,
Warme Liebe in dem Herzen –
Ach, mich tötet ihr Gesinge
Von erlog'nen Liebesschmerzen.

Auf die Berge will ich steigen,
Wo die frommen Hütten stehen,
Wo die Brust sich frei erschließet
Und die freien Lüfte wehen.

Auf die Berge will ich steigen,
Wo die dunkeln Tannen ragen,
Bäche rauschen, Vögel singen,
Und die stolzen Wolken jagen.

Lebet wohl, ihr glatten Säle,
Glatte Herren, glatte Frauen!
Auf die Berge will ich steigen,
Lachend auf euch niederschauen.

Berg-Idylle

1.

Auf dem Berge steht die Hütte,
Wo der alte Bergmann wohnt;

Dorten rauscht die grüne Tanne,
Und erglänzt der goldne Mond.

In der Hütte steht ein Lehnstuhl,
Ausgeschnitzelt wunderlich,
Der darauf sitzt, der ist glücklich,
Und der Glückliche bin Ich!

Auf dem Schemel sitzt die Kleine,
Stützt den Arm auf meinen Schoß;
Äuglein wie zwei blaue Sterne,
Mündlein wie die Purpurros'.

Und die lieben, blauen Sterne
Schau'n mich an so himmelgroß,
Und sie legt den Liljenfinger
Schalkhaft auf die Purpurros'.

Nein, es sieht uns nicht die Mutter,
Denn sie spinnt mit großem Fleiß',
Und der Vater spielt die Zither,
Und er singt die alte Weis'.

Und die Kleine flüstert leise,
Leise, mit gedämpftem Laut;
Manches wichtige Geheimnis
Hat sie mir schon anvertraut.

»Aber seit die Muhme tot ist,
Können wir ja nicht mehr gehn
Nach dem Schützenhof zu Goslar,
Dorten ist es gar zu schön.

Hier dagegen ist es einsam,
Auf der kalten Bergeshöh',

Und des Winters sind wir gänzlich
Wie begraben in dem Schnee.

Und ich bin ein banges Mädchen,
Und ich fürcht' mich wie ein Kind
Vor den bösen Bergesgeistern,
Die des Nachts geschäftig sind.«

Plötzlich schweigt die liebe Kleine,
Wie vom eignen Wort erschreckt,
Und sie hat mit beiden Händchen
Ihre Äugelein bedeckt.

Lauter rauscht die Tanne draußen,
Und das Spinnrad schnurrt und brummt,
Und die Zither klingt dazwischen,
Und die alte Weise summt:

»Fürcht' dich nicht, du liebes Kindchen,
Vor der bösen Geister Macht;
Tag und Nacht, du liebes Kindchen,
Halten Englein bei dir Wacht!«

2.

Tannenbaum, mit grünen Fingern,
Pocht ans nied're Fensterlein,
Und der Mond, der stille Lauscher,
Wirft sein goldnes Licht herein.

Vater, Mutter, schnarchen leise
In dem nahen Schlafgemach,
Doch wir beide, selig schwatzend,
Halten uns einander wach.

»Daß du gar zu oft gebetet,
Das zu glauben wird mir schwer,
Jenes Zucken deiner Lippen
Kommt wohl nicht vom Beten her.

Jenes böse, kalte Zucken,
Das erschreckt mich jedesmal,
Doch die dunkle Angst beschwichtigt
Deiner Augen frommer Strahl.

Auch bezweifl' ich, daß du glaubest,
Was so rechter Glauben heißt,
Glaubst wohl nicht an Gott den Vater,
An den Sohn und heil'gen Geist?«

Ach, mein Kindchen, schon als Knabe,
Als ich saß auf Mutters Schoß,
Glaubte ich an Gott den Vater
Der da waltet gut und groß;

Der die schöne Erd' erschaffen,
Und die schönen Menschen drauf,
Der den Sonnen, Monden, Sternen
Vorgezeichnet ihren Lauf.

Als ich größer wurde, Kindchen,
Noch viel mehr begriff ich schon,
Ich begriff, und ward vernünftig,
Und ich glaub' auch an den Sohn;

An den lieben Sohn, der liebend
Uns die Liebe offenbart,
Und zum Lohne, wie gebräuchlich,
Von dem Volk gekreuzigt ward.

Jetzo, da ich ausgewachsen,
Viel gelesen, viel gereist,
Schwillt mein Herz, und ganz von Herzen
Glaub' ich an den heil'gen Geist.

Dieser tat die größten Wunder,
Und viel größ're tut er noch;
Er zerbrach die Zwingherrnburgen,
Und zerbrach des Knechtes Joch.

Alte Todeswunden heilt er,
Und erneut das alte Recht:
Alle Menschen, gleichgeboren,
Sind ein adliges Geschlecht.

Er verscheucht die bösen Nebel
Und das dunkle Hirngespinst,
Das uns Lieb' und Lust verleidet,
Tag und Nacht uns angegrinst.

Tausend Ritter, wohlgewappnet,
Hat der heil'ge Geist erwählt,
Seinen Willen zu erfüllen;
Und er hat sie mutbeseelt.

Ihre teuern Schwerter blitzen,
Ihre guten Banner weh'n!
Ei, du möchtest wohl, mein Kindchen,
Solche stolze Ritter sehn?

Nun, so schau' mich an, mein Kindchen,
Küsse mich und schaue dreist;
Denn ich selber bin ein solcher
Ritter von dem heil'gen Geist.

3.

Still versteckt der Mond sich draußen
Hinter'm grünen Tannenbaum,
Und im Zimmer unsre Lampe,
Flackert matt und leuchtet kaum.

Aber meine blauen Sterne
Strahlen auf in hellerm Licht',
Und es glüh'n die Purpurröslein,
Und das liebe Mädchen spricht:

»Kleines Völkchen, Wichtelmännchen,
Stehlen unser Brot und Speck,
Abends liegt es noch im Kasten,
Und des Morgens ist es weg.

Kleines Völkchen, unsre Sahne
Nascht es von der Milch, und läßt
Unbedeckt die Schüssel stehen,
Und die Katze säuft den Rest.

Und die Katz' ist eine Hexe,
Denn sie schleicht, bei Nacht und Sturm,
Drüben nach dem Geisterberge,
Nach dem altverfall'nen Turm.

Dort hat einst ein Schloß gestanden,
Voller Lust und Waffenglanz;
Blanke Ritter, Frau'n und Knappen
Schwangen sich im Fackeltanz'.

Da verwünschte Schloß und Leute
Eine böse Zauberin,

Nur die Trümmer blieben stehen,
Und die Eulen nisten drin.

Doch die sel'ge Muhme sagte:
Wenn man spricht das rechte Wort,
Nächtlich zu der rechten Stunde,
Drüben an dem rechten Ort:

So verwandeln sich die Trümmer
Wieder in ein helles Schloß,
Und es tanzen wieder lustig
Ritter, Frau'n und Knappentroß.

Und wer jenes Wort gesprochen,
Dem gehören Schloß und Leut',
Pauken und Trompeten huld'gen
Seiner jungen Herrlichkeit.«

Also blühen Märchenbilder
Aus des Mundes Röselein,
Und die Augen gießen drüber
Ihren blauen Sternenschein.

Ihre goldnen Haare wickelt
Mir die Kleine um die Händ',
Gibt den Fingern hübsche Namen,
Lacht und küßt und schweigt am End'.

Und im stillen Zimmer alles
Blickt mich an so wohlvertraut;
Tisch und Schrank, mir ist als hätt' ich
Sie schon früher mal geschaut.

Freundlich ernsthaft schwatzt die Wanduhr,
Und die Zither, hörbar kaum,
Fängt von selber an zu klingen,
Und ich sitze wie im Traum'.

Jetzo ist die rechte Stunde,
Und es ist der rechte Ort;
Ja, ich glaube von den Lippen
Gleitet mir das rechte Wort.

Siehst du, Kindchen, wie schon dämmert
Und erbebt die Mitternacht!
Bach und Tannen brausen lauter,
Und der alte Berg erwacht.

Zitherklang und Zwergenlieder
Tönen aus des Berges Spalt,
Und es sprießt, wie'n toller Frühling,
Draus hervor ein Blumenwald; –

Blumen, kühne Wunderblumen,
Blätter, breit und fabelhaft,
Duftig bunt und hastig regsam,
Wie gedrängt von Leidenschaft.

Rosen, wild wie rote Flammen,
Sprüh'n aus dem Gewühl hervor;
Liljen, wie kristall'ne Pfeiler,
Schießen himmelhoch empor.

Und die Sterne, groß wie Sonnen,
Schau'n herab mit Sehnsuchtglut;
In der Liljen Riesenkelche
Strömet ihre Strahlenflut.

Doch wir selber, süßes Kindchen,
Sind verwandelt noch viel mehr;
Fackelglanz und Gold und Seide
Schimmern lustig um uns her.

Du, du wurdest zur Prinzessin,
Diese Hütte ward zum Schloß,
Und da jubeln und da tanzen
Ritter, Frau'n und Knappentroß,

Aber Ich, ich hab' erworben
Dich und alles, Schloß und Leut';
Pauken und Trompeten huld'gen
Meiner jungen Herrlichkeit!

Der Hirtenknabe

König ist der Hirtenknabe,
Grüner Hügel ist sein Thron;
Über seinem Haupt die Sonne
Ist die große, goldne Kron'.

Ihm zu Füßen liegen Schafe,
Weiche Schmeichler, rotbekreuzt.
Kavaliere sind die Kälber,
Und sie wandeln stolzgespreizt.

Hofschauspieler sind die Böcklein;
Und die Vögel und die Küh',
Mit den Flöten, mit den Glöcklein,
Sind die Kammermusizi.

Und das klingt und singt so lieblich,
Und so lieblich rauschen drein

Wasserfall und Tannenbäume,
Und der König schlummert ein.

Unterdessen muß regieren
Der Minister, jener Hund,
Dessen knurriges Gebelle
Widerhallet in der Rund'.

Schläfrig lallt der junge König:
»Das Regieren ist so schwer;
Ach, ich wollt', daß ich zu Hause
Schon bei meiner Kön'gin wär'!

In den Armen meiner Kön'gin
Ruht mein Königshaupt so weich,
Und in ihren schönen Augen
Liegt mein unermeßlich Reich!«

Auf dem Brocken

Heller wird es schon im Osten
Durch der Sonne kleines Glimmen,
Weit und breit die Bergesgipfel
In dem Nebelmeere schwimmen.

Hätt' ich Siebenmeilenstiefel,
Lief' ich, mit der Hast des Windes,
Über jene Bergesgipfel
Nach dem Haus des lieben Kindes.

Von dem Bettchen, wo sie schlummert,
Zög' ich leise die Gardinen,
Leise küßt' ich ihre Stirne,
Leise ihres Munds Rubinen.

Und noch leiser wollt' ich flüstern
In die kleinen Liljen-Ohren:
Denk im Traum', daß wir uns lieben,
Und daß wir uns nie verloren.

Die Ilse

Ich bin die Prinzessin Ilse,
Und wohne im Ilsenstein;
Komm mit nach meinem Schlosse,
Wir wollen selig sein.

Dein Haupt will ich benetzen
Mit meiner klaren Well',
Du sollst deine Schmerzen vergessen,
Du sorgenkranker Gesell!

In meinen weißen Armen,
An meiner weißen Brust,
Da sollst du liegen und träumen
Von alter Märchenlust.

Ich will dich küssen und herzen,
Wie ich geherzt und geküßt
Den lieben Kaiser Heinrich,
Der nun gestorben ist.

Es bleiben tot die Toten,
Und nur der Lebendige lebt;
Und ich bin schön und blühend,
Mein lachendes Herze bebt.

Komm in mein Schloß herunter,
In mein kristallenes Schloß.

Dort tanzen die Fräulein und Ritter,
Es jubelt der Knappentroß.

Es rauschen die seidenen Schleppen,
Es klirren die Eisensporn,
Die Zwerge trompeten und pauken,
Und fiedeln und blasen das Horn.

Doch dich soll mein Arm umschlingen,
Wie er Kaiser Heinrich umschlang; –
Ich hielt ihm zu die Ohren,
Wenn die Trompet' erklang.

Die Nordsee

1825–1826

Erster Zyklus

Krönung

Ihr Lieder! Ihr meine guten Lieder!
Auf, auf! und wappnet euch!
Laßt die Trompeten klingen,
Und hebt mir auf den Schild
Dies junge Mädchen,
Das jetzt mein ganzes Herz
Beherrschen soll, als Königin.
Heil dir! du junge Königin!

Von der Sonne droben
Reiß' ich das strahlend rote Gold,
Und webe draus ein Diadem
Für dein geweihtes Haupt.
Von der flatternd blauseidnen Himmelsdecke,
Worin die Nachtdiamanten blitzen,
Schneid' ich ein kostbar Stück,
Und häng' es dir, als Krönungsmantel,
Um deine königliche Schulter.
Ich gebe dir einen Hofstaat
Von steifgeputzten Sonetten,
Stolzen Terzinen und höflichen Stanzen;
Als Läufer diene dir mein Witz,
Als Hofnarr meine Phantasie,
Als Herold, die lachende Träne im Wappen,
Diene dir mein Humor.
Aber ich selber, Königin,
Ich kniee vor dir nieder,
Und huld'gend, auf rotem Sammetkissen,

Überreiche ich dir
Das bißchen Verstand,
Das mir aus Mitleid noch gelassen hat
Deine Vorgängerin im Reich.

2.

Abenddämmerung

Am blassen Meeresstrande
Saß ich gedankenbekümmert und einsam.
Die Sonne neigte sich tiefer, und warf
Glührote Streifen auf das Wasser,
Und die weißen, weiten Wellen,
Von der Flut gedrängt,
Schäumten und rauschten näher und näher –
Ein seltsam Geräusch, ein Flüstern und Pfeifen,
Ein Lachen und Murmeln, Seufzen und Sausen,
Dazwischen ein wiegenliedheimliches Singen –
Mir war, als hört' ich verscholl'ne Sagen,
Uralte, liebliche Märchen,
Die ich einst, als Knabe,
Von Nachbarskindern vernahm,
Wenn wir am Sommerabend,
Auf den Treppensteinen der Haustür,
Zum stillen Erzählen niederkauerten,
Mit kleinen, horchenden Herzen
Und neugierklugen Augen; –
Während die großen Mädchen,
Neben duftenden Blumentöpfen,
Gegenüber am Fenster saßen,
Rosengesichter,
Lächelnd und mondbeglänzt.

3.

Sonnenuntergang

Die glühend rote Sonne steigt
Hinab ins weit aufschauernde,
Silbergraue Weltmeer;
Luftgebilde, rosig angehaucht,
Wallen ihr nach; und gegenüber,
Aus herbstlich dämmernden Wolkenschleiern,
Ein traurig todblasses Antlitz,
Bricht hervor der Mond,
Und hinter ihm, Lichtfünkchen,
Nebelweit, schimmern die Sterne.

Einst am Himmel glänzten,
Eh'lich vereint,
Luna, die Göttin, und Sol, der Gott,
Und es wimmelten um sie her die Sterne,
Die kleinen, unschuldigen Kinder.

Doch böse Zungen zischelten Zwiespalt,
Und es trennte sich feindlich
Das hohe, leuchtende Eh'paar.

Jetzt am Tage, in einsamer Pracht,
Ergeht sich dort oben der Sonnengott,
Ob seiner Herrlichkeit
Angebetet und vielbesungen
Von stolzen, glückgehärteten Menschen.
Aber des Nachts,
Am Himmel, wandelt Luna,
Die arme Mutter
Mit ihren verwaisten Sternenkindern,

Und sie glänzt in stiller Wehmut,
Und liebende Mädchen und sanfte Dichter
Weihen ihr Tränen und Lieder.

Die weiche Luna! Weiblich gesinnt,
Liebt sie noch immer den schönen Gemahl.
Gegen Abend, zitternd und bleich,
Lauscht sie hervor aus leichtem Gewölk,
Und schaut nach dem Scheidenden, schmerzlich,
Und möchte ihm ängstlich rufen: »Komm!
Komm! die Kinder verlangen nach dir –«
Aber der trotzige Sonnengott,
Bei dem Anblick der Gattin erglüht' er
In doppeltem Purpur,
Vor Zorn und Schmerz,
Und unerbittlich eilt er hinab
In sein flutenkaltes Witwerbett.

Böse, zischelnde Zungen
Brachten also Schmerz und Verderben
Selbst über ewige Götter.
Und die armen Götter, oben am Himmel
Wandeln sie, qualvoll,
Trostlos unendliche Bahnen,
Und können nicht sterben,
Und schleppen mit sich
Ihr strahlendes Elend.

Ich aber, der Mensch,
Der niedrig gepflanzte, der Todbeglückte,
Ich klage nicht länger.

4.

Die Nacht am Strande

Sternlos und kalt ist die Nacht,
Es gärt das Meer;
Und über dem Meer', platt auf dem Bauch',
Liegt der ungestaltete Nordwind,
Und heimlich, mit ächzend gedämpfter Stimme,
Wie'n störriger Griesgram, der gutgelaunt wird,
Schwatzt er ins Wasser hinein,
Und erzählt viel tolle Geschichten,
Riesenmärchen, totschlaglaunig,
Uralte Sagen aus Norweg,
Und dazwischen, weitschallend, lacht er und heult er
Beschwörungslieder der Edda,
Auch Runensprüche,
So dunkeltrotzig und zaubergewaltig,
Daß die weißen Meerkinder
Hoch aufspringen und jauchzen,
Übermut-berauscht.

Derweilen, am flachen Gestade,
Über den flutbefeuchteten Sand
Schreitet ein Fremdling, mit einem Herzen,
Das wilder noch als Wind und Wellen.
Wo er hintritt,
Sprühen Funken und knistern die Muscheln;
Und er hüllt sich fest in den grauen Mantel,
Und schreitet rasch durch die wehende Nacht; –
Sicher geleitet vom kleinen Lichte,
Das lockend und lieblich schimmert
Aus einsamer Fischerhütte.

Vater und Bruder sind auf der See,
Und mutterseelallein blieb dort
In der Hütte die Fischertochter,
Die wunderschöne Fischertochter.
Am Herde sitzt sie,
Und horcht auf des Wasserkessels
Ahnungssüßes, heimliches Summen,
Und schüttet knisterndes Reisig ins Feuer,
Und bläst hinein,
Daß die flackernd roten Lichter
Zauberlieblich widerstrahlen
Auf das blühende Antlitz,
Auf die zarte, weiße Schulter,
Die rührend hervorlauscht
Aus dem groben, grauen Hemde,
Und auf die kleine, sorgsame Hand,
Die das Unterröckchen fester bindet
Um die feine Hüfte.

Aber plötzlich, die Tür springt auf,
Und es tritt herein der nächtige Fremdling;
Liebesicher ruht sein Auge
Auf dem weißen, schlanken Mädchen,
Das schauernd vor ihm steht,
Gleich einer erschrockenen Lilje;
Und er wirft den Mantel zur Erde,
Und lacht und spricht:
Siehst du, mein Kind, ich halte Wort,
Und ich komme, und mit mir kommt
Die alte Zeit, wo die Götter des Himmels
Niederstiegen zu Töchtern der Menschen
Und die Töchter der Menschen umarmten,
Und mit ihnen zeugten
Zeptertragende Königsgeschlechter

Und Helden, Wunder der Welt.
Doch staune, mein Kind, nicht länger
Ob meiner Göttlichkeit,
Und, ich bitte dich, koche mir Tee und Rum;

Denn draußen war's kalt,
Und bei solcher Nachtluft
Frieren auch wir, wir ewigen Götter,
Und kriegen wir leicht den göttlichsten Schnupfen,
Und einen unsterblichen Husten.

5.

Poseidon

Die Sonnenlichter spielten
Über das weithinrollende Meer;
Fern auf der Reede glänzte das Schiff,
Das mich zur Heimat tragen sollte;
Aber es fehlte an gutem Fahrwind,
Und ich saß noch ruhig auf weißer Düne,
Am einsamen Strand,
Und ich las das Lied vom Odysseus,
Das alte, das ewig junge Lied,
Aus dessen meerdurchrauschten Blättern
Mir freudig entgegenstieg
Der Atem der Götter,
Und der leuchtende Menschenfrühling,
Und der blühende Himmel von Hellas.

Mein edles Herz begleitete treulich
Den Sohn des Laertes, in Irrfahrt und Drangsal,
Setzte sich mit ihm, seelenbekümmert,
An gastliche Herde,

Wo Königinnen Purpur spinnen,
Und half ihm lügen und glücklich entrinnen
Aus Riesenhöhlen und Nymphenarmen,
Folgte ihm nach in kimmerische Nacht,
Und in Sturm und Schiffbruch,
Und duldete mit ihm unsägliches Elend.

Seufzend sprach ich: »Du böser Poseidon,
Dein Zorn ist furchtbar,
Und mir selber bangt
Ob der eignen Heimkehr.«

Kaum sprach ich die Worte,
Da schäumte das Meer,
Und aus den weißen Wellen stieg
Das schilfbekränzte Haupt des Meergotts,
Und höhnisch rief er:

»Fürchte dich nicht, Poetlein!
Ich will nicht im g'ringsten gefährden
Dein armes Schiffchen,
Und nicht dein liebes Leben beängst'gen
Mit allzubedenklichem Schaukeln.
Denn du, Poetlein, hast nie mich erzürnt,
Du hast kein einziges Türmchen verletzt
An Priamos' heiliger Feste,
Kein einziges Härchen hast du versengt
Am Aug' meines Sohns Polyphemos,
Und dich hat niemals ratend beschützt
Die Göttin der Klugheit, Pallas Athene.

Also rief Poseidon
Und tauchte zurück ins Meer;
Und über den groben Seemannswitz

Lachten unter dem Wasser
Amphitrite, das plumpe Fischweib,
Und die dummen Töchter des Nereus.

6.

Erklärung

Herangedämmert kam der Abend,
Wilder toste die Flut,
Und ich saß am Strand, und schaute zu
Dem weißen Tanz der Wellen,
Und meine Brust schwoll auf wie das Meer,
Und sehnend ergriff mich ein tiefes Heimweh
Nach dir, du holdes Bild,
Das überall mich umschwebt,
Und überall mich ruft,
Überall, überall,
Im Sausen des Windes, im Brausen des Meers,
Und im Seufzen der eigenen Brust.

Mit leichtem Rohr' schrieb ich in den Sand:
»Agnes, ich liebe dich!«
Doch böse Wellen ergossen sich
Über das süße Bekenntnis,
Und löschten es aus.

Zerbrechliches Rohr, zerstiebender Sand,
Zerfließende Wellen, euch trau' ich nicht mehr!
Der Himmel wird dunkler, mein Herz wird wilder,
Und mit starker Hand, aus Norwegs Wäldern,
Reiß ich die höchste Tanne,
Und tauche sie ein
In des Ätnas glühenden Schlund, und mit solcher

Feuergetränkten Riesenfeder
Schreib' ich an die dunkle Himmelsdecke:
»Agnes, ich liebe dich!«

Jedwede Nacht lodert alsdann
Dort oben die ewige Flammenschrift,
Und alle nachwachsende Enkelgeschlechter
Lesen jauchzend die Himmelsworte:
»Agnes, ich liebe dich!«

7.

Nachts in der Kajüte

Das Meer hat seine Perlen,
Der Himmel hat seine Sterne,
Aber mein Herz, mein Herz,
Mein Herz hat seine Liebe.

Groß ist das Meer und der Himmel,
Doch größer ist mein Herz,
Und schöner als Perlen und Sterne
Leuchtet und strahlt meine Liebe.

Du kleines, junges Mädchen,
Komm an mein großes Herz;
Mein Herz und das Meer und der Himmel
Vergehn vor lauter Liebe.

An die blaue Himmelsdecke,
Wo die schönen Sterne blinken,
Möcht' ich pressen meine Lippen,
Pressen wild und stürmisch weinen.

Jene Sterne sind die Augen
Meiner Liebsten, tausendfältig
Schimmern sie und grüßen freundlich
Aus der blauen Himmelsdecke.

Nach der blauen Himmelsdecke,
Nach den Augen der Geliebten,
Heb' ich andachtsvoll die Arme,
Und ich bitte und ich flehe:

»Holde Augen, Gnadenlichter,
O, beseligt meine Seele,
Laßt mich sterben und erwerben
Euch und euren ganzen Himmel!«

Aus den Himmelsaugen droben
Fallen zitternd goldne Funken
Durch die Nacht, und meine Seele
Dehnt sich liebeweit und weiter.

O, ihr Himmelsaugen droben!
Weint euch aus in meine Seele,
Daß von lichten Sternentränen
Überfließet meine Seele.

Eingewiegt von Meereswellen
Und von träumenden Gedanken,
Lieg' ich still in der Kajüte,
In dem dunkeln Winkelbette.

Durch die offne Luke schau' ich
Droben hoch die hellen Sterne,
Die geliebten, süßen Augen
Meiner süßen Vielgeliebten.

Die geliebten, süßen Augen
Wachen über meinem Haupte,
Und sie blinken und sie winken
Aus der blauen Himmelsdecke.

Nach der blauen Himmelsdecke
Schau' ich selig lange Stunden,
Bis ein weißer Nebelschleier
Mir verhüllt die lieben Augen.

An die bretterne Schiffswand,
Wo mein träumendes Haupt liegt,
Branden die Wellen, die wilden Wellen.
Sie rauschen und murmeln
Mir heimlich ins Ohr:
»Betörter Geselle!
Dein Arm ist kurz, und der Himmel ist weit,
Und die Sterne droben sind festgenagelt,
Mit goldnen Nägeln, –
Vergebliches Sehnen, vergebliches Seufzen,
Das beste wäre, du schliefest ein.«

Es träumte mir von einer weiten Heide,
Weit überdeckt von stillem, weißem Schnee,
Und unterm weißen Schnee lag ich begraben
Und schlief den einsam kalten Todesschlaf.

Doch droben aus dem dunkeln Himmel schauten
Herunter auf mein Grab die Sternenaugen,
Die süßen Augen! und sie glänzten sieghaft
Und ruhig heiter, aber voller Liebe.

8.

Sturm

Es wütet der Sturm,
Und er peitscht die Wellen,
Und die Well'n, wutschäumend und bäumend,
Türmen sich auf, und es wogen lebendig
Die weißen Wasserberge,
Und das Schifflein erklimmt sie,
Hastig mühsam,
Und plötzlich stürzt es hinab
In schwarze, weitgähnende Flutabgründe –
O Meer!
Mutter der Schönheit, der Schaumentstiegenen!
Großmutter der Liebe! schone meiner!
Schon flattert, leichenwitternd,
Die weiße, gespenstische Möwe,
Und wetzt an dem Mastbaum den Schnabel,
Und lechzt, voll Fraßbegier, nach dem Herzen,
Das vom Ruhm deiner Tochter ertönt,
Und das dein Enkel, der kleine Schalk,
Zum Spielzeug erwählt.

Vergebens mein Bitten und Flehn!
Mein Rufen verhallt im tosenden Sturm',
Im Schlachtlärm der Winde.
Es braust und pfeift und prasselt und heult,
Wie ein Tollhaus von Tönen!
Und zwischendurch hör' ich vernehmbar
Lockende Harfenlaute,
Sehnsuchtwilden Gesang,
Seelenschmelzend und seelenzerreißend,
Und ich erkenne die Stimme.

Fern an schottischer Felsenküste,
Wo das graue Schlößlein hinausragt
Über die brandende See,
Dort, am hochgewölbten Fenster,
Steht eine schöne, kranke Frau,
Zartdurchsichtig und marmorblaß,
Und sie spielt die Harfe und singt,
Und der Wind durchwühlt ihre langen Locken,
Und trägt ihr dunkles Lied
Über das weite stürmende Meer.

9.

Meeresstille

Meeresstille! Ihre Strahlen
Wirft die Sonne auf das Wasser,
Und im wogenden Geschmeide
Zieht das Schiff die grünen Furchen.

Bei dem Steuer liegt der Bootsmann
Auf dem Bauch', und schnarchet leise.
Bei dem Mastbaum', segelflickend,
Kauert der beteerte Schiffsjung'.

Hinter'm Schmutze seiner Wangen
Sprüht es rot, wehmütig zuckt es
Um das breite Maul, und schmerzlich
Schau'n die großen, schönen Augen,

Denn der Kapitän steht vor ihm,
Tobt und flucht und schilt ihn: »Spitzbub'!
Spitzbub'! einen Hering hast du
Aus der Tonne mir gestohlen!«

Meeresstille! Aus den Wellen
Taucht hervor ein kluges Fischlein,
Wärmt das Köpfchen in der Sonne,
Plätschert lustig mit dem Schwänzchen.

Doch die Möwe, aus den Lüften,
Schießt herunter auf das Fischlein,
Und den raschen Raub im Schnabel
Schwingt sie sich hinauf ins Blaue.

10.

Seegespenst

Ich aber lag am Rande des Schiffes,
Und schaute, träumenden Auges,
Hinab in das spiegelklare Wasser,
Und schaute tiefer und tiefer –
Bis tief, im Meeresgrunde,
Anfangs wie dämmernde Nebel,
Jedoch allmählich farbenbestimmter,
Kirchenkuppel und Türme sich zeigten,
Und endlich, sonnenklar, eine ganze Stadt,
Altertümlich niederländisch,
Und menschenbelebt.
Bedächtige Männer, schwarzbemäntelt,
Mit weißen Halskrausen und Ehrenketten
Und langen Degen und langen Gesichtern,
Schreiten über den wimmelnden Marktplatz
Nach dem treppenhohen Rathaus',
Wo steinerne Kaiserbilder
Wacht halten mit Zepter und Schwert.
Unferne, vor langen Häuserreih'n,
Wo spiegelblanke Fenster

Und pyramidisch beschnittene Linden,
Wandeln seidenrauschende Jungfern,
Schlanke Leibchen, die Blumengesichter
Sittsam umschlossen von schwarzen Mützchen
Und hervorquellendem Goldhaar.
Bunte Gesellen, in spanischer Tracht,
Stolzieren vorüber und nicken.
Bejahrte Frauen,
In braunen, verschollnen Gewändern,
Gesangbuch und Rosenkranz in der Hand,
Eilen, trippelnden Schritts,
Nach dem großen Dome,
Getrieben von Glockengeläute
Und rauschendem Orgelton.

Mich selbst ergreift des fernen Klangs
Geheimnisvoller Schauer!
Unendliches Sehnen, tiefe Wehmut,
Beschleicht mein Herz,
Mein kaum geheiltes Herz; –
Mir ist, als würden seine Wunden
Von lieben Lippen aufgeküßt,
Und täten wieder bluten, –
Heiße, rote Tropfen,
Die lang und langsam niederfall'n
Auf ein altes Haus, dort unten
In der tiefen Meerstadt,
Auf ein altes, hochgegiebeltes Haus,
Das melancholisch menschenleer ist,
Nur daß am untern Fenster
Ein Mädchen sitzt,
Den Kopf auf den Arm gestützt,
Wie ein armes, vergessenes Kind –
Und ich kenne dich, armes, vergessenes Kind!

So tief, meertief also
Verstecktest du dich vor mir,
Aus kindischer Laune,
Und konntest nicht mehr herauf,
Und saßest fremd unter fremden Leuten,
Jahrhundertelang,
Derweilen ich, die Seele voll Gram
Auf der ganzen Erde dich suchte,
Und immer dich suchte,
Du Immergeliebte,
Du Längstverlorene,
Du Endlichgefundene –
Ich hab' dich gefunden und schaue wieder
Dein süßes Gesicht,
Die klugen, treuen Augen,
Das liebe Lächeln –
Und nimmer will ich dich wieder verlassen,
Und ich komme hinab zu dir,
Und mit ausgebreiteten Armen
Stürz' ich hinab an dein Herz –

Aber zur rechten Zeit noch
Ergriff mich beim Fuß der Kapitän,
Und zog mich vom Schiffsrand,
Und rief, ärgerlich lachend:
Doktor, sind Sie des Teufels?

11.

Reinigung

Bleib' du in deiner Meerestiefe,
Wahnsinniger Traum,
Der du einst so manche Nacht

Mein Herz mit falschem Glück gequält hast,
Und jetzt, als Seegespenst,
Sogar am hellen Tag' mich bedrohest –
Bleib' du dort unten, in Ewigkeit,
Und ich werfe noch zu dir hinab
All meine Schmerzen und Sünden,
Und die Schellenkappe der Torheit,
Die so lange mein Haupt umklingelt,
Und die kalte, gleißende Schlangenhaut
Der Heuchelei,
Die mir so lang' die Seele umwunden,
Die kranke Seele,
Die gottverleugnende, engelverleugnende,
Unselige Seele –
Hoiho! Hoiho! Da kommt der Wind!
Die Segel auf! Sie flattern und schwell'n!
Über die stillverderbliche Fläche
Eilet das Schiff,
Und es jauchzt die befreite Seele.

12.

Frieden

Hoch am Himmel stand die Sonne,
Von weißen Wolken umwogt,
Das Meer war still,
Und sinnend lag ich am Steuer des Schiffes,
Träumerisch sinnend, – und halb im Wachen
Und halb im Schlummer, schaute ich Christus,
Den Heiland der Welt.
Im wallend weißen Gewande
Wandelt' er riesengroß
Über Land und Meer;

Es ragte sein Haupt in den Himmel,
Die Hände streckte er segnend
Über Land und Meer;
Und als ein Herz in der Brust
Trug er die Sonne,
Die rote, flammende Sonne,
Und das rote, flammende Sonnenherz
Goß seine Gnadenstrahlen
Und sein holdes, liebseliges Licht,
Erleuchtend und wärmend
Über Land und Meer.

Glockenklänge zogen feierlich
Hin und her, zogen wie Schwäne,
An Rosenbändern, das gleitende Schiff,
Und zogen es spielend ans grüne Ufer,
Wo Menschen wohnen, in hochgetürmter,
Ragender Stadt.
O Friedenswunder! Wie still die Stadt
Es ruhte das dumpfe Geräusch
Der schwatzenden, schwülen Gewerbe,
Und durch die reinen, hallenden Straßen
Wandelten Menschen, weißgekleidete,
Palmzweig-tragende,
Und wo sich zwei begegneten,
Sahn sie sich an, verständnisinnig,
Und schauernd, in Liebe und süßer Entsagung,
Küßten sie sich auf die Stirne,
Und schauten hinauf
Nach des Heilands Sonnenherzen,
Das freudig versöhnend sein rotes Blut
Hinunterstrahlte,
Und dreimalselig sprachen sie:
Gelobt sei Jesu Christ!

Zweiter Zyklus

1.

Meergruß

Thalatta! Thalatta!
Sei mir gegrüßt, du ewiges Meer!
Sei mir gegrüßt zehntausendmal,
Aus jauchzendem Herzen,
Wie einst dich begrüßten
Zehntausend Griechenherzen,
Unglückbekämpfende, heimatverlangende,
Weltberühmte Griechenherzen.

Es wogten die Fluten,
Sie wogten und brausten,
Die Sonne goß eilig herunter
Die spielenden Rosenlichter,
Die aufgescheuchten Möwenzüge
Flatterten fort, lautschreiend,
Es stampften die Rosse, es klirrten die Schilde,
Und weithin erscholl es, wie Siegesruf:
Thalatta! Thalatta!

Sei mir gegrüßt, du ewiges Meer!
Wie Sprache der Heimat rauscht mir dein Wasser,
Wie Träume der Kindheit seh' ich es flimmern
Auf deinem wogenden Wellengebiet,
Und alte Erinn'rung erzählt mir aufs neue
Von all dem lieben, herrlichen Spielzeug,
Von all den blinkenden Weihnachtsgaben,
Von all den roten Korallenbäumen,
Goldfischchen, Perlen und bunten Muscheln,

Die du geheimnisvoll bewahrst,
Dort unten im klaren Kristallhaus.

O, wie hab' ich geschmachtet in öder Fremde!
Gleich einer welken Blume
In des Botanikers blecherner Kapsel,
Lag mir das Herz in der Brust.
Mir ist, als saß ich winterlange,
Ein Kranker, in dunkler Krankenstube,
Und nun verlass' ich sie plötzlich,
Und blendend strahlt mir entgegen
Der schmaragdene Frühling, der sonnengeweckte,
Und es rauschen die weißen Blütenbäume,
Und die jungen Blumen schauen mich an,
Mit bunten, duftenden Augen,
Und es duftet und summt, und atmet und lacht,
Und im blauen Himmel singen die Vöglein –
Thalatta! Thalatta!

Du tapferes Rückzugherz!
Wie oft, wie bitteroft
Bedrängten dich des Nordens Barbarinnen!
Aus großen, siegenden Augen
Schossen sie brennende Pfeile;
Mit krummgeschliffenen Worten
Drohten sie mir die Brust zu spalten;
Mit Keilschriftbilletts zerschlugen sie mir
Das arme, betäubte Gehirn –
Vergebens hielt ich den Schild entgegen,
Die Pfeile zischten, die Hiebe krachten,
Und von des Nordens Barbarinnen
Ward ich gedrängt bis ans Meer –
Und frei aufatmend begrüß' ich das Meer,

Das liebe, rettende Meer, –
Thalatta! Thalatta!

2.

Gewitter

Dumpf liegt auf dem Meer' das Gewitter,
Und durch die schwarze Wolkenwand
Zuckt der zackige Wetterstrahl,
Rasch aufleuchtend und rasch verschwindend,
Wie ein Witz aus dem Haupte Kronions.
Über das wüste, wogende Wasser
Weithin rollen die Donner,
Und springen die weißen Wellenrosse,
Die Boreas selber gezeugt
Mit des Erichthons reizenden Stuten,
Und es flattert ängstlich das Seegevögel,
Wie Schattenleichen am Styx,
Die Charon abwies vom nächtlichen Kahn'.

Armes, lustiges Schifflein,
Das dort dahintanzt den schlimmsten Tanz!
Äolus schickt ihm die flinksten Gesellen,
Die wild aufspielen zum fröhlichen Reigen;
Der eine pfeift, der andre bläst,
Der dritte streicht den dumpfen Brummbaß –
Und der schwankende Seemann steht am Steu-
er,
Und schaut beständig nach der Bussole,
Der zitternden Seele des Schiffes,
Und hebt die Hände flehend zum Himmel:
O rette mich, Kastor, reisiger Held,
Und du, Kämpfer der Faust, Polydeukes!

3.

Der Schiffbrüchige

Hoffnung und Liebe! alles zertrümmert!
Und ich selber, gleich einer Leiche,
Die grollend ausgeworfen das Meer,
Lieg' ich am Strande,
Am öden, kahlen Strande.
Vor mir woget die Wasserwüste,
Hinter mir liegt nur Kummer und Elend,
Und über mich hin ziehen die Wolken,
Die formlos grauen Töchter der Luft,
Die aus dem Meer', in Nebeleimern,
Das Wasser schöpfen,
Und es mühsam schleppen und schleppen,
Und es wieder verschütten ins Meer,
Ein trübes, langweil'ges Geschäft,
Und nutzlos wie mein eignes Leben.

Die Wogen murmeln, die Möwen schrillen,
Alte Erinn'rungen wehen mich an,
Vergessene Träume, erloschene Bilder,
Qualvoll süße, tauchen hervor.

Es lebt ein Weib im Norden,
Ein schönes Weib, königlich schön.
Die schlanke Zypressengestalt
Umschließt ein lüstern weißes Gewand;
Die dunkle Lockenfülle,
Wie eine selige Nacht
Von dem flechtengekrönten Haupt sich ergießend,
Ringelt sich träumerisch süß
Um das süße, blasse Antlitz;

Und aus dem süßen, blassen Antlitz,
Groß und gewaltig, strahlt ein Auge,
Wie eine schwarze Sonne.

Oh, du schwarze Sonne, wie oft,
Entzückend oft, trank ich aus dir
Die wilden Begeist'rungsflammen,
Und stand und taumelte, feuerberauscht –
Dann schwebte ein taubenmildes Lächeln
Um die hochgeschürzten, stolzen Lippen,
Und die hochgeschürzten, stolzen Lippen
Hauchten Worte, süß wie Mondlicht,
Und zart wie der Duft der Rose –
Und meine Seele erhob sich
Und flog, wie ein Aar, hinauf in den Himmel!

Schweigt, ihr Wogen und Möwen!
Vorüber ist alles, Glück und Hoffnung,
Hoffnung und Liebe! Ich liege am Boden,
Ein öder, schiffbrüchiger Mann,
Und drücke mein glühendes Antlitz
In den feuchten Sand.

4.

Untergang der Sonne

Die schöne Sonne
Ist ruhig hinabgestiegen ins Meer;
Die wogenden Wasser sind schon gefärbt
Von der dunkeln Nacht,
Nur noch die Abendröte
Überstreut sie mit goldnen Lichtern;
Und die rauschende Flutgewalt

Drängt ans Ufer die weißen Wellen,
Die lustig und hastig hüpfen,
Wie wollige Lämmerherden,
Die abends der singende Hirtenjunge
Nach Hause treibt.

Wie schön ist die Sonne!
So sprach nach langem Schweigen der Freund,
Der mit mir am Strande wandelte,
Und scherzend halb und halb wehmütig
Versichert' er mir: die Sonne sei
Eine schöne Frau, die den alten Meergott
Aus Konvenienz geheiratet;
Des Tages über wandle sie freudig
Am hohen Himmel, purpurgeputzt,
Und diamantenblitzend,
Und allgeliebt and allbewundert
Von allen Weltkreaturen,
Und alle Weltkreaturen erfreuend
Mit ihres Blickes Licht und Wärme;
Aber des Abends, trostlos gezwungen,
Kehre sie wieder zurück
In das nasse Haus, in die öden Arme
Des greisen Gemahls.

»Glaub mir's«, – setzte hinzu der Freund,
Und lachte und seufzte und lachte wieder –
»Die führen dort unten die zärtlichste Ehe!
Entweder sie schlafen oder sie zanken sich,
Daß hoch aufbraust hier oben das Meer,
Und der Schiffer im Wellengeräusch es hört
Wie der Alte sein Weib ausschilt:
»Runde Metze des Weltalls!
Strahlenbuhlende!

Den ganzen Tag glühst du für andre,
Und nachts, für mich, bist du frostig und müde!«
Nach solcher Gardinenpredigt,
Versteht sich! bricht dann aus in Tränen
Die stolze Sonne und klagt ihr Elend,
Und klagt so jammerlang, daß der Meergott
Plötzlich verzweiflungsvoll aus dem Bett springt,
Und schnell nach der Meeresfläche heraufschwimmt,
Um Luft und Besinnung zu schöpfen.

So sah ich ihn selbst, verflossene Nacht,
Bis an die Brust dem Meer' enttauchen.
Er trug eine Jacke von gelbem Flanell,
Und eine liljenweiße Schlafmütz',
Und ein abgewelktes Gesicht.«

5.

Der Gesang der Okeaniden

Abendlich blasser wird es am Meer,
Und einsam, mit seiner einsamen Seele,
Sitzt dort ein Mann auf dem kahlen Strand',
Und schaut, totkalten Blickes, hinauf
Nach der weiten, totkalten Himmelswölbung,
Und schaut auf das weite, wogende Meer, –
Und über das weite, wogende Meer,
Lüftesegler, ziehn seine Seufzer,
Und kehren zurück, trübselig,
Und hatten verschlossen gefunden das Herz,
Worin sie ankern wollten –
Und er stöhnt so laut, daß die weißen Möwen,
Aufgescheucht aus den sandigen Nestern,

Ihn herdenweis' umflattern,
Und er spricht zu ihnen die lachenden Worte:

»Schwarzbeinigte Vögel,
Mit weißen Flügeln Meer-überflatternde,
Mit krummen Schnäbeln Seewasser-saufende,
Und tranigtes Robbenfleisch-fressende,
Eu'r Leben ist bitter wie eure Nahrung!
Ich aber, der Glückliche, koste nur Süßes!
Ich koste den süßen Duft der Rose,
Der Mondschein-gefütterten Nachtigallbraut;
Ich koste noch süßeres Zuckerbackwerk,
Gefüllt mit geschlagener Sahne;
Und das Allersüßeste kost' ich,
Süße Liebe und süßes Geliebtsein.

Sie liebt mich! sie liebt mich! die holde Jungfrau!
Jetzt steht sie daheim am Erker des Hauses,
Und schaut in die Dämm'rung hinaus, auf die Landstraß',
Und horcht, und sehnt sich nach mir – wahrhaftig!
Vergebens späht sie umher und sie seufzet,
Und seufzend steigt sie hinab in den Garten,
Und wandelt in Duft und Mondschein,
Und spricht mit den Blumen, erzählet ihnen,
Wie ich, der Geliebte, so lieblich bin
Und so liebenswürdig – wahrhaftig!
Nachher im Bette, im Schlafe, im Traum',
Umgaukelt sie selig mein teures Bild,
Sogar des Morgens, beim Frühstück,
Auf dem glänzenden Butterbrote,
Sieht sie mein lächelndes Antlitz,
Und sie frißt es auf vor Liebe – wahrhaftig!«

Also prahlt er und prahlt er,
Und zwischendrein schrillen die Möwen,
Wie kaltes, ironisches Kichern.
Die Dämm'rungsnebel steigen herauf;
Aus violettem Gewölk, unheimlich,
Schaut hervor der grasgelbe Mond;
Hochaufrauschen die Meereswogen,
Und tief aus hochaufrauschendem Meer',
Wehmütig wie flüsternder Windzug,
Tönt der Gesang der Okeaniden,
Der schönen, mitleidigen Wasserfrau'n,
Vor allen vernehmbar die liebliche Stimme
Der silberfüßigen Peleus-Gattin,
Und sie seufzen und singen:

O Tor, du Tor, du prahlender Tor!
Du kummergequälter!
Dahingemordet sind all deine Hoffnungen,
Die tändelnden Kinder des Herzens,
Und, ach! dein Herz, Nioben gleich,
Versteinert vor Gram!
In deinem Haupte wird's Nacht,
Und es zucken hindurch die Blitze des Wahnsinns,
Und du prahlst vor Schmerzen!
O Tor, du Tor, du prahlender Tor!
Halsstarrig bist du wie dein Ahnherr,
Der hohe Titane, der himmlisches Feuer
Den Göttern stahl und den Menschen gab,
Und Geier-gequälet, Felsen-gefesselt,
Olympauf trotzte und trotzte und stöhnte,
Daß wir es hörten im tiefen Meer,
Und zu ihm kamen mit Trostgesang.
O Tor, du Tor, du prahlender Tor!
Du aber bist ohnmächtiger noch,

Und es wäre vernünftig, du ehrtest die Götter,
Und trügest geduldig die Last des Elends,
Und trügest geduldig so lange, so lange,
Bis Atlas selbst die Geduld verliert,
Und die schwere Welt von den Schultern abwirft
In die ewige Nacht.

So scholl der Gesang der Okeaniden,
Der schönen, mitleidigen Wasserfrau'n,
Bis lautere Wogen ihn überrauschten –
Hinter die Wolken zog sich der Mond,
Es gähnte die Nacht,
Und ich saß noch lange im Dunkeln und weinte.

6.

Die Götter Griechenlands

Vollblühender Mond! In deinem Licht,
Wie fließendes Gold, erglänzt das Meer;
Wie Tagesklarheit, doch dämmrig verzaubert,
Liegt's über der weiten Strandesfläche;
Und am hellblau'n, sternlosen Himmel,
Schweben die weißen Wolken,
Wie kolossale Götterbilder
Von leuchtendem Marmor.

Nein, nimmermehr, das sind keine Wolken!
Das sind sie selber, die Götter von Hellas,
Die einst so freudig die Welt beherrschten,
Doch jetzt, verdrängt und verstorben,
Als ungeheure Gespenster dahinziehn
Am mitternächtlichen Himmel.

Staunend, und seltsam geblendet, betracht' ich
Das lustige Pantheon.
Die feierlich stummen, grau'nhaft bewegten
Riesengestalten.
Der dort ist Kronion, der Himmelskönig,
Schneeweiß sind die Locken des Haupts,
Die berühmten Olympos-erschütternden Locken.
Er hält in der Hand den erloschenen Blitz,
In seinem Antlitz liegt Unglück und Gram,
Und doch noch immer der alte Stolz.
Das waren bessere Zeiten, o Zeus,
Als du dich himmlisch ergötztest
An Knaben und Nymphen und Hekatomben;
Doch auch die Götter regieren nicht ewig,
Die jungen verdrängen die alten,
Wie du einst selber den greisen Vater
Und deine Titanen-Öhme verdrängt hast,
Jupiter Parricida!
Auch dich erkenn' ich, stolze Juno!
Trotz all deiner eifersüchtigen Angst,
Hat doch eine andre das Zepter gewonnen,
Und du bist nicht mehr die Himmelskön'gin,
Und dein großes Aug' ist erstarrt,
Und deine Liljenarme sind kraftlos,
Und nimmermehr trifft deine Rache
Die gottbefruchtete Jungfrau
Und den wundertätigen Gottessohn.
Auch dich erkenn' ich, Pallas Athene!
Mit Schild und Weisheit konntest du nicht
Abwehren das Götterverderben?
Auch dich erkenn' ich, auch dich, Aphrodite,
Einst die goldene! jetzt die silberne!
Zwar schmückt dich noch immer des Gürtels Liebreiz,
Doch graut mir heimlich vor deiner Schönheit,

Und wollt' mich beglücken dein gütiger Leib,
Wie andre Helden, ich stürbe vor Angst –
Als Leichengöttin erscheinst du mir,
Venus Libitina!
Nicht mehr mit Liebe blickt nach dir,
Dort, der schreckliche Ares.
Es schaut so traurig Phöbos Apollo,
Der Jüngling. Es schweigt seine Lei'r,
Die so freudig erklungen beim Göttermahl'.
Noch trauriger schaut Hephästos,
Und wahrlich! der Hinkende! nimmermehr
Fällt er Heben ins Amt,
Und schenkt geschäftig, in der Versammlung,
Den lieblichen Nektar. – Und längst ist erloschen
Das unauslöschliche Göttergelächter.

Ich hab' euch niemals geliebt, ihr Götter!
Denn widerwärtig sind mir die Griechen,
Und gar die Römer sind mir verhaßt.
Doch heil'ges Erbarmen und schauriges Mitleid
Durchströmt mein Herz,
Wenn ich euch jetzt da droben schaue,
Verlassene Götter,
Tote, nachtwandelnde Schatten,
Nebelschwache, die der Wind verscheucht –
Und wenn ich bedenke, wie feig und windig
Die Götter sind, die euch besiegten,
Die neuen, herrschenden, tristen Götter,
Die schadenfrohen im Schafspelz der Demut –
O, da faßt mich ein düsterer Groll,
Und brechen möcht' ich die neuen Tempel,
Und kämpfen für euch, ihr alten Götter,
Für euch und eu'r gutes ambrosisches Recht,
Und vor euren hohen Altären,

Den wiedergebauten, den opferdampfenden,
Möcht' ich selber knien und beten,
Und flehend die Arme erheben –

Denn immerhin, ihr alten Götter,
Habt ihr's auch eh'mals, in Kämpfen der Menschen,
Stets mit der Partei der Sieger gehalten,
So ist doch der Mensch großmüt'ger als ihr,
Und in Götterkämpfen halt' ich es jetzt
Mit der Partei der besiegten Götter.

Also sprach ich, und sichtbar erröteten
Droben die blassen Wolkengestalten,
Und schauten mich an wie Sterbende,
Schmerzenverklärt, und schwanden plötzlich.
Der Mond verbarg sich eben
Hinter Gewölk, das dunkler heranzog;
Hochaufrauschte das Meer,
Und siegreich traten hervor am Himmel
Die ewigen Sterne.

7.

Fragen

Am Meer', am wüsten, nächtlichen Meer',
Steht ein Jüngling-Mann,
Die Brust voll Wehmut, das Haupt voll Zweifel,
Und mit düstern Lippen fragt er die Wogen:

»O löst mir das Rätsel des Lebens,
Das qualvoll uralte Rätsel,
Worüber schon manche Häupter gegrübelt,
Häupter in Hieroglyphenmützen,

Häupter in Turban und schwarzem Barett,
Perückenhäupter und tausend andre
Arme, schwitzende Menschenhäupter –
Sagt mir, was bedeutet der Mensch?
Woher ist er kommen? Wo geht er hin?
Wer wohnt dort oben auf goldenen Sternen?

Es murmeln die Wogen ihr ew'ges Gemurmel,
Es wehet der Wind, es fliehen die Wolken,
Es blinken die Sterne, gleichgültig und kalt,
Und ein Narr wartet auf Antwort.

8.

Der Phönix

Es kommt ein Vogel geflogen aus Westen,
Er fliegt gen Osten,
Nach der östlichen Gartenheimat,
Wo Spezereien duften und wachsen,
Und Palmen rauschen und Brunnen kühlen –
Und fliegend singt der Wundervogel:

»Sie liebt ihn! sie liebt ihn!
Sie trägt sein Bildnis im kleinen Herzen,
Und trägt es süß und heimlich verborgen,
Und weiß es selbst nicht!
Aber im Traume steht er vor ihr,
Sie bittet und weint und küßt seine Hände,
Und ruft seinen Namen,
Und rufend erwacht sie und liegt erschrocken,
Und reibt sich verwundert die schönen Augen –
Sie liebt ihn, sie liebt ihn!«

An den Mastbaum gelehnt, auf dem hohen Verdeck,
Stand ich und hört' ich des Vogels Gesang.
Wie schwarzgrüne Rosse mit silbernen Mähnen,
Sprangen die weißgekräuselten Wellen;
Wie Schwänenzüge schifften vorüber
Mit schimmernden Segeln, die Helgolander,
Die kecken Nomaden der Nordsee;
Über mir, in dem ewigen Blau,
Flatterte weißes Gewölk
Und prangte die ewige Sonne,
Die Rose des Himmels, die feuerblühende,
Die freudvoll im Meer sich bespiegelte; –
Und Himmel und Meer und mein eigenes Herz
Ertönten im Nachhall:
Sie liebt ihn! sie liebt ihn!

9.

Im Hafen

Glücklich der Mann, der den Hafen erreicht hat,
Und hinter sich ließ das Meer und die Stürme,
Und jetzo warm und ruhig sitzt
Im guten Ratskeller zu Bremen.

Wie doch die Welt so traulich und lieblich
Im Römerglas' sich widerspiegelt,
Und wie der wogende Mikrokosmus
Sonnig hinabfließt ins durstige Herz!
Alles erblick' ich im Glas,
Alte und neue Völkergeschichte,
Türken und Griechen, Hegel und Gans,
Zitronenwälder und Wachtparaden,

Berlin und Schilda und Tunis und Hamburg,
Vor allem aber das Bild der Geliebten,
Das Engelköpfchen auf Rheinweingoldgrund.

O, wie schön! wie schön bist du, Geliebte!
Du bist wie eine Rose!
Nicht wie die Rose von Schiras,
Die Hafis-besungene Nachtigallbraut;
Nicht wie die Rose von Saron,
Die heiligrote, prophetengefeierte; –
Du bist wie die Ros' im Ratskeller zu Bremen.
Das ist die Rose der Rosen,
Je älter sie wird, je lieblicher blüht sie,
Und ihr himmlischer Duft, er hat mich beseligt,
Er hat mich begeistert, er hat mich berauscht,
Und hielt mich nicht fest, am Schopfe fest,
Der Ratskellermeister von Bremen,
Ich wäre gepurzelt!

Der brave Mann! wir saßen beisammen
Und tranken wie Brüder,
Wir sprachen von hohen, heimlichen Dingen,
Wir seufzten und sanken uns in die Arme,
Und er hat mich bekehrt zum Glauben der Liebe, –
Ich trank auf das Wohl meiner bittersten Feinde,
Und allen schlechten Poeten vergab ich,
Wie einst mir selber vergeben soll werden, –
Ich weinte vor Andacht, und endlich
Erschlossen sich mir die Pforten des Heils,
Wo die zwölf Apostel, die heil'gen Stückfässer,
Schweigend pred'gen, und doch so verständlich
Für alle Völker.

Das sind Männer!
Unscheinbar von außen, in hölzernen Röcklein,
Sind sie von innen schöner und leuchtender
Denn all die stolzen Leviten des Tempels
Und des Herodes Trabanten und Höflinge,
Die goldgeschmückten, die purpurgekleideten –
Hab' ich doch immer gesagt,
Nicht unter ganz gemeinen Leuten,
Nein, in der allerbesten Gesellschaft
Lebte beständig der König des Himmels!

Halleluja! Wie lieblich umwehen mich
Die Palmen von Beth-El!
Wie duften die Myrrhen vom Hebron!
Wie rauscht der Jordan und taumelt vor Freunde! –
Auch meine unsterbliche Seele taumelt,
Und ich taum'le mit ihr und taumelnd
Bringt mich die Treppe hinauf, ans Tageslicht,
Der brave Ratskellermeister von Bremen.

Du braver Ratskellermeister von Bremen!
Siehst du, auf den Dächern der Häuser sitzen
Die Engel und sind betrunken und singen;
Die glühende Sonne dort oben
Ist nur eine rote, betrunkene Nase,
Die Nase des Weltgeists;
Und um die rote Weltgeistnase
Dreht sich die ganze, betrunkene Welt.

10.

Epilog

Wie auf dem Felde die Weizenhalmen,
So wachsen und wogen im Menschengeist
Die Gedanken.
Aber die zarten Gedanken der Liebe
Sind wie lustig dazwischenblühende,
Rot' und blaue Blumen.

Rot' und blaue Blumen!
Der mürrische Schnitter verwirft euch als nutzlos,
Hölzerne Flegel zerdreschen euch höhnend,
Sogar der hablose Wanderer,
Den eu'r Anblick ergötzt und erquickt,
Schüttelt das Haupt,
Und nennt euch schönes Unkraut.
Aber die ländliche Jungfrau,
Die Kränzewinderin,
Verehrt euch und pflückt euch,
Und schmückt mit euch die schönen Locken,
Und also geziert, eilt sie zum Tanzplatz,
Wo Pfeifen und Geigen lieblich ertönen,
Oder zur stillen Buche,
Wo die Stimme des Liebsten noch lieblicher tönt,
Als Pfeifen und Geigen.

Neue Gedichte

(Auswahl)

Der Tannhäuser
Eine Legende (Geschrieben 1836)

1.

Ihr guten Christen, laßt euch nicht
Von Satans List umgarnen!
Ich sing' euch das Tannhäuserlied
Um eure Seelen zu warnen.

Der edle Tannhäuser, ein Ritter gut,
Wollt' Lieb' und Lust gewinnen,
Da zog er in den Venusberg,
Blieb sieben Jahre drinnen.

Frau Venus, meine schöne Frau,
Leb' wohl, mein holdes Leben!
Ich will nicht länger bleiben bei dir,
Du sollst mir Urlaub geben.

»Tannhäuser, edler Ritter mein,
Hast heut mich nicht geküsset;
Küss' mich geschwind, und sage mir:
Was du bei mir vermisset?

Habe ich nicht den süßesten Wein
Tagtäglich dir kredenzet?
Und hab' ich nicht mit Rosen dir
Tagtäglich das Haupt bekränzet?«

Frau Venus, meine schöne Frau,
Von süßem Wein und Küssen
Ist meine Seele geworden krank;
Ich schmachte nach Bitternissen.

Wir haben zuviel gescherzt und gelacht,
Ich sehne mich nach Tränen,
Und statt mit Rosen möcht' ich mein Haupt
Mit spitzigen Dornen krönen.

»Tannhäuser, edler Ritter mein,
Du willst dich mit mir zanken;
Du hast geschworen viel tausendmal,
Niemals von mir zu wanken.

»Komm laß uns in die Kammer gehn,
Zu spielen der heimlichen Minne;
Mein schöner liljenweißer Leib
Erheitert deine Sinne.«

Frau Venus, meine schöne Frau,
Dein Reiz wird ewig blühen;
Wie viele einst für dich geglüht,
So werden noch viele glühen.

Doch denk' ich der Götter und Helden, die einst
Sich zärtlich daran geweidet,
Dein schöner liljenweißer Leib,
Er wird mir schier verleidet.

Dein schöner liljenweißer Leib
Erfüllt mich fast mit Entsetzen,
Gedenk' ich, wie viele werden sich
Noch späterhin dran ergetzen!

»Tannhäuser, edler Ritter mein,
Das sollst du mir nicht sagen,
Ich wollte lieber du schlügest mich,
Wie du mich oft geschlagen.

Ich wollte lieber du schlügest mich,
Als daß du Beleidigung sprächest,
Und mir, undankbar kalter Christ,
Den Stolz im Herzen brächest.

»Weil ich dich geliebet gar zu sehr,
Hör' ich nun solche Worte –
Leb' wohl, ich gebe Urlaub dir,
Ich öffne dir selber die Pforte.«

2.

Zu Rom, zu Rom, in der heiligen Stadt,
Da singt es und klingelt und läutet;
Da zieht einher die Prozession,
Der Papst in der Mitte schreitet.

Das ist der fromme Papst Urban,
Er trägt die dreifache Krone,
Er trägt ein rotes Purpurgewand,
Die Schleppe tragen Barone.

»O heiliger Vater, Papst Urban,
Ich lass' dich nicht von der Stelle,
Du hörest zuvor meine Beichte an,
Du rettest mich von der Hölle!«

Das Volk es weicht im Kreis' zurück,
Es schweigen die geistlichen Lieder: –
Wer ist der Pilger bleich und wüst,
Vor dem Papste kniet er nieder?

»O heiliger Vater, Papst Urban,
Du kannst ja binden und lösen,

Errette mich von der Höllenqual
Und von der Macht des Bösen.

Ich bin der edle Tannhäuser genannt,
Wollt' Lieb' und Lust gewinnen,
Da zog ich in den Venusberg,
Blieb sieben Jahre drinnen.

Frau Venus ist eine schöne Frau,
Liebreizend und anmutreiche;
Wie Sonnenschein und Blumenduft
Ist ihre Stimme, die weiche.

Wie der Schmetterling flattert um eine Blum'
Am zarten Kelch zu nippen,
So flattert meine Seele stets
Um ihre Rosenlippen.

Ihr edles Gesicht umringeln wild
Die blühend schwarzen Locken;
Schau'n dich die großen Augen an,
Wird dir der Atem stocken.

Schau'n dich die großen Augen an,
So bist du wie angekettet;
Ich habe nur mit großer Not
Mich aus dem Berg gerettet.

Ich hab' mich gerettet aus dem Berg,
Doch stets verfolgen die Blicke
Der schönen Frau mich überall,
Sie winken: komm zurücke!

Ein armes Gespenst bin ich am Tag,
Des Nachts mein Leben erwachet,
Dann träum' ich von meiner schönen Frau,
Sie sitzt bei mir und lachet.

Sie lacht so gesund, so glücklich, so toll,
Und mit so weißen Zähnen!
Wenn ich an dieses Lachen denk',
So weine ich plötzliche Tränen.

Ich liebe sie mit Allgewalt,
Nichts kann die Liebe hemmen!
Das ist wie ein wilder Wasserfall,
Du kannst seine Fluten nicht dämmen!

Er springt von Klippe zu Klippe herab,
Mit lautem Tosen und Schäumen,
Und bräch' er tausendmal den Hals,
Er wird im Laufe nicht säumen.

Wenn ich den ganzen Himmel besäß',
Frau Venus schenkt' ich ihn gerne;
Ich gäb' ihr die Sonne, ich gäb' ihr den Mond,
Ich gäbe ihr sämtliche Sterne.

Ich liebe sie mit Allgewalt,
Mit Flammen, die mich verzehren, –
Ist das der Hölle Feuer schon,
Die Gluten, die ewig währen?

O heiliger Vater, Papst Urban,
Du kannst ja binden und lösen!
Errette mich von der Höllenqual
Und von der Macht des Bösen.«

Der Papst hub jammernd die Händ' empor,
Hub jammernd an zu sprechen:
»Tannhäuser, unglücksel'ger Mann,
Der Zauber ist nicht zu brechen.

Der Teufel, den man Venus nennt,
Er ist der Schlimmste von allen;
Erretten kann ich dich nimmermehr
Aus seinen schönen Krallen.

Mit deiner Seele mußt du jetzt
Des Fleisches Lust bezahlen,
Du bist verworfen, du bist verdammt
Zu ewigen Höllenqualen.«

3.

Der Ritter Tannhäuser, er wandelt so rasch,
Die Füße, die wurden ihm wunde.
Er kam zurück in den Venusberg
Wohl um die Mitternachtstunde.

Frau Venus erwachte aus dem Schlaf',
Ist schnell aus dem Bette gesprungen;
Sie hat mit ihrem weißen Arm'
Den geliebten Mann umschlungen.

Aus ihrer Nase rann das Blut,
Den Augen die Tränen entflossen;
Sie hat mit Tränen und Blut das Gesicht
Des geliebten Mannes begossen.

Der Ritter legte sich ins Bett,
Er hat kein Wort gesprochen.

Frau Venus in die Küche ging,
Um ihm eine Suppe zu kochen.

Sie gab ihm Suppe, sie gab ihm Brot,
Sie wusch seine wunden Füße,
Sie kämmte ihm das struppige Haar,
Und lacht dabei so süße.

»Tannhäuser, edler Ritter mein,
Bist lange ausgeblieben,
Sag' an, in welchen Landen du dich
Solange herumgetrieben?«

Frau Venus, meine schöne Frau,
Ich hab' in Welschland verweilet;
Ich hatte Geschäfte in Rom und bin
Schnell wieder hierher geeilet.

Auf sieben Hügeln ist Rom gebaut,
Die Tiber tut dorten fließen;
Auch hab' ich in Rom den Papst gesehn,
Der Papst er läßt dich grüßen.

Auf meinem Rückweg sah ich Florenz,
Bin auch durch Mailand gekommen,
Und bin alsdann mit raschem Mut
Die Schweiz hinaufgeklommen.

Und als ich über die Alpen zog
Da fing es an zu schneien,
Die blauen Seen die lachten mich an,
Die Adler krächzen und schreien.

Und als ich auf dem Sankt Gotthard stand,
Da hört' ich Deutschland schnarchen;
Es schlief da unten in sanfter Hut
Von sechsunddreißig Monarchen.

In Schwaben besah ich die Dichterschul',
Gar liebe Geschöpfchen und Tröpfchen!
Auf kleinen Kackstühlchen saßen sie dort,
Fallhütchen auf den Köpfchen.

Zu Frankfurt kam ich am Schabbes an,
Und aß dort Schalet und Klöse;
Ihr habt die beste Religion,
Auch lieb' ich das Gänsegekröse.

In Dresden sah ich einen Hund,
Der einst gehört zu den bessern,
Doch fallen ihm jetzt die Zähne aus,
Er kann nur bellen und wässern.

Zu Weimar, dem Musenwitwensitz,
Da hört' ich viel Klagen erheben,
Man weinte und jammerte: Goethe sei tot
Und Eckermann sei noch am Leben!

Zu Potsdam vernahm ich ein lautes Geschrei –
Was gibt es? rief ich verwundert.
»Das ist der Gans in Berlin, der liest
Dort über das letzte Jahrhundert.«

Zu Göttingen blüht die Wissenschaft,
Doch bringt sie keine Früchte.
Ich kam dort durch in stockfinstrer Nacht,
Sah nirgendswo ein Lichte.

Zu Celle im Zuchthaus sah ich nur
Hannoveraner – O Deutsche!
Uns fehlt ein Nationalzuchthaus
Und eine gemeinsame Peitsche!

Zu Hamburg frug ich: warum so sehr
Die Straßen stinken täten?
Doch Juden und Christen versicherten mir,
Das käme von den Fleeten.

Zu Hamburg, in der guten Stadt,
Wohnt mancher schlechte Geselle;
Und als ich auf die Börse kam,
Ich glaubte ich wär' noch in Celle.

Zu Hamburg sah ich Altona,
Ist auch eine schöne Gegend;
Ein andermal erzähl' ich dir
Was mir alldort begegent.

Romanzen

1.

Ein Weib

Sie hatten sich beide so herzlich lieb,
Spitzbübin war sie, er war ein Dieb.
Wenn er Schelmenstreiche machte,
Sie warf sich aufs Bett und lachte.

Der Tag verging in Freud und Lust,
Des Nachts lag sie an seiner Brust.
Als man ins Gefängnis ihn brachte,
Sie stand am Fenster und lachte.

Er ließ ihr sagen: O komm zu mir,
Ich sehne mich so sehr nach dir,
Ich rufe nach dir, ich schmachte –
Sie schüttelt' das Haupt und lachte.

Um Sechse des Morgens ward er gehenkt,
Um Sieben ward er ins Grab gesenkt;
Sie aber schon um Achte
Trank roten Wein und lachte.

2.

Frühlingsfeier

Das ist des Frühlings traurige Lust!
Die blühenden Mädchen, die wilde Schar,

Sie stürmen dahin, mit flatterndem Haar
Und Jammergeheul und entblößter Brust: –
Adonis! Adonis!

Es sinkt die Nacht. Bei Fackelschein,
Sie suchen hin und her im Wald,
Der angstverwirret widerhallt
Von Weinen und Lachen und Schluchzen und Schrei'n:
Adonis! Adonis!

Das wunderschöne Jünglingsbild,
Es liegt am Boden blaß und tot,
Das Blut färbt alle Blumen rot,
Und Klagelaut die Luft erfüllt: –
Adonis! Adonis!

3.

Childe Harold

Eine starke, schwarze Barke
Segelt trauervoll dahin.
Die vermummten und verstummten
Leichenhüter sitzen drin.

Toter Dichter, stille liegt er,
Mit entblößtem Angesicht;
Seine blauen Augen schauen
Immer noch zum Himmelslicht.

Aus der Tiefe klingt's, als riefe
Eine kranke Nixenbraut,
Und die Wellen, sie zerschellen
An dem Kahn, wie Klagelaut.

4.

Die Beschwörung

Der junge Franziskaner sitzt
Einsam in der Klosterzelle,
Er liest im alten Zauberbuch,
Genannt der Zwang der Hölle.

Und als die Mitternachtstunde schlug,
Da konnt' er nicht länger sich halten,
Mit bleichen Lippen ruft er an
Die Unterweltsgewalten.

Ihr Geister! holt mir aus dem Grab
Die Leiche der schönsten Frauen,
Belebt sie mir für diese Nacht,
Ich will mich dran erbauen.

Er spricht das grause Beschwörungswort,
Da wird sein Wunsch erfüllet,
Die arme verstorbene Schönheit kommt,
In weißen Laken gehüllet.

Ihr Blick ist traurig. Aus kalter Brust
Die schmerzlichen Seufzer steigen,
Die Tote setzt sich zu dem Mönch,
Sie schauen sich an und schweigen.

5.

Aus einem Briefe

(Die Sonne spricht:)

Was gehn dich meine Blicke an?
Das ist der Sonne gutes Recht,
Sie strahlt auf den Herrn wie auf den Knecht:
Ich strahle, weil ich nichts anders kann.

Was gehn dich meine Blicke an?
Bedenke, was deine Pflichten sind,
Nimm dir ein Weib und mach' ein Kind,
Und sei ein deutscher Biedermann.

Ich strahle weil ich nicht anders kann,
Ich wandle am Himmel wohl auf wohl ab,
Aus Langeweile guck' ich hinab –
Was gehn dich meine Blicke an?

(Der Dichter spricht:)

Das ist ja eben meine Tugend,
Daß ich ertrage deinen Blick,
Das Licht der ew'gen Seelenjugend,
Blendende Schönheit, Flammenglück!

Jetzt aber fühl' ich ein Ermatten
Der Sehkraft, und es sinken nieder,
Wie schwarze Flöre, nächt'ge Schatten
Auf meine armen Augenlieder. ...

(Chor der Affen:)

Wir Affen, wir Affen,
Wir glotzen und gaffen
Die Sonne an,
Weil sie es doch nicht wehren kann.

(Chor der Frösche:)

Im Wasser, im Wasser,
Da ist es noch nasser
Als auf der Erde,
Und ohne Beschwerde
Erquicken
Wir uns an den Sonnenblicken.

(Chor der Maulwürfe:)

Was doch die Leute Unsinn schwatzen
Von Strahlen und von Sonnenblicken!
Wir fühlen nur ein warmes Jücken,
Und pflegen uns alsdann zu kratzen.

(Ein Glühwurm spricht:)

Wie sich die Sonne wichtig macht,
Mir ihrer kurzen Tagespracht!
So unbescheiden zeig' ich mich nicht,
Und bin doch auch ein großes Licht,
In der Nacht, in der Nacht!

6.

Unstern

Der Stern erstrahlte so munter,
Da fiel er vom Himmel herunter.
Du fragst mich, Kind, was Liebe ist?
Ein Stern in einem Haufen Mist.

Wie'n räudiger Hund, der verrecket,
So liegt er mit Unrat bedecket.
Es kräht der Hahn, die Sau sie grunzt,
Im Kote wälzt sich ihre Brunst.

O, fiel ich doch in den Garten,
Wo die Blumen meiner harrten,
Wo ich mir oft gewünschet hab'
Ein reinliches Sterben, ein duftiges Grab!

7.

Anno 1829

Daß ich bequem verbluten kann,
Gebt mir ein edles, weites Feld!
O, laßt mich nicht ersticken hier
In dieser engen Krämerwelt!

Sie essen gut, sie trinken gut,
Erfreu'n sich ihres Maulwurfglücks,
Und ihre Großmut ist so groß
Als wie das Loch der Armenbüchs.

Zigarren tragen sie im Maul
Und in der Hosentasch' die Händ';
Auch die Verdauungskraft ist gut, –
Wer sie nur selbst verdauen könnt'!

Sie handeln mit den Spezerei'n
Der ganzen Welt, doch in der Luft,
Trotz allen Würzen, riecht man stets
Den faulen Schellfischseelenduft.

O, daß ich große Laster säh',
Verbrechen, blutig, kolossal, –
Nur diese satte Tugend nicht,
Und zahlungsfähige Moral!

Ihr Wolken droben, nehmt mich mit,
Gleichviel nach welchem fernen Ort!
Nach Lappland oder Afrika,
Und sei's nach Pommern – fort! nur fort!

O, nehmt mich mit – Sie hören nicht –
Die Wolken droben sind so klug!
Vorüberreisend dieser Stadt
Ängstlich beschleun'gen sie den Flug.

8.

Anno 1839

O, Deutschland, meine ferne Liebe,
Gedenk' ich deiner, wein' ich fast!
Das muntre Frankreich scheint mir trübe,
Das leichte Volk wird mir zur Last.

Nur der Verstand, so kalt und trocken,
Herrscht in dem witzigen Paris –
O, Narrheitsglöcklein, Glaubensglocken,
Wie klingelt ihr daheim so süß!

Höfliche Männer! Doch verdrossen
Geb' ich den art'gen Gruß zurück. –
Die Grobheit, die ich einst genossen
Im Vaterland, das war mein Glück!

Lächelnde Weiber! Plappern immer,
Wie Mühlenräder stets bewegt!
Da lob' ich Deutschlands Frauenzimmer,
Das schweigend sich zu Bette legt.

Und alles dreht sich hier im Kreise,
Mit Ungestüm, wie'n toller Traum!
Bei uns bleibt alles hübsch im Gleise,
Wie angenagelt, rührt sich kaum.

Mir ist als hört' ich fern erklingen
Nachtwächterhörner, sanft und traut;
Nachtwächterlieder hör' ich singen,
Dazwischen Nachtigallenlaut.

Dem Dichter war so wohl daheime,
In Schildas teurem Eichenhain!
Dort wob ich meine zarten Reime
Aus Veilchenduft und Mondenschein.

9.

In der Frühe

Auf dem Faubourg Saint-Marceau
Lag der Nebel heute morgen,
Spätherbstnebel, dicht und schwer,
Einer weißen Nacht vergleichbar.

Wandelnd durch die weiße Nacht,
Schaut' ich mir vorübergleiten
Eine weibliche Gestalt,
Die dem Mondenlicht vergleichbar.

Ja sie war wie Mondenlicht
Leichthinschwebend, zart und zierlich;
Solchen schlanken Gliederbau
Sah ich hier in Frankreich niemals.

War es Luna selbst vielleicht
Die sich heut bei einem schönen,
Zärtlichen Endymion
Des Quartier Latin verspätet?

Auf dem Heimweg dacht' ich nach:
Warum floh sie meinen Anblick?
Hielt die Göttin mich vielleicht
Für den Sonnenlenker Phöbus?

10.

Ritter Olaf

I.

Vor dem Dome stehn zwei Männer,
Tragen beide rote Röcke,
Und der eine ist der König
Und der Henker ist der andre.

Um zum Henker spricht der König:
»Am Gesang der Pfaffen merk' ich,
Daß vollendet schon die Trauung –
Halt' bereit dein gutes Richtbeil«.

Glockenklang und Orgelrauschen,
Und das Volk strömt aus der Kirche;
Bunter Festzug, in der Mitte
Die geschmückten Neuvermählten.

Leichenblaß und bang und traurig
Schaut die schöne Königstochter;
Keck und heiter schaut Herr Olaf,
Und sein roter Mund, der lächelt.

Und mit lächelnd rotem Munde
Spricht er zu dem finstern König:
»Guten Morgen, Schwiegervater,
Heut ist dir mein Haupt verfallen.

»Sterben soll ich heut – O, laß mich
Nur bis Mitternacht noch leben,
Daß ich meine Hochzeit fei're
Mit Bankett und Fackeltänzen.

Laß mich leben, laß mich leben,
Bis geleert der letzte Becher,
Bis der letzte Tanz getanzt ist –
Laß bis Mitternacht mich leben!«

Und zum Henker spricht der König:
»Unserm Eidam sei gefristet
Bis um Mitternacht sein Leben –
Halt' bereit dein gutes Richtbeil«.

II.

Herr Olaf sitzt beim Hochzeitschmaus,
Er trinkt den letzten Becher aus.
An seine Schulter lehnt
Sein Weib und stöhnt –
Der Henker steht vor der Türe.

Der Reigen beginnt und Herr Olaf erfaßt
Sein junges Weib, und mit wilder Hast
Sie tanzen, bei Fackelglanz,
Den letzten Tanz –
Der Henker steht vor der Türe.

Die Geigen geben so lustigen Klang,
Die Flöten seufzen so traurig und bang!
Wer die beiden tanzen sieht,
Dem erbebt das Gemüt –
Der Henker steht vor der Türe.

Und wie sie tanzen, im dröhnenden Saal,
Herr Olaf flüstert zu seinem Gemahl:
»Du weißt nicht wie lieb ich dich hab' –
So kalt ist das Grab –«
Der Henker steht vor der Türe.

III.

Herr Olaf es ist Mitternacht,
Dein Leben ist verflossen!
Du hattest eines Fürstenkinds
In freier Lust genossen.

Die Mönche murmeln das Totengebet,
Der Mann im roten Rocke,
Er steht mit seinem blanken Beil
Schon vor dem schwarzen Blocke.

Herr Olaf steigt in den Hof hinab,
Da blinken viel Schwerter und Lichter.
Es lächelt des Ritters roter Mund,
Mit lächelndem Munde spricht er:

»Ich segne die Sonne, ich segne den Mond,
Und die Stern', die am Himmel schweifen.
Ich segne auch die Vögelein,
Die in den Lüften pfeifen.

Ich segne das Meer, ich segne das Land,
Und die Blumen auf der Aue.
Ich segne die Veilchen, sie sind so sanft
Wie die Augen meiner Fraue.

Ihr Veilchenaugen, meiner Frau,
Durch euch verlier' ich mein Leben!
Ich segne auch den Holunderbaum,
Wo du dich mir ergeben.«

11.

Die Nixen

Am einsamen Strande plätschert die Flut,
Der Mond ist aufgegangen,
Auf weißer Düne der Ritter ruht,
Von bunten Träumen befangen.

Die schönen Nixen, im Schleiergewand,
Entsteigen der Meerestiefe.
Sie nahen sich leise dem jungen Fant,
Sie glaubten wahrhaftig er schliefe.

Die eine betastet mit Neubegier
Die Federn auf seinem Barette.
Die andre nestelt am Bandelier
Und an der Waffenkette.

Die dritte lacht und ihr Auge blitzt,
Sie zieht das Schwert aus der Scheide,
Und auf dem blanken Schwert gestützt
Beschaut sie den Ritter mit Freude.

Die vierte tänzelt wohl hin und her
Und flüstert aus tiefem Gemüte:
»O, daß ich doch dein Liebchen wär',
Du holde Menschenblüte!«

Die fünfte küßt des Ritters Händ',
Mit Sehnsucht und Verlangen;
Die sechste zögert und küßt am End'
Die Lippen und die Wangen.

Der Ritter ist klug, es fällt ihm nicht ein,
Die Augen öffnen zu müssen;
Er läßt sich ruhig im Mondenschein
Von schönen Nixen küssen.

12.

Bertrand de Born

Ein edler Stolz in allen Zügen,
Auf seiner Stirn Gedankenspur,
Er konnte jedes Herz besiegen,
Bertrand de Born, der Troubadour.

Es klirrten seine süßen Töne
Die Löwin des Plantagenets;
Die Tochter auch, die beiden Söhne,
Er sang sie alle in sein Netz.

Wie er den Vater selbst betörte!
In Tränen schmolz des Königs Zorn
Als er ihn lieblich reden hörte,
Den Troubadour, Bertrand de Born.

13.

Frühling

Die Wellen blinken und fließen dahin –
Es liebt sich so lieblich im Lenze!
Am Flusse sitzt die Schäferin
Und windet die zärtlichsten Kränze.

Das knospet und quillt, mit duftender Lust –
Es liebt sich so lieblich im Lenze!
Die Schäferin seufzt aus tiefer Brust:
Wem geb' ich meine Kränze?

Ein Reuter reutet den Fluß entlang,
Er grüßt so blühenden Mutes!
Die Schäferin schaut ihm nach so bang,
Fern flattert die Feder des Hutes.

Sie weint und wirft in den gleitenden Fluß
Die schönen Blumenkränze.
Die Nachtigall singt von Lieb' und Kuß –
Es liebt sich so lieblich im Lenze!

14.

Ali Bey

Ali Bey, der Held des Glaubens,
Liegt beglückt in Mädchenarmen.
Vorgeschmack des Paradieses
Gönnt ihm Allah schon auf Erden.

Odalisken, schön wie Houris,
Und geschmeidig wie Gazellen –
Kräuselt ihm den Bart die eine,
Glättet seine Stirn die andre.

Und die dritte schlägt die Laute,
Singt und tanzt, und küßt ihn lachend
Auf das Herz, worin die Flammen
Aller Seligkeiten lodern.

Aber draußen plötzlich schmettern
Die Trompeten, Schwerter rasseln,
Waffenruf und Flintenschüsse –
Herr, die Franken sind im Anmarsch!

Und der Held besteigt sein Schlachtroß,
Fliegt zum Kampf, doch wie im Traume; –
Denn ihm ist zu Sinn, als läg' er
Immer noch in Mädchenarmen.

Während er die Frankenköpfe
Dutzendweis heruntersäbelt,
Lächelt er wie ein Verliebter,
Ja, er lächelt sanft und zärtlich.

15.

Psyche

In der Hand die kleine Lampe,
In der Brust die große Glut,
Schleichet Psyche zu dem Lager
Wo der holde Schläfer ruht.

Sie errötet und sie zittert
Wie sie seine Schönheit sieht –
Der enthüllte Gott der Liebe,
Er erwacht und er entflieht.

Achtzehnhundertjähr'ge Buße!
Und die Ärmste stirbt beinah!
Psyche fastet und kasteit sich,
Weil sie Amorn nackend sah.

16.

Die Unbekannte

Meiner goldgelockten Schönen
Weiß ich täglich zu begegnen,
In dem Tuileriengarten,
Unter den Kastanienbäumen.

Täglich geht sie dort spazieren
Mit zwei häßlich alten Damen –
Sind es Tanten? Sind's Dragoner,
Die vermummt in Weiberröcken?

Niemand konnt' mir Auskunft geben,
Wer sie sei? Bei allen Freunden
Frug ich nach, und stets vergebens!
Ich erkrankte fast vor Sehnsucht.

Eingeschüchtert von dem Schnurrbart
Ihrer zwei Begleiterinnen,
Und von meinem eignen Herzen
Noch viel strenger eingeschüchtert,

Wagt' ich nie ein seufzend Wörtchen
Im Vorübergehn zu flüstern,
Und ich wagte kaum mit Blicken
Meine Flamme zu bekunden.

Heute erst hab' ich erfahren
Ihren Namen. Laura heißt sie,
Wie die schöne Provenzalin,
Die der große Dichter liebte.

Laura heißt sie! Nun da bin ich
Just so weit wie einst Petrarcha,
Der das schöne Weib gefeiert
In Kanzonen und Sonetten.

Laura heißt sie! Wie Petrarcha
Kann ich jetzt platonisch schwelgen
In dem Wohllaut dieses Namens –
Weiter hat er's nie gebracht.

17.

Wechsel

Mit Brünetten hat's ein Ende!
Ich gerate dieses Jahr
Wieder in die blauen Augen,
Wieder in das blonde Haar.

Die Blondine, die ich liebe,
Ist so fromm, so sanft, so mild!
In der Hand den Liljenstengel
Wäre sie ein Heil'genbild.

Schlanke, schwärmerische Glieder,
Wenig Fleisch, sehr viel Gemüt;
Und für Liebe, Hoffnung, Glaube,
Ihre ganze Seele glüht.

Sie behauptet, sie verstünde
Gar kein Deutsch – ich glaub' es nicht.
Niemals hättest du gelesen
Klopstocks himmlisches Gedicht?

18.

Fortuna

Frau Fortuna, ganz umsunst
Tust du spröde! deine Gunst
Weiß ich mir durch Kampf und Ringen
Zu erbeuten, zu erzwingen.

Überwältigt wirst du doch,
Und ich spanne dich ins Joch,
Und du streckst am End' die Waffen –
Aber meine Wunden klaffen.

Es verströmt mein rotes Blut,
Und der schöne Lebensmut
Will erlöschen; ich erliege
Und ich sterbe nach dem Siege.

19.

Klagelied eines altdeutschen Jünglings

Wohl dem, dem noch die Tugend lacht,
Weh dem, der sie verlieret!

Es haben mich armen Jüngling
Die bösen Gesellen verführet.

Sie haben mich um mein Geld gebracht,
Mit Karten und mit Knöcheln;
Es trösteten mich die Mädchen,
Mit ihrem holden Lächeln.

Und als sie mich ganz besoffen gemacht
Und meine Kleider zerrissen,
Da ward ich armer Jüngling
Zur Tür hinausgeschmissen.

Und als ich des Morgens früh erwacht,
Wie wundr' ich mich über die Sache!
Da saß ich armer Jüngling
Zu Kassel auf der Wache. –

20.

Laß ab!

Der Tag ist in die Nacht verliebt,
Der Frühling in den Winter,
Das Leben verliebt in den Tod –
Und du, du liebest mich!

Du liebst mich – schon erfassen dich
Die grauenhaften Schatten,
All deine Blüte welkt,
Und deine Seele verblutet.

Laß ab von mir, und liebe nur
Die heiteren Schmetterlinge,

Die da gaukeln im Sonnenlicht –
Laß ab von mir und dem Unglück.

21.

Frau Mette
(Nach dem Dänischen.)

Herr Peter und Bender saßen beim Wein,
Herr Bender sprach: ich wette,
Bezwänge dein Singen die ganze Welt,
Doch nimmer bezwingt es Frau Mette.

Herr Peter sprach: ich wette mein Roß,
Wohl gegen deine Hunde,
Frau Mette sing ich nach meinem Hof,
Noch heut, in der Mitternachtstunde.

Und als die Mitternachtstunde kam,
Herr Peter hub an zu singen:
Wohl über den Fluß, wohl über den Wald,
Die süßen Töne dringen.

Die Tannenbäume horchen so still,
Die Flut hört auf zu rauschen,
Am Himmel zittert der blasse Mond,
Die klugen Sterne lauschen.

Frau Mette erwacht aus ihrem Schlaf:
Wer singt vor meiner Kammer?
Sie achselt ihr Kleid, sie schreitet hinaus; –
Das ward zu großem Jammer.

Wohl durch den Wald, wohl durch den Fluß,
Sie schreitet unaufhaltsam;

Herr Peter zog sie nach seinem Hof
Mit seinem Liede gewaltsam.

Und als sie morgens nach Hause kam
Vor der Türe stand Herr Bender:
»Frau Mette, wo bist du gewesen zur Nacht?
Es triefen deine Gewänder!«

Ich war heut nacht am Nixenfluß,
Dort hört' ich prophezeien,
Es plätscherten und bespritzten mich
Die neckenden Wasserfeien.

»Am Nixenfluß ist feiner Sand,
Dort bist du nicht gegangen,
Zerrissen und blutig sind deine Füß',
Auch bluten deine Wangen.«

Ich war heut nacht im Elfenwald,
Zu schauen den Elfenreigen,
Ich hab' mir verwundet Fuß und Gesicht,
An Dornen und Tannenzweigen.

»Die Elfen tanzen im Monat Mai,
Auf weichen Blumenfeldern,
Jetzt aber herrscht der kalte Herbst
Und heult der Wind in den Wäldern.«

Bei Peter Nielsen war ich heut nacht,
Er sang und zaubergewaltsam,
Wohl durch den Wald, wohl durch den Fluß,
Es zog mich unaufhaltsam.

Sein Lied ist stark als wie der Tod,
Es lockt in Nacht und Verderben.
Noch brennt mir im Herzen die tönende Glut;
Ich weiß, jetzt muß ich sterben. –

Die Kirchentür ist schwarz behängt,
Die Trauerglocken läuten;
Das soll den jämmerlichen Tod
Der armen Frau Mette bedeuten.

Herr Bender steht vor der Leichenbahr',
Und seufzt aus Herzensgrunde:
Nun hab' ich verloren mein schönes Weib
Und meine treuen Hunde.

22.

Begegnung

Wohl unter der Linde erklingt die Musik,
Da tanzen die Burschen und Mädel,
Da tanzen zwei, die niemand kennt,
Sie schau'n so schlank und edel.

Sie schweben auf, sie schweben ab,
In seltsam fremder Weise;
Sie lachen sich an, sie schütteln das Haupt,
Das Fräulein flüstert leise:

»Mein schöner Junker, auf Eurem Hut
Schwankt eine Neckenlilje,
Die wächst nur tief in Meeresgrund –
Ihr stammt nicht aus Adams Familie.

»Ihr seid der Wassermann, Ihr wollt
Verlocken des Dorfes Schönen.
Ich hab' Euch erkannt, beim ersten Blick,
An Euren fischgrätigen Zähnen.«

Sie schweben auf, sie schweben ab,
In seltsam fremder Weise,
Sie lachen sich an, sie schütteln das Haupt
Der Junker flüstert leise:

»Mein schönes Fräulein, sagt mir warum
So eiskalt Eure Hand ist?
Sagt mir warum so naß der Saum
An Eurem weißen Gewand ist?

Ich hab' Euch erkannt, beim ersten Blick,
An Eurem spöttischen Knickse –
Du bist kein irdisches Menschenkind,
Du bist mein Mühmchen die Nixe.«

Die Geigen verstummen, der Tanz ist aus,
Es trennen sich höflich die beiden.
Sie kennen sich leider viel zu gut,
Suchen sich jetzt zu vermeiden.

23.

König Harald Harfagar

Der König Harald Harfagar
Sitzt unten in Meeresgründen,
Bei seiner schönen Wasserfee;
Die Jahre kommen und schwinden.

Von Nixenzauber gebannt und gefeit,
Er kann nicht leben, nicht sterben;
Zweihundert Jahre dauert schon
Sein seliges Verderben.

Des Königs Haupt liegt auf dem Schoß
Der holden Frau, und mit Schmachten
Schaut er nach ihren Augen empor;
Kann nicht genug sie betrachten.

Sein goldnes Haar ward silbergrau,
Es treten die Backenknochen
Gespenstisch hervor aus dem gelben Gesicht,
Der Leib ist welk und gebrochen.

Manchmal aus seinem Liebestraum
Wird er plötzlich aufgeschüttert,
Denn droben stürmt so wild die Flut
Und das gläserne Schloß erzittert.

Manchmal ist ihm, als hört' er im Wind
Normannenruf erschallen;
Er hebt die Arme mit freudiger Hast,
Läßt traurig sie wieder fallen.

Manchmal ist ihm, als hört' er gar,
Wie die Schiffer singen hier oben,
Und den König Harald Harfagar
Im Heldenliede loben.

Der König stöhnt und schluchzt und weint
Alsdann aus Herzensgrunde.
Schnell beugt sich hinab die Wasserfee
Und küßt ihn mit lachendem Munde.

24.

Unterwelt

I.

Blieb ich doch ein Junggeselle! –
Seufzet Pluto tausendmal –
Jetzt, in meiner Eh'standsqual,
Merk' ich, früher ohne Weib
War die Hölle keine Hölle.

Blieb ich doch ein Junggeselle!
Seit ich Proserpinen hab'
Wünsch' ich täglich mich ins Grab!
Wenn sie keift, so hör' ich kaum
Meines Cerberus Gebelle.

Stets vergeblich, stets nach Frieden
Ring' ich. Hier im Schattenreich
Kein Verdammter ist mir gleich!
Ich beneide Sisyphus
Und die edlen Danaiden.

II.

Auf goldenem Stuhl, im Reiche der Schatten,
Zur Seite des königlichen Gatten,
Sitzt Proserpine
Mit finstrer Miene,
Und im Herzen seufzet sie traurig:

Ich lechze nach Rosen, nach Sangesergüssen
Der Nachtigall, nach Sonnenküssen –

Und hier unter bleichen
Lemuren und Leichen
Mein junges Leben vertraur' ich!

Bin festgeschmiedet am Ehejoche,
In diesem verwünschten Rattenloche!
Und des Nachts die Gespenster,
Sie schau'n mir ins Fenster,
Und der Styx, er murmelt so schaurig!

Heut' hab' ich den Charon zu Tische geladen –
Glatzköpfig ist er und ohne Waden –
Auch die Totenrichter,
Langweil'ge Gesichter –
In solcher Gesellschaft versaur' ich.

III.

Während solcherlei Beschwerde
In der Unterwelt sich häuft,
Jammert Ceres auf der Erde.
Die verrückte Göttin läuft,
Ohne Haube, ohne Kragen,
Schlotterbusig durch das Land,
Deklamierend jene Klagen,
Die euch allen wohlbekannt:

»Ist der holde Lenz erschienen?
Hat die Erde sich verjüngt?
Die besonnten Hügel grünen,
Und des Eises Rinde springt.
Aus der Ströme blauem Spiegel
Lacht der unbewölkte Zeus,
Milder wehen Zephirs Flügel,

Augen treibt das junge Reis.
In dem Hain erwachen Lieder,
Und die Oreade spricht:
Deine Blumen kehren wieder,
Deine Tochter kehret nicht.

Ach wie lang ist's, daß ich walle
Suchend durch die Erde Flur!
Titan, deine Strahlen alle
Sandt' ich nach der teuren Spur!
Keiner hat mir noch verkündet
Von dem lieben Angesicht,
Und der Tag, der alles findet,
Die Verlorne fand er nicht.
Hast du, Zeus, sie mir entrissen?
Hat, von ihrem Reiz gerührt,
Zu des Orkus schwarzen Flüssen
Pluto sie hinabgeführt?

Wer wird nach dem düstern Strande
Meines Grames Bote sein?
Ewig stößt der Kahn vom Lande,
Doch nur Schatten nimmt er ein.
Jedem sel'gen Aug' verschlossen
Bleibt das nächtliche Gefild,
Und solang der Styx geflossen,
Trug er kein lebendig Bild.
Nieder führen tausend Steige,
Keiner führt zum Tag zurück;
Ihre Träne bringt kein Zeuge
Vor der bangen Mutter Blick.«

IV.

Meine Schwiegermutter Ceres!
Laß die Klagen, laß die Bitten!
Dein Verlangen, ich gewähr' es –
Habe selbst so viel gelitten!

Tröste dich, wir wollen ehrlich
Den Besitz der Tochter teilen,
Und sechs Monden soll sie jährlich
Auf der Oberwelt verweilen.

Hilft dir dort an Sommertagen
Bei den Ackerbaugeschäften;
Einen Strohhut wird sie tragen,
Wird auch Blumen daran heften.

Schwärmen wird sie wenn den Himmel
Überzieht die Abendröte,
Und am Bach ein Bauerlümmel
Zärtlich bläst die Hirtenflöte.

Wird sich freu'n mit Gret und Hänschen
Bei des Erntefestes Reigen;
Unter Schöpsen, unter Gänschen,
Wird sie sich als Löwin zeigen.

Süße Ruh! Ich kann verschnaufen
Hier im Orkus unterdessen!
Punsch mit Lethe will ich saufen,
Um die Gattin zu vergessen.

V.

»Zuweilen dünkt es mich, als trübe
Geheime Sehnsucht deinen Blick –
Ich kenn' es wohl, dein Mißgeschick:
Verfehltes Leben, verfehlte Liebe!

»Du nickst so traurig! Wiedergeben
Kann ich dir nicht die Jugendzeit –
Unheilbar ist dein Herzeleid:
Verfehlte Liebe, verfehltes Leben!«

Zeitgedichte

1.

Doktrin

Schlage die Trommel und fürchte dich nicht,
Und küsse die Marketenderin!
Das ist die ganze Wissenschaft,
Das ist der Bücher tiefster Sinn.

Trommle die Leute aus dem Schlaf,
Trommle Reveille mit Jugendkraft,
Marschiere trommelnd immer voran,
Das ist die ganze Wissenschaft.

Das ist die Hegelsche Philosophie,
Das ist der Bücher tiefster Sinn!
Ich hab' sie begriffen, weil ich gescheit,
Und weil ich ein guter Tambour bin.

2.

Adam der Erste

Du schicktest mit dem Flammenschwert
Den himmlischen Gendarmen,
Und jagtest mich aus dem Paradies,
Ganz ohne Recht und Erbarmen!

Ich ziehe fort mit meiner Frau
Nach andren Erdenländern;
Doch daß ich genossen des Wissens Frucht,
Das kannst du nicht mehr ändern.

Du kannst nicht ändern, daß ich weiß
Wie sehr du klein und nichtig,
Und machst du dich auch noch so sehr
Durch Tod und Donnern wichtig.

O Gott! wie erbärmlich ist doch dies
Consilium abeundi!
Das nenne ich einen Magnifikus
Der Welt, ein Lumen Mundi!

Vermissen werde ich nimmermehr
Die paradiesischen Räume;
Das war kein wahres Paradies –
Es gab dort verbotene Bäume.

Ich will mein volles Freiheitsrecht!
Find' ich die g'ringste Beschränknis,
Verwandelt sich mir das Paradies
In Hölle und Gefängnis.

3.

Warnung

Solche Bücher läßt du drucken!
Teurer Freund, du bist verloren!
Willst du Geld und Ehre haben,
Mußt du dich gehörig ducken.

Nimmer hätt' ich dir geraten,
So zu sprechen vor dem Volke,
So zu sprechen von den Pfaffen
Und von hohen Potentaten!

Teurer Freund, du bist verloren!
Fürsten haben lange Arme,
Pfaffen haben lange Zungen,
Und das Volk hat lange Ohren!

4.

An einen ehemaligen Goetheaner
(1832)

Hast du wirklich dich erhoben,
Aus dem müßig kalten Dunstkreis,
Womit einst der kluge Kunstgreis
Dich von Weimar aus umwoben?

G'nügt dir nicht mehr die Bekanntschaft
Seiner Klärchen, seiner Gretchen?
Fliehst du Serlos keusche Mädchen
Und Ottiliens Wahlverwandtschaft?

Nur Germanien willst du dienen,
Und mit Mignon ist's vorbei heut,
Und du strebst nach größrer Freiheit
Als du fandest bei Philinen?

Für des Volkes Oberhoheit
Lünebürgertümlich kämpfst du,
Und mit kühnen Worten dämpfst du
Der Despoten Bundesroheit!

In der Fern' hör' ich mit Freude,
Wie man voll von deinem Lob' ist,
Und wie du der Mirabeau bist
Von der Lüneburger Heide!

5.

Geheimnis

Wir seufzen nicht, das Aug' ist trocken,
Wir lächeln oft, wir lachen gar!
In keinem Blick, in keiner Miene,
Wird das Geheimnis offenbar.

Mit seinen stummen Qualen liegt es
In unsrer Seele blut'gem Grund;
Wird es auch laut im wilden Herzen,
Krampfhaft verschlossen bleibt der Mund.

Frag' du den Säugling in der Wiege,
Frag' du die Toten in dem Grab,
Vielleicht daß diese dir entdecken
Was ich dir stets verschwiegen hab'.

6.

Bei des Nachtwächters Ankunft zu Paris

»Nachtwächter mit langen Fortschrittsbeinen,
Du kommst so verstört einhergerannt!
Wie geht es daheim den lieben Meinen,
Ist schon befreit das Vaterland?«

Vortrefflich geht es, der stille Segen,
Er wuchert im sittlich gehüteten Haus,
Und ruhig und sicher, auf friedlichen Wegen,
Entwickelt sich Deutschland von innen heraus.

Nicht oberflächlich wie Frankreich blüht es,
Wo Freiheit das äußere Leben bewegt;
Nur in der Tiefe des Gemütes
Ein deutscher Mann die Freiheit trägt.

Der Dom zu Cöllen wird vollendet,
Den Hohenzollern verdanken wir das;
Habsburg hat auch dazu gespendet,
Ein Wittelsbach schickt Fensterglas.

Die Konstitution, die Freiheitsgesetze,
Sie sind uns versprochen, wir haben das Wort,
Und Königsworte, das sind Schätze,
Wie tief im Rhein der Niblungshort.

Der freie Rhein, der Brutus der Flüsse,
Er wird uns nimmermehr geraubt!
Die Holländer binden ihm die Füße,
Die Schwyzer halten fest sein Haupt.

Auch eine Flotte will Gott uns bescheren,
Die patriotische Überkraft
Wird lustig rudern auf deutschen Galeeren;
Die Festungsstrafe wird abgeschafft.

Es blüht der Lenz, es platzen die Schoten,
Wir atmen frei in der freien Natur!
Und wird uns der ganz Verlag verboten,
So schwindet am Ende von selbst die Zensur.

7.

Der Tambourmajor

Das ist der alte Tambourmajor,
Wie ist er jetzt herunter!
Zur Kaiserzeit stand er in Flor,
Da war er glücklich und munter

Er balancierte den großen Stock,
Mit lachendem Gesichte;
Die silbernen Treffen auf seinem Rock,
Die glänzten im Sonnenlichte.

Wenn er mit Trommelwirbelschall
Einzog in Städten und Städtchen,
Da schlug das Herz im Widerhall
Den Weibern und den Mädchen.

Er kam und sah und siegte leicht,
Wohl über alle Schönen;
Sein schwarzer Schnurrbart wurde feucht
Von deutschen Frauentränen.

Wir mußten es dulden! In jedem Land,
Wo die fremden Eroberer kamen,
Der Kaiser die Herren überwand,
Der Tambourmajor die Damen.

Wir haben lange getragen das Leid,
Geduldig wie deutsche Eichen,
Bis endlich die hohe Obrigkeit
Uns gab das Befreiungszeichen.

Wie in der Kampfbahn der Auerochs
Erhuben wir unsere Hörner,
Entledigten uns des fränkischen Jochs
Und sangen die Lieder von Körner.

Entsetzliche Verse! sie klangen ins Ohr
Gar schauderhaft den Tyrannen!
Der Kaiser und der Tambourmajor,
Sie flohen erschrocken von dannen.

Sie ernteten beide den Sündenlohn
Und nahmen ein schlechtes Ende.
Es fiel der Kaiser Napoleon
Den Briten in die Hände.

Wohl auf der Insel Sankt Helena,
Sie marterten ihn gar schändlich;
Am Magenkrebse starb er da
Nach langen Leiden endlich.

Der Tambourmajor, er ward entsetzt
Gleichfalls von seiner Stelle.
Um nicht zu verhungern dient er jetzt
Als Hausknecht in unserm Hotelle.

Er heizt den Ofen, er fegt den Topf,
Muß Holz und Wasser schleppen.
Mit seinem wackelnd greisen Kopf
Keucht er herauf die Treppen.

Wenn mich der Fritz besucht, so kann
Er nicht den Spaß sich versagen,
Den drollig schlotternd langen Mann
Zu nergeln und zu plagen.

Laß ab mit Spöttelei'n, o Fritz!
Es ziemt Germanias Söhnen
Wohl nimmermehr, mit schlechtem Witz
Gefallene Größe zu höhnen.

Du solltest mit Pietät, mich deucht,
Behandeln solche Leute;
Der Alte ist dein Vater vielleicht
Von mütterlicher Seite.

8.

Entartung

Hat die Natur sich auch verschlechtert,
Und nimmt sie Menschenfehler an?
Mich dünkt die Pflanzen und die Tiere,
Sie lügen jetzt wie jedermann.

Ich glaub' nicht an der Lilje Keuschheit,
Es buhlt mit ihr der bunte Geck,
Der Schmetterling; er küßt und flattert
Am End' mit ihrer Unschuld weg.

Von der Bescheidenheit der Veilchen
Halt' ich nicht viel. Die kleine Blum',
Mit den koketten Düften lockt sie,
Und heimlich dürstet sie nach Ruhm.

Ich zweifle auch, ob sie empfindet,
Die Nachtigall, das was sie singt;
Sie übertreibt und schluchzt und trillert
Nur aus Routine, wie mich dünkt.

Die Wahrheit schwindet von der Erde,
Auch mit der Treu' ist es vorbei.
Die Hunde wedeln noch und stinken
Wie sonst, doch sind sie nicht mehr treu.

9.

Heinrich

Auf dem Schloßhof zu Canossa
Steht der deutsche Kaiser Heinrich,
Barfuß und im Büßerhemde,
Und die Nacht ist kalt und regnicht.

Droben aus dem Fenster lugen
Zwo Gestalten, und der Mondschein
Überflimmert Gregors Kahlkopf
Und die Brüste der Mathildis.

Heinrich, mit den blassen Lippen,
Murmelt fromme Paternoster;
Doch im tiefen Kaiserherzen
Heimlich knirscht er, heimlich spricht er:

»Fern in meinen deutschen Landen
Heben sich die starken Berge,
Und im stillen Bergesschachte
Wächst das Eisen für die Streitaxt.

»Fern in meinen deutschen Landen
Heben sich die Eichenwälder,
Und im Stamm der höchsten Eiche
Wächst der Holzstiel für die Streitaxt.

»Du, meines liebes treues Deutschland,
Du wirst auch den Mann gebären,
Der die Schlange meiner Qualen
Niederschmettert mit der Streitaxt.«

10.

Lebensfahrt

Ein Lachen und Singen! Es blitzen und gaukeln
Die Sonnenlichter. Die Wellen schaukeln
Den lustigen Kahn. Ich saß darin
Mit lieben Freunden und leichtem Sinn.

Der Kahn zerbrach in eitel Trümmer,
Die Freunde waren schlechte Schwimmer,
Sie gingen unter, im Vaterland;
Mich warf der Sturm an den Seinestrand.

Ich hab' ein neues Schiff bestiegen,
Mit neuen Genossen; es wogen und wiegen
Die fremden Fluten mich hin und her –
Wie fern die Heimat! mein Herz wie schwer!

Und das ist wieder ein Singen und Lachen –
Es pfeift der Wind, die Planken krachen –
Am Himmel erlischt der letzte Stern –
Wie schwer mein Herz! die Heimat wie fern!

11.

Das neue Israelitische Hospital zu Hamburg

Ein Hospital für arme, kranke Juden,
Für Menschenkinder, welche dreifach elend,
Behaftet mit den bösen drei Gebresten,
Mit Armut, Körperschmerz und Judentume!

Das schlimmste von den dreien ist das letzte,
Das tausendjährige Familienübel,
Die aus dem Niltal mitgeschleppte Plage,
Der altägyptisch ungesunde Glauben.

Unheilbar tiefes Leid! Dagegen helfen
Nicht Dampfbad, Dusche, nicht die Apparate
Der Chirurgie, noch all' die Arzeneien,
Die dieses Haus den siechen Gästen bietet.

Wird einst die Zeit, die ew'ge Göttin, tilgen
Das dunkle Weh, das sich vererbt vom Vater
Herunter auf den Sohn, – wird einst der Enkel
Genesen und vernünftig sein und glücklich?

Ich weiß es nicht! Doch mittlerweile wollen
Wir preisen jenes Herz, das klug und liebreich
Zu lindern suchte, was der Lind'rung fähig,
Zeitlichen Balsam träufelnd in die Wunden.

Der teure Mann! Er baute hier ein Obdach
Für Leiden, welche heilbar durch die Künste
Des Arztes, (oder auch des Todes!) sorgte
Für Polster, Labetrank, Wartung und Pflege –

Ein Mann der Tat, tat er was eben tunlich:
Für gute Werke gab er hin den Taglohn
Am Abend seines Lebens, menschenfreundlich,
Durch Wohltun sich erholend von der Arbeit.

Er gab mit reicher Hand – doch reichre Spende
Entrollte manchmal seinem Aug', die Träne,
Die kostbar schöne Träne, die er weinte
Ob der unheilbar großen Brüderkrankheit.

12.

Georg Herwegh

Mein Deutschland trank sich einen Zopf,
Und du, du glaubtest den Toasten!
Du glaubtest jedem Pfeifenkopf
Und seinen schwarz-rot-goldnen Quasten.

Doch als der holde Rausch entwich,
Mein teurer Freund, du warst betroffen –
Das Volk wie katzenjämmerlich,
Das eben noch so schön besoffen!

Ein schimpfender Bedientenschwarm,
Und faule Äpfel statt der Kränze –
An jeder Seite ein Gendarm,
Erreichtest endlich du die Grenze.

Dort bleibst du stehn. Wehmut ergreift
Dich bei dem Anblick jener Pfähle,
Die wie das Zebra sind gestreift,
Und Seufzer dringen aus der Seele:

»Aranjuez, in deinem Sand,
Wie schnell die schönen Tage schwanden,
Wo ich vor König Philipp stand
Und seinen ukermärkschen Granden.

»Er hat mir Beifall zugenickt,
Als ich gespielt den Marquis Posa;
In Versen hab' ich ihn entzückt,
Doch ihm gefiel nicht meine Prosa.«

13.

Die Tendenz

Deutscher Sänger! sing und preise
Deutsche Freiheit, daß dein Lied
Unsrer Seelen sich bemeistre
Und zu Tagen uns begeistre,
In Marseillerhymnenweise.

Girre nicht mehr wie ein Werther,
Welcher nur für Lotten glüht –
Was die Glocke hat geschlagen
Sollst du deinem Volke sagen,
Rede Dolche, rede Schwerter!

Sei nicht mehr die weiche Flöte,
Das idyllische Gemüt –
Sei des Vaterlands Posaune,
Sei Kanone, sei Kartaune,
Blase, schmett're, donn're, töte!

Blase, schmett're, donn're täglich,
Bis der letzte Dränger flieht –

Singe nur in dieser Richtung,
Aber halte deine Dichtung
Nur so allgemein als möglich.

14.

Das Kind

Den Frommen schenkt's der Herr im Traum,
Weißt nicht wie dir geschah!
Du kriegst ein Kind und merkst es kaum,
Jungfrau Germania.

Es windet sich ein Bübelein
Von deiner Nabelschnur;
Es wird ein hübscher Schütze sein,
Als wie der Gott Amur.

Trifft einst in höchster Luft den Aar,
Und flög' er noch so stolz,
Den doppelköpfigen sogar
Erreicht sein guter Bolz.

Doch nicht wie jener blinde Heid',
Nicht wie der Liebesgott,
Soll er sich ohne Hos' und Kleid
Zeigen als Sanscülott.

Bei uns zu Land die Witterung,
Moral und Polizei
Gebieten streng, daß alt und jung
Leiblich bekleidet sei.

15.

Verheißung

Nicht mehr barfuß sollst du traben,
Deutsche Freiheit, durch die Sümpfe,
Endlich kommst du auf die Strümpfe,
Und auch Stiefeln sollst du haben!

Auf dem Haupte sollst du tragen
Eine warme Pudelmütze,
Daß sie dir die Ohren schütze
In den kalten Wintertagen.

Du bekommst sogar zu essen –
Eine große Zukunft naht dir! –
Laß dich nur vom welschen Satyr
Nicht verlocken zu Exzessen!

Werde nur nicht dreist und dreister!
Setz' nicht den Respekt beiseiten,
Vor den hohen Obrigkeiten
Und dem Herren Bürgermeister!

16.

Der Wechselbalg

Ein Kind mit großem Kürbiskopf,
Hellblondem Schnurrbart, greisem Zopf,
Mit spinnig langen, doch starken Ärmchen,
Mit Riesenmagen, doch kurzen Gedärmchen –
Ein Wechselbalg, den ein Korporal,
Anstatt des Säuglings, den er stahl,

Heimlich gelegt in unsre Wiege, –
Die Mißgeburt, die mit der Lüge,
Mit seinem geliebten Windspiel vielleicht,
Der alte Sodomiter gezeugt, –
Nicht brauch' ich das Ungetüm zu nennen –
Ihr sollt es ersäufen oder verbrennen!

17.

Der Kaiser von China

Mein Vater war ein trockner Taps,
Ein nüchterner Duckmäuser,
Ich aber trinke meinen Schnaps
Und bin ein großer Kaiser.

Das ist ein Zaubertrank! Ich hab's
Entdeckt in meinem Gemüte:
Sobald ich getrunken meinen Schnaps,
Steht China ganz in Blüte.

Das Reich der Mitte verwandelt sich dann
In einen Blumenanger,
Ich selber werde fast ein Mann
Und meine Frau wird schwanger.

Allüberall ist Überfluß
Und es gesunden die Kranken;
Mein Hofweltweiser Confusius
Bekömmt die klarsten Gedanken.

Der Pumpernickel des Soldats
Wird Mandelkuchen – O Freude!

Und alle Lumpen meines Staats
Spazieren in Samt und Seide.

Die Mandarinenritterschaft,
Die invaliden Köpfe,
Gewinnen wieder Jugendkraft
Und schütteln ihre Zöpfe.

Die große Pagode, Symbol und Hort
Des Glaubens, ist fertig geworden;
Die letzten Juden taufen sich dort
Und kriegen den Drachenorden.

Es schwindet der Geist der Revolution
Und es rufen die edelsten Mandschu:
Wir wollen keine Konstitution,
Wir wollen den Stock, den Kantschu!

Wohl haben die Schüler Äskulaps
Das Trinken mir widerraten,
Ich aber trinke meinen Schnaps
Zum Besten meiner Staaten.

Und noch einen Schnaps, und noch einen Schnaps!
Das schmeckt wie lauter Manna!
Mein Volk ist glücklich, hat's auch den Raps
Und jubelt: Hosianna!

18.

Kirchenrat Prometheus

Ritter Paulus, edler Räuber,
Mit gerunzelt düstren Stirnen

Schau'n die Götter auf dich nieder,
Dich bedroht das höchste Zürnen,

Ob dem Raube, ob dem Diebstahl,
Den du im Olymp begangen –
Fürchte des Prometheus Schicksal,
Wenn dich Jovis Häscher fangen!

Freilich jener stahl noch Schlimm'res,
Stahl das Licht, die Flammenkräfte,
Um die Menschheit zu erleuchten –
Du, du stahlest Schellings Hefte,

Just das Gegenteil des Lichtes,
Finsternis, die man betastet,
Die man greifen kann wie jene,
Die Ägypten einst belastet.

19.

An den Nachtwächter
(Bei späterer Gelegenheit)

Verschlechtert sich nicht dein Herz und dein Stil,
So magst du treiben jedwedes Spiel;
Mein Freund, ich werde dich nie verkennen,
Und sollt' ich dich auch Herr Hofrat nennen.

Sie machen jetzt ein großes Geschrei,
Von wegen deiner Verhofräterei,
Vom Seinestrand bis an der Elbe
Hört' ich seit Monden immer dasselbe:

Die Fortschrittsbeine hätten sich
In Rückschrittsbeine verwandelt – O, sprich,

Reitest du wirklich auf schwäbischen Krebsen?
Äugelst du wirklich mit fürstlichen Kebsen?

Vielleicht bist du müde und sehnst dich nach Schlaf.
Du hast die Nacht hindurch so brav
Geblasen, jetzt hängst du das Horn an den Nagel:
Mag tuten wer will für den deutschen Janhagel!

Du legst dich zu Bette und schließest zu
Die Augen, doch läßt man dich nicht in Ruh.
Vor deinem Fenster spotten die Schreier:
»Brutus, du schläfst? Wach' auf, Befreier!«

Ach! so ein Schreier weiß nicht warum
Der beste Nachtwächter wird endlich stumm,
Es ahndet nicht so ein junger Maulheld,
Warum der Mensch am End' das Maul hält.

Du fragst mich, wie es uns hier ergeht?
Hier ist es still, kein Windchen weht,
Die Wetterfahnen sind sehr verlegen,
Sie wissen nicht wohin sich bewegen ...

20.

Zur Beruhigung

Wir schlafen ganz wie Brutus schlief –
Doch jener erwachte und bohrte tief
In Cäsars Brust das kalte Messer;
Die Römer waren Tyrannenfresser.

Wir sind keine Römer, wir rauchen Tabak.
Ein jedes Volk hat seinen Geschmack,

Ein jedes Volk hat seine Größe;
In Schwaben kocht man die besten Klöße.

Wir sind Germanen, gemütlich und brav,
Wir schlafen gesunden Pflanzenschlaf,
Und wenn wir erwachen pflegt uns zu dürsten,
Doch nicht nach dem Blute unserer Fürsten.

Wir sind so treu wie Eichenholz,
Auch Lindenholz, drauf sind wir stolz;
Im Land der Eichen und der Linden
Wird niemals sich ein Brutus finden.

Und wenn auch ein Brutus unter uns wär',
Den Cäsar fänd' er nimmermehr,
Vergeblich würd' er den Cäsar suchen;
Wir haben gute Pfefferkuchen.

Wir haben sechsunddreißig Herr'n,
(Ist nicht zu viel!) und einen Stern
Trägt jeder schützend auf seinem Herzen,
Und er braucht nicht zu fürchten die Iden des Märzen.

Wir nennen sie Väter, und Vaterland
Benennen wir dasjenige Land,
Das erbeigentümlich gehört den Fürsten;
Wir lieben auch Sauerkraut mit Würsten.

Wenn unser Vater spazieren geht,
Ziehn wir den Hut mit Pietät;
Deutschland, die fromme Kinderstube,
ist keine römische Mördergrube.

21.

Verkehrte Welt

Das ist ja die verkehrte Welt,
Wir gehen auf den Köpfen!
Die Jäger werden dutzendweis'
Erschossen von den Schnepfen.

Die Kälber braten jetzt den Koch,
Auf Menschen reiten die Gäule;
Für Lehrfreiheit und Rechte des Lichts
Kämpft die katholische Eule.

Der Hering wird ein Sanskülott,
Die Wahrheit sagt uns Bettine,
Und ein gestiefelter Kater bringt
Den Sophokles auf die Bühne.

Ein Affe läßt ein Pantheon
Erbauen für deutsche Helden.
Der Maßmann hat sich jüngst gekämmt,
Wie deutsche Blätter melden.

Germanische Bären glauben nicht mehr
Und werden Atheisten;
Jedoch die französischen Papagei'n,
Die werden gute Christen.

Im ukermärkschen Moniteur
Da hat man's am tollsten getrieben:
Ein Toter hat dem Lebenden dort
Die schnödeste Grabschrift geschrieben

Laßt uns nicht schwimmen gegen den Strom
Ihr Brüder! Es hilft uns wenig!
Laßt uns besteigen den Templower Berg
Und rufen: es lebe der König!

22.

Erleuchtung

Michel! fallen dir die Schuppen
Von den Augen? Merkst du itzt,
Daß man dir die besten Suppen
Vor dem Maule wegstibitzt?

Als Ersatz ward dir versprochen
Reinverklärte Himmelsfreud
Droben, wo die Engel kochen
Ohne Fleisch die Seligkeit!

Michel! wird dein Glaube schwächer
Oder stärker dein App'tit?
Du ergreifst den Lebensbecher
Und du singst ein Heidenlied!

Michel! fürchte nichts und labe
Schon hienieden deinen Wanst,
Später liegen wir im Grabe,
Wo du still verdauen kannst.

23.

Wartet nur

Weil ich so ganz vorzüglich blitze,
Glaubt ihr, daß ich nicht donnern könnt'!
Ihr irrt euch sehr, denn ich besitze
Gleichfalls fürs Donnern ein Talent.

Es wird sich grausenhaft bewähren,
Wenn einst erscheint der rechte Tag;
Dann sollt ihr meine Stimme hören,
Das Donnerwort, den Wetterschlag.

Gar manche Eiche wird zersplittern
An jenem Tag der wilde Sturm,
Gar mancher Palast wird erzittern
Und stürzen mancher Kirchenturm!

24.

Nachtgedanken

Denk' ich an Deutschland in der Nacht,
Dann bin ich um den Schlaf gebracht,
Ich kann nicht mehr die Augen schließen,
Und meine heißen Tränen fließen.

Die Jahre kommen und vergehn!
Seit ich die Mutter nicht gesehn
Zwölf Jahre sind schon hingegangen;
Es wächst mein Sehnen und Verlangen.

Mein Sehnen und Verlangen wächst.
Die alte Frau hat mich behext,
Ich denke immer an die alte,
Die alte Frau, die Gott erhalte!

Die alte Frau hat mich so lieb,
und in den Briefen, die sie schrieb,
Seh' ich wie ihre Hand gezittert,
Wie tief das Mutterherz erschüttert.

Die Mutter liegt mir stets im Sinn.
Zwölf lange Jahre flossen hin,
Zwölf lange Jahre sind verflossen,
Seit ich sie nicht ans Herz geschlossen.

Deutschland hat ewigen Bestand,
Es ist ein kerngesundes Land,
Mit seinen Eichen, seinen Linden,
Werd' ich es immer wiederfinden.

Nach Deutschland lechzt' ich nicht so sehr,
Wenn nicht die Mutter dorten wär';
Das Vaterland wird nie verderben,
Jedoch die alte Frau kann sterben.

Seit ich das Land verlassen hab'
So viele sanken dort ins Grab,
Die ich geliebt – wenn ich sie zähle,
So will verbluten meine Seele.

Und zählen muß ich – Mit der Zahl
Schwillt immer höher meine Qual,
Mir ist als wälzten sich die Leichen
Auf meine Brust – Gottlob! sie weichen!

Gottlob! durch meine Fenster bricht
Französisch heitres Tageslicht;
Es kommt mein Weib, schön wie der Morgen,
Und lächelt fort die deutschen Sorgen.

Atta Troll

Ein Sommernachtstraum

Motto:
Aus dem schimmernden weißen Zelte hervor
Tritt der schlachtgerüstete fürstliche Mohr;
So tritt aus schimmernder Wolken Tor
Der Mond, der verfinsterte, dunkle, hervor.
(»Der Mohrenfürst«, von Ferd. Freiligrath.)

Vorrede

Der »*Atta Troll*« entstand im Spätherbste 1841 und ward fragmentarisch abgedruckt in der »Eleganten Welt«, als mein Freund Heinrich Laube wieder die Redaktion derselben übernommen hatte. Inhalt und Zuschnitt des Gedichtes mußten den zahmen Bedürfnissen jener Zeitschrift entsprechen; ich schrieb vorläufig nur die Kapitel, die gedruckt werden konnten, und auch diese erlitten manche Variante. Ich hegte die Absicht in späterer Vervollständigung das Ganze herauszugeben, aber es blieb immer bei dem lobenswerten Vorsatze, und wie allen großen Werken der Deutschen, wie dem Kölner Dome, dem Schellingschen Gotte, der preußischen Konstitution usw., ging es auch dem »Atta Troll« – er ward nicht fertig. In solcher unfertigen Gestalt, leidlich aufgestutzt und nur äußerlich geründet, übergebe ich ihn heute dem Publiko, einem Drange gehorchend, der wahrlich nicht von innen kommt.

Der »Atta Troll« entstand, wie gesagt, im Spätherbste 1841, zu einer Zeit, als die große Emeute, wo die verschiedenfarbigsten Feinde sich gegen mich zusammengerottet, noch nicht ganz ausgelärmt hatte. Es war eine sehr große Emeute, und ich hätte nie geglaubt, daß Deutschland so viele faule Äpfel hervorbringt, wie mir damals an den Kopf flogen! Unser Vaterland ist ein gesegnetes Land; es wachsen hier freilich keine Zitronen und keine Goldorangen, auch krüppelt sich der Lorbeer nur mühsam fort auf deutschem Boden, aber faule Äpfel gedeihen bei uns in erfreulichster Fülle, und alle unsere großen Dichter wußten davon ein Lied zu singen. Bei jener Emeute, wo ich Krone und Kopf verlieren sollte, verlor ich keins von beiden, und die absurden Anschuldigungen, womit man den Pöbel gegen mich aufhetzte, sind seitdem, ohne daß ich mich zu einer Widerrede herabzulassen brauchte, aufs kläglichste verschollen. Die Zeit übernahm meine Rechtfertigung und auch die respektiven deutschen Regierungen, ich muß es dankbar anerkennen, haben sich in dieser Beziehung verdient um mich gemacht. Die Verhaftsbefehle, die von der deutschen Grenze an, auf jeder Station die Heimkehr des Dichters mit Sehnsucht erwarten, werden gehörig renoviert, jedes Jahr, um die heilige Weihnachtszeit, wenn an den Christbäumen die gemütlichen Lämpchen funkeln. Wegen solcher Unsicherheit der Wege, wird mir das Reisen in den deutschen Gauen schier verleidet, ich feiere deshalb meine Weihnachten in der Fremde, und werde auch in der Fremde, im Exil, meine Tage beschließen. Die wackern Kämpen für Licht und Wahrheit, die mich der Wankelmütigkeit und des Knechtsinns beschuldigten, gehen unterdessen im Vaterlande sehr sicher umher, als wohlbestallte Staatsdiener, oder als Würdeträger einer Gilde, oder als Stammgäste eines Klubs, wo sie sich des Abends patriotisch erquicken am Rebensafte des Vater Rhein und an meerumschlungenen schleswig-holsteinischen Austern.

Ich habe oben mit besonderer Absicht angedeutet, in welcher Periode der »Atta Troll« entstanden ist. Damals blühte die sogenannte politische Dichtkunst. Die Opposition, wie Ruge sagt, verkaufte ihr Leder und ward Poesie. Die Musen bekamen die strenge Weisung, sich hinfüro nicht mehr müßig und leichtfertig umherzutreiben, sondern in vaterländischen Dienst zu treten, etwa als Marketenderinnen der Freiheit oder als Wäscherinnen der christlich-germanischen Nationalität. Es erhub sich im deutschen Bardenhain ganz besonders jener vage, unfruchtbare Pathos, jener nutzlose Enthusiasmusdunst, der sich mit Todesverachtung in einen Ozean von Allgemeinheiten stürzte, und mich immer an den amerikanischen Matrosen erinnerte, welcher für den General Jackson so überschwenglich begeistert war, daß er einst von der Spitze eines Mastbaums ins Meer hinabsprang, indem er ausrief: »Ich sterbe für den General Jackson!« Ja, obgleich wir Deutschen noch keine Flotte besaßen, so hatten wir doch schon viele begeisterte Matrosen, die für den General Jackson starben, in Versen und in Prosa. Das

Talent war damals eine sehr mißliche Begabung, denn es brachte in den Verdacht der Charakterlosigkeit. Die scheelsüchtige Impotenz hatte endlich, nach tausendjährigem Nachgrübeln, ihre große Waffe gefunden, gegen die Übermüten des Genius; sie fand nämlich die Antithese von Talent und Charakter. Es war fast persönlich schmeichelhaft für die große Menge, wenn sie behaupten hörte: die braven Leute seien freilich in der Regel sehr schlechte Musikanten, dafür jedoch seien die guten Musikanten gewöhnlich nichts weniger als brave Leute, die Bravheit aber sei in der Welt die Hauptsache, nicht die Musik. Der leere Kopf pochte jetzt mit Fug auf sein volles Herz, und die Gesinnung war Trumpf. Ich erinnere mich eines damaligen Schriftstellers, der es sich als ein besonderes Verdienst anrechnete, daß er nicht schreiben könne; für seinen hölzernen Stil bekam er einen silbernen Ehrenbecher.

Bei den ewigen Göttern! damals galt es die unveräußerlichen Rechte des Geistes zu vertreten, zumal in der Poesie. Wie eine solche Vertretung das große Geschäft meines Lebens war, so habe ich sie am allerwenigsten im vorliegenden Gedicht außer Augen gelassen, und sowohl Tonart als Stoff desselben war ein Protest gegen die Plebiscita der Tagestribünen. Und in der Tat, schon die ersten Fragmente, die vom »Atta Troll« gedruckt wurden, erregten die Galle meiner Charakterhelden, meiner Römer, die mich nicht bloß der literarischen, sondern auch der gesellschaftlichen Reaktion, ja sogar der Verhöhnung heiligster Menschheitsideen beschuldigten. Was den ästhetischen Wert meines Poems betrifft, so gab ich ihn gern preis, wie ich es auch heute noch tue; ich schrieb dasselbe zu meiner eignen Lust und Freude, in der grillenhaften Traumweise jener romantischen Schule, wo ich meine angenehmsten Jugendjahre verlebt, und zuletzt den Schulmeister geprügelt habe. In dieser Beziehung ist mein Gedicht vielleicht verwerflich. Aber du lügst, Brutus, du lügst, Cassius, und auch du lügst, Asinius, wenn ihr behauptet, mein Spott träfe jene Ideen, die eine kostbare Errun

genschaft der Menschheit sind und für die ich selber so viel ge-
stritten und gelitten habe. Nein, eben weil dem Dichter jene
Ideen in herrlichster Klarheit und Größe beständig vorschwe-
ben, ergreift ihn desto unwiderstehlicher die Lachlust, wenn er
sieht, wie roh, plump und täppisch von der beschränkten Zeit-
genossenschaft jene Ideen aufgefaßt werden können. Er scherzt
dann gleichsam über ihre temporelle Bärenhaut. Es gibt Spiegel, welche so verschoben geschliffen sind, daß selbst ein Apollo sich darin als eine Karikatur abspiegeln muß und uns zum
Lachen reizt. Wir lachen aber alsdann nur über das Zerrbild,
nicht über den Gott.

Noch ein Wort. Bedarf es einer besondern Verwahrung, daß
die Parodie eines Freiligrathschen Gedichtes, welche aus dem
»Atta Troll« manchmal mutwillig hervorkichert, und gleichsam seine komische Unterlage bildet, keineswegs eine Miß-
würdigung des Dichters bezweckt? Ich schätze denselben
hoch, zumal jetzt, und ich zähle ihn zu den bedeutendsten
Dichtern, die seit der Juliusrevolution in Deutschland aufgetre-
ten sind. Seine erste Gedichtesammlung kam mir sehr spät zu
Gesicht, nämlich eben zur Zeit als der »Atta Troll« entstand.
Es mochte wohl an meiner damaligen Stimmung liegen, daß
namentlich der »Mohrenfürst« so belustigend auf mich wirkte.
Diese Produktion wird übrigens als die gelungenste gerühmt.
Für Leser, welche diese Produktion gar nicht kennen – und es
mag deren wohl in China und Japan geben, sogar am Niger,
und am Senegal – für diese bemerke ich, daß der Mohrenkönig,
der zu Anfang des Gedichtes aus seinem weißen Zelte, wie eine
Mondfinsternis, hervortritt, auch eine schwarze Geliebte be-
sitzt, über deren dunkles Antlitz die weißen Straußenfedern
nicken. Aber kriegsmutig verläßt er sie, er zieht in die Neger-
schlacht, wo da rasselt die Trommel mit Schädeln behangen –
ach, er findet dort sein schwarzes Waterloo und wird von den
Siegern an die Weißen verkauft. Diese schleppen den edlen
Afrikaner nach Europa, und hier finden wir ihn wieder im

Dienste einer herumziehenden Reutergesellschaft, die ihm, bei ihren Kunstvorstellungen, die türkische Trommel anvertaut hat. Da steht er nun, finster und ernsthaft, am Eingange der Reitbahn und trommelt, doch während des Trommelns denkt er an seine ehemalige Größe, er denkt daran, daß er einst ein absoluter Monarch war, am fernen, fernen Niger, und daß er gejagt den Löwen, den Tiger –

> »Sein Auge war naß; mit dumpfem Klang
> Schlug er das Fell, daß es rasselnd zersprang.«

Geschrieben zu Paris im Dezember 1846.

Heinrich Heine.

Kaput I.

Rings umragt von dunklen Bergen
Die sich trotzig übergipfeln,
Und von wilden Wasserstürzen
Eingelullet, wie ein Traumbild,

Liegt im Tal das elegante
Cauterets. Die weißen Häuschen
Mit Balkonen; schöne Damen
Stehn darauf und lachen herzlich.

Herzlich lachend schau'n sie nieder
Auf den wimmelnd bunten Markplatz,
Wo da tanzen Bär und Bärin
Bei des Dudelsackes Klängen.

Atta Troll und seine Gattin,
Die geheißen schwarze Mumma,
Sind die Tänzer, und es jubeln
Vor Bewund'rung die Baskesen.

Steif und ernsthaft, mit Grandezza,
Tanzt der edle Atta Troll,
Doch der zott'gen Ehehälfte
Fehlt die Würde, fehlt der Anstand.

Ja, es will mich schier bedünken,
Daß sie manchmal cancaniere
Und gemütlos frechen Steißwurfs
An die Grand'-Chaumière erinn're.

Auch der wackre Bärenführer,
Der sie an der Kette leitet,

Scheint die Immoralität
Ihres Tanzes zu bemerken.

Und er langt ihr manchmal über
Ein'ge Hiebe mit der Peitsche,
Und die schwarze Mumma heult dann
Daß die Berge widerhallen.

Dieser Bärenführer trägt
Sechs Madonnen auf dem Spitzhut,
Die sein Haupt vor Feindeskugeln
Oder Läufen schützen sollen.

Über seine Schulter hängt
Eine bunte Altardecke,
Die als Mantel sich gebärdet;
Drunter lauscht Pistol und Messer.

War ein Mönch in seiner Jugend,
Später ward er Räuberhauptmann,
Beides zu verein'gen nahm er
Endlich Dienste bei Don Carlos.

Als Don Carlos fliehen mußte
Mit der ganzen Tafelrunde,
Und die meisten Paladine
Nach honettem Handwerk griffen –

(Herr Schnapphanski wurde Autor) –
Da ward unser Glaubensritter
Bärenführer, zog durchs Land
Mit dem Atta Troll und Mumma.

Und er läßt die beiden tanzen
Vor dem Volke, auf den Märkten; –
Auf dem Mark von Cauterets
Tanzt gefesselt Atta Troll!

Atta Troll, der einst gehauset,
Wie ein stolzer Fürst der Wildnis,
Auf den freien Bergeshöhen,
Tanzt im Tal vor Menschenpöbel!

Und sogar für schnödes Geld
Muß er tanzen, er, der weiland,
In des Schreckens Majestät
Sich so welterhaben fühlte!

Denkt er seiner Jugendtage,
Der verlornen Waldesherrschaft,
Dann erbrummen dunkle Laute
Aus der Seele Atta Trolls;

Finster schaut er wie ein schwarzer
Freiligrathscher Mohrenfürst,
Und wie dieser schlecht getrommelt,
Also tanzt er schlecht vor Ingrimm.

Doch statt Mitgefühl erregt er
Nur Gelächter. Selbst Juliette
Lacht herunter vom Balkone
Ob den Sprüngen der Verzweiflung. – –

Juliette hat im Busen
Kein Gemüt, sie ist Französin,
Lebt nach außen; doch ihr Äuß'res
Ist entzückend, ist bezaubernd.

Ihre Blicke sind ein süßes
Strahlennetz, in dessen Maschen
Unser Herz, gleich einem Fischlein,
Sich verfängt und zärtlich zappelt.

Kaput II.

Daß ein schwarzer Freiligrathscher
Mohrenfürst sehnsüchtig lospaukt
Auf das Fell der großen Trommel,
Bis es prasselnd laut entzweispringt:

Das ist wahrhaft trommelrührend
Und auch trommelfellerschütternd –
Aber denkt euch einen Bären,
Der sich von der Kette losreißt!

Die Musik und das Gelächter
Sie verstummen, und mit Angstgeschrei
Stürzt vom Markte fort das Volk,
Und die Damen sie erbleichen.

Ja, von seiner Sklavenfessel
Hat sich plötzlich losgerissen
Atta Troll. Mit wilden Sprüngen
Durch die engen Straßen rennend –

(Jeder macht ihm höflich Platz) –
Klettert er hinauf die Felsen,
Schaut hinunter, wie verhöhnend,
Und verschwindet im Gebirge.

Auf dem leeren Marktplatz bleiben
Ganz allein die schwarze Mumma

Und der Bärenführer. Rasend
Schmeißt er seinen Hut zur Erde,

Trampelt drauf, er tritt mit Füßen
Die Madonnen! reißt die Decke
Sich vom scheußlich nackten Leib,
Flucht und jammert über Undank,

Über schwarzen Bärenundank!
Denn er habe Atta Troll
Stets wie einen Freund behandelt
Und im Tanzen unterrichtet.

Alles hab' er ihm zu danken,
Selbst das Leben! Bot man doch
Ihm vergebens hundert Taler
Für die Haut des Atta Troll!

Auf die arme schwarze Mumma,
Die, ein Bild des stummen Grames.
Flehend, auf den Hintertatzen,
Vor dem Hocherzürnten stehn blieb,

Fällt des Hocherzürnten Wut
Endlich doppelt schwer, er schlägt sie,
Nennt sie Königin Christine,
Auch Frau Munoz und Putana. – –

Das geschah an einem schönen,
Warmen Sommernachmittage,
Und die Nacht, die jenem Tage
Lieblich folgte war süperbe.

Ich verbrachte fast die Hälfte
Jener Nacht auf dem Balkone,
Neben mir stand Juliette
Und betrachtete die Sterne.

Seufzend sprach sie: »Ach, die Sterne
Sind am schönsten in Paris,
Wenn sie dort, des Winterabends,
In dem Straßenkot sich spiegeln.«

Kaput III.

Traum der Sommernacht! Phantastisch
Zwecklos ist mein Lied. Ja, zwecklos
Wie die Liebe, wie das Leben,
Wie der Schöpfer samt der Schöpfung!

Nur der eignen Lust gehorchend,
Galoppierend oder fliegend,
Tummelt sich im Fabelreiche
Mein geliebter Pegasus.

Ist kein nützlich tugendhafter
Karrengaul des Bürgertums,
Noch ein Schlachtpferd der Parteiwut,
Das pathetisch stampft und wiehert!

Goldbeschlagen sind die Hufen
Meines weißen Flügelrößleins,
Perlenschnüre sind die Zügel,
Und ich lass' sie lustig schießen.

Trage mich wohin du willst!
Über lustig steilen Bergpfad,

Wo Kaskaden angstvoll kreischend
Vor des Unsinns Abgrund warnen!

Trage mich durch stille Täler,
Wo die Eichen ernsthaft ragen
Und den Wurzelknorrn entrieselt
Uralt süßer Sagenquell!

Laß mich trinken dort und nässen
Meine Augen – ach, ich lechze
Nach dem lichten Wunderwasser,
Welches sehend macht und wissend.

Jede Blindheit weicht! Mein Blick
Dringt bis in die tiefste Steinkluft,
In die Höhle Atta Trolls –
Ich verstehe seine Reden!

Sonderbar! wie wohlbekannt
Dünkt mir diese Bärensprache!
Hab' ich nicht in teurer Heimat
Früh vernommen diese Laute?

Kaput IV.

Ronceval, du edles Tal!
Wenn ich deinen Namen höre,
Bebt und duftet mir im Herzen
Die verscholl'ne blaue Blume!

Glänzend steigt empor die Traumwelt,
Die jahrtausendlich versunken,
Und die großen Geisteraugen
Schau'n mich an, daß ich erschrecke!

Und es klirrt und tost! Es kämpfen
Sarazen und Frankenritter;
Wie verzweifelnd, wie verblutend
Klingen Rolands Waldhornrüfe!

In dem Tal von Ronceval,
Unfern von der Rolandsscharte –
So geheißen, weil der Held,
Um sich einen Weg zu bahnen,

Mit dem guten Schwert Duranda
Also todesgrimming einhieb
In die Felswand, daß die Spuren
Bis auf heut'gem Tage sichtbar –

Dort in einer düstren Steinschlucht,
Die umwachsen von dem Buschwerk
Wilder Tannen, tief verborgen,
Liegt die Höhle Atta Trolls.

Dort, im Schoße der Familie,
Ruht er aus von den Strapazen
Seiner Flucht und von der Mühsal
Seiner Völkerschau und Weltfahrt.

Süßes Wiedersehn! Die Jungen
Fand er in der teuren Höhle,
Wo er sie gezeugt mit Mumma;
Söhne vier und Töchter zwei.

Wohlgeleckte Bärenjungfrau'n
Blond von Haar, wie Pred'gerstöchter;
Braun die Buben, nur der jüngste
Mit dem einz'gen Ohr ist schwarz.

Dieser jüngste war das Herzblatt
Seiner Mutter, die ihm spielend
Abgebissen einst ein Ohr;
Und sie fraß es auf vor Liebe.

Ist ein genialer Jüngling,
Für Gymnastik sehr begabt,
Und er schlägt die Purzelbäume
Wie der Turnkunstmeister Maßmann.

Blüte autochthoner Bildung,
Liebt er nur die Muttersprache,
Lernte nimmer den Jargon
Des Hellenen und des Römlings.

Frisch und frei und fromm und fröhlich,
Ist verhaßt ihm alle Seife,
Luxus des modernen Waschens,
Wie dem Turnkunstmeister Maßmann.

Am genialsten ist der Jüngling,
Wenn er klettert auf dem Baume,
Der, entlang der steilsten Felswand
Aus der tiefen Schlucht emporsteigt.

Und hinaufragt bis zur Koppe,
Wo des Nachts die ganz Sippschaft
Sich versammelt um den Vater,
Kosend in der Abendkühle.

Gern erzählt alsdann der Alte,
Was er in der Welt erlebte,
Wie er Menschen viel' und Städte
Einst gesehn, auch viel erduldet,

Gleich dem edlen Laertiaden,
Diesem nur darin unähnlich,
Daß die Gattin mit ihm reiste,
Seine schwarze Penelope.

Auch erzählt dann Atta Troll
Von dem kolossalen Beifall,
Den er einst durch seine Tanzkunst
Eingeerntet bei den Menschen.

Er versichert, jung und alt
Habe jubelnd ihn bewundert,
Wenn er tanzte auf den Märkten,
Bei der Sackpfeif' süßen Tönen.

Und die Damen ganz besonders,
Diese zarten Kennerinnen,
Hätten rasend applaudiert
Und ihm huldreich zugeäugelt.

O, der Künstlereitelkeiten!
Schmunzelnd denkt der alte Tanzbär
An die Zeit wo sein Talent
Vor dem Publico sich zeigte.

Übermannt von Selbstbegeist'rung,
Will er durch die Tat bekunden,
Daß er nicht ein armer Prahlhans,
Daß er wirklich groß als Tänzer –

Und vom Boden springt er plötzlich,
Stellt sich auf die Hintertatzen,
Und wie ehmals tanzt er wieder
Seinen Leibtanz, die Gavotte.

Stumm, mit aufgesperrten Schnauzen,
Schauen zu die Bärenjungen,
Wie der Vater hin und her springt
Wunderbar im Mondenscheine.

Kaput V.

In der Höhle, bei den Steinen,
Liegt gemütskrank auf dem Rücken
Atta Troll, nachdenklich saugt er
An den Tatzen, saugt und brummt:

»Mumma, Mumma, schwarze Perle,
Die ich in dem Meer des Lebens
Aufgefischt, im Meer des Lebens
Hab' ich wieder dich verloren!

Werd' ich nie dich wiedersehen,
Oder nur jenseits des Grabes,
Wo von Erdenzotteln frei
Sich verkläret deine Seele?

Ach! vorher möcht' ich noch einmal
Lecken an der holden Schnauze,
Meiner Mumma, die so süße,
Wie mit Honigseim bestrichen!

Möchte auch noch einmal schnüffeln
Den Geruch, der eigentümlich
Meiner teuren schwarzen Mumma,
Und wie Rosenduft so lieblich!

Aber ach! die Mumma schmachtet
In den Fesseln jener Brut,

Die den Namen Menschen führet,
Und sich Herr'n der Schöpfung dünkelt.

Tod und Hölle! Diese Menschen,
Diese Erzaristokraten,
Schau'n auf das gesamte Tierreich
Frech und adelstolz herunter,

Rauben Weiber uns und Kinder,
Fesseln uns, mißhandeln, töten
Uns sogar, um zu verschachern
Unsre Haut und unsern Leichnam!

Und sie glauben sich berechtigt
Solche Untat auszuüben
Ganz besonders gegen Bären,
Und sie nennen's Menschenrechte!

Menschenrechte! Menschenrechte!
Wer hat euch damit belehnt?
Nimmer tat es die Natur,
Diese ist nicht unnatürlich.

Menschenrechte! Wer gab euch
Diese Privilegien?
Wahrlich nimmer die Vernunft,
Die ist nicht so unvernünftig!

Menschen, seid ihr etwa besser
Als wir andre, weil gesotten
Und gebraten eure Speisen?
Wir verzehren roh die unsern,

Doch das Resultat am Ende
Ist dasselbe – nein, es adelt
Nicht die Atzung; der ist edel,
Welcher edel fühlt und handelt.

Menschen, seid ihr etwa besser,
Weil ihr Wissenschaft und Künste
Mit Erfolg betreibt? Wir andre
Sind nicht auf den Kopf gefallen.

Gibt es nicht gelehrte Hunde?
Und auch Pferde, welche rechnen
Wie Kommerzienräte? Trommeln
Nicht die Hasen ganz vorzüglich?

Hat sich nicht in Hydrostatik
Mancher Biber ausgezeichnet?
Und verdankt man nicht den Störchen
Die Erfindung der Klistiere?

Schreiben Esel nicht Kritiken?
Spielen Affen nicht Komödie?
Gibt es eine größ're Mimin
Als Batavia, die Meerkatz?

Singen nicht die Nachtigallen?
Ist der Freiligrath kein Dichter?
Wer besäng' den Löwen besser
Als sein Landsmann das Kamel?

In der Tanzkunst hab' ich selber
Es so weit gebracht wie Raumer
In der Schreibkunst – schreibt er besser
Als ich tanze, ich der Bär?

Menschen, warum sei ihr besser
Als wir andre? Aufrecht tragt ihr
Zwar das Haupt, jedoch im Haupte
Kriechen niedrig die Gedanken.

Menschen, seid ihr etwa besser
Als wir andre, weil eu'r Fell
Glatt und gleißend? Diesen Vorzug
Müßt ihr mit den Schlangen teilen.

Menschenvolk, zweibein'ge Schlangen,
Ich begreife wohl, warum ihr
Hosen tragt! Mit fremder Wolle
Deckt ihr eure Schlangennacktheit.

Kinder! hütet euch vor jenen
Unbehaarten Mißgeschöpfen!
Meine Töchter! Traut nur keinem
Untier, welches Hosen trägt!«

Weiter will ich nicht berichten,
Wie der Bär in seinem frechen
Gleichheitsschwindel räsonierte
Auf das menschliche Geschlecht.

Denn am Ende bin ich selber
Auch ein Mensch, und wiederholen
Will ich nimmer die Sottisen
Die am Ende sehr beleid'gend.

»Ja, ich bin ein Mensch, bin besser
Als die andern Säugetiere;
Die Intressen der Geburt
Werd' ich nimmermehr verleugnen.

Und im Kampf mit andern Bestien
Werd' ich immer treulich kämpfen
Für die Menschheit, für die heil'gen
Angebor'nen Menschenrechte.

Kaput VI.

Doch es ist vielleicht ersprießlich
Für den Menschen, der den höhern
Viehstand bildet, daß er wisse
Was da unten räsoniert wird.

Ja, da unten in den düstern
Jammersphären der Gesellschaft,
In den niedern Tierweltschichten,
Brütet Elend, Stolz und Groll.

Was naturgeschichtlich immer
Also auch gewohnheitsrechtlich,
Seit Jahrtausenden bestanden,
Wird negiert mit frecher Schnauze.

Von den Alten wird den Jungen
Eingebrummt die böse Irrlehr',
Die auf Erden die Kultur
Und Humanität bedroht.

»Kinder!« – grommelt Atta Troll,
Und er wälzt sich hin und her
Auf dem teppichlosen Lager –
»Kinder uns gehört die Zukunft!

Dächte jeder Bär, und dächten
Alle Tiere so wie ich,

Mit vereinten Kräften würden
Wir bekämpfen die Tyrannen.

Es verbände sich der Eber
Mit dem Roß, der Elefant
Schlänge brüderlich den Rüssel
Um das Horn des wackern Ochsen;

Bär und Wolf, von jeder Farbe,
Bock und Affe, selbst der Haie,
Wirkten ein'ge Zeit gemeinsam,
Und der Sieg könnt' uns nicht fehlen.

Einheit, Einheit ist das erste
Zeitbedürfnis. Einzeln wurden
Wir geknechtet, doch verbunden
Übertölpeln wir die Zwingherrn.

Einheit, Einheit! und wir siegen
Und es stürzt das Regiment
Schnöden Monopols! Wir stiften
Ein gerechtes Animalreich.

Grundgesetz sei volle Gleichheit
Aller Gotteskreaturen,
Ohne Unterschied des Glaubens
Und des Fells und des Geruches.

Strenge Gleichheit! Jeder Esel
Sei befugt zum höchsten Staatsamt,
Und der Löwe soll dagegen
Mit dem Sack zur Mühle traben.

Was den Hund betrifft, so ist er
Freilich ein serviler Köter,

Weil Jahrtausende hindurch
Ihn der Mensch wie'n Hund behandelt;

Doch in unserm Freistaat geben
Wir ihm wieder seine alten
Unveräußerlichen Rechte,
Und er wird sich bald veredeln.

Ja, sogar die Juden sollen
Volles Bürgerrecht genießen,
Und gesetzlich gleichgestellt sein
Allen andern Säugetieren.

Nur das Tanzen auf den Märkten
Sei den Juden nicht gestattet;
Dies Amendement, ich mach' es
Im Intresse meiner Kunst.

Denn der Sinn für Stil, für strenge
Plastik der Bewegung, fehlt
Jener Rasse, sie verdürben
Den Geschmack des Publikums.«

Kaput VII.

Düster in der düstern Höhle,
Hockt im trauten Kreis der Seinen
Atta Troll, der Menschenfeind,
Und er brummt und fletscht die Zähne:

»Menschen, schnippische Canaillen!
Lächelt nur! Von eurem Lächeln
Wie von eurem Joch wird endlich
Uns der große Tag erlösen!

Mich verletzte stets am meisten
Jenes sauersüße Zucken
Um das Maul – ganz unerträglich
Wirkt auf mich dies Menschenlächeln!

Wenn ich in dem weißen Antlitz
Das fatale Zucken schaute
Drehten sich herum entrüstet
Mir im Bauche die Gedärme.

Weit impertinenter noch,
Als durch Worte, offenbart sich
Durch das Lächeln eines Menschen
Seiner Seele tiefste Frechheit.

Immer lächeln sie! Sogar
Wo der Anstand einen tiefen
Ernst erfordert, in der Liebe
Feierlichstem Augenblick!

Immer lächeln sie! Sie lächeln
Selbst im Tanzen. Sie entweihen
Solchermaßen diese Kunst
Die ein Kultus bleiben sollte.

Ja, der Tanz, in alten Zeiten,
War ein frommer Akt des Glaubens;
Um den Altar drehte heilig
Sich der priesterliche Reigen.

Also vor der Bundeslade
Tanzte weiland König David;
Tanzen war ein Gottesdienst,
War ein Beten mit den Beinen!

Also hab' auch ich den Tanz
Einst begriffen, wenn ich tanzte
Auf den Märkten vor dem Volk,
Das mir großen Beifall zollte.

Dieser Beifall, ich gesteh' es,
Tat mir manchmal wohl im Herzen;
Denn Bewund'rung selbst dem Feinde
Abzutrotzen, das ist süß!

Aber selbst im Enthusiasmus
Lächeln sie. Ohnmächtig ist
Selbst die Tanzkunst, sie zu bessern,
Und sie bleiben stets frivol.«

Kaput VIII.

Mancher tugendhafte Bürger
Duftet schlecht auf Erden, während
Fürstenknechte mit Lavendel
Oder Ambra parfümiert sind.

Jungfräuliche Seelen gibt es,
Die nach grüner Seife riechen,
Und das Laster hat zuweilen
Sich mit Rosenöl gewaschen.

Darum rümpfe nicht die Nase,
Teurer Leser, wenn die Höhle
Atta Trolls dich nicht erinnert
An Arabiens Spezerei'n.

Weile mit mir in dem Dunstkreis,
In dem trüben Mißgeruche

Wo der Held zu seinem Sohne
Wie aus einer Wolke spricht:

»Kind, mein Kind, du meiner Lenden
Jüngster Sprößling, leg' dein Einohr
An die Schnauze des Erzeugers
Und saug' ein mein ernstes Wort!

Hüte dich vor Menschendenkart,
Sie verdirbt dir Leib und Seele;
Unter allen Menschen gibt es
Keinen ordentlichen Menschen.

Selbst die Deutschen, einst die Bessern,
Selbst die Söhne Tuiskions,
Unsre Vettern aus der Urzeit,
Diese gleichfalls sind entartet.

Sind jetzt glaubenlos und gottlos,
Pred'gen gar den Atheismus –
Kind, mein Kind, nimm dich in acht
Vor dem Feuerbach und Bauer!

Werde nur kein Atheist,
So ein Unbär ohne Ehrfurcht
Vor dem Schöpfer – ja, ein Schöpfer
Hat erschaffen dieses Weltall!

In der Höhe, Sonn' und Mond,
Auch die Sterne, (die geschwänzten
Gleichfalls wie die ungeschwänzten)
Sind der Abglanz seiner Allmacht.

In der Tiefe, Land und Meer,
Sind das Echo seines Ruhmes,
Und jedwede Kreatur
Preiset seine Herrlichkeiten.

Selbst das kleinste Silberläuschen,
Das im Bart des greisen Pilgers
Teilnimmt an der Erdenwallfahrt,
Singt des Ew'gen Lobgesang!

Droben in dem Sternenzelte,
Auf dem goldnen Herrscherstuhle,
Weltregierend, majestätisch,
Sitzt ein kolossaler Eisbär.

Fleckenlos und schneeweiß glänzend
Ist sein Pelz; es schmückt sein Haupt
Eine Kron' von Diamanten,
Die durch alle Himmel leuchtet.

In dem Antlitz Harmonie
Und des Denkens stumme Taten;
Mit dem Zepter winkt er nur
Und die Sphären klingen, singen.

Ihm zu Füßen sitzen fromm
Bärenheil'ge, die auf Erden
Still geduldet, in den Tatzen
Ihres Märtyrertumes Palmen.

Manchmal springt der eine auf,
Auch der andre, wie vom heil'gen
Geist geweckt, und sieh! da tanzen
Sie den feierlichen Hochtanz –

Hochtanz, wo der Strahl der Gnade
Das Talent entbehrlich machte,
Und vor Seeligkeit die Seele
Aus der Haut zu springen sucht!

Werde ich unwürd'ger Troll
Einstens solchen Heils teilhaftig?
Und aus irdisch niedrer Trübsal
Übergehn ins Reich der Wonne?

Werd' ich selber, himmelstrunken,
Droben in dem Sternenzelte,
Mit der Glorie, mit der Palme,
Tanzen vor dem Thron des Herrn?«

Kaput IX.

Wie die scharlachrote Zunge,
Die ein schwarzer Freiligräth'scher
Mohrenfürst verhöhnend grimmig
Aus dem düstern Maul hervorstreckt:

Also tritt der Mond aus dunkelm
Wolkenhimmel. Fernher brausen
Wasserstürze, ewig schlaflos
Und verdrießlich in der Nacht.

Atta Troll steht auf der Koppe
Seines Lieblingsfelsens, einsam,
Einsam, und er heult hinunter
In den Nachtwind, in den Abgrund:

»Ja, ich bin ein Bär, ich bin es
Bin es, den ihr Zottelbär,

Brummbär, Isegrim und Petz
Und Gott weiß, wie sonst noch nennet.

Ja, ich bin ein Bär, ich bin es,
Bin die ungeschlachte Bestie,
Bin das plumpe Trampeltier,
Eures Hohnes, eures Lächelns!

Bin die Zielscheib' eures Witzes,
Bin das Ungetüm, womit
Ihr die Kinder schreckt des Abends,
Die unart'gen Menschenkinder.

Bin das rohe Spottgebilde
Eurer Ammenmärchen, bin es,
Und ich ruf' es laut hinunter
In die schnöde Menschenwelt.

Hört es, hört, ich bin ein Bär,
Nimmer schäm' ich mich des Ursprungs
Und bin stolz darauf, als stammt' ich
Ab von Moses Mendelssohn!«

Kaput X.

Zwo Gestalten, wild und mürrisch,
Und auf allen vieren rutschend,
Brechen Bahn sich durch den dunklen
Tannengrund, um Mitternacht.

Das ist Atta Troll, der Vater,
Und sein Söhnchen, Junker Einohr.
Wo der Wald sich dämmernd lichtet,
Bei dem Blutstein, stehn sie stille.

»Dieser Stein« – brummt Atta Troll –
»Ist der Altar, wo Druiden
In der Zeit des Aberglaubens
Menschenopfer abgeschlachtet.

O, der schauderhaften Greuel!
Denk' ich dran, sträubt sich das Haar
Auf dem Rücken mir – Zur Ehre
Gottes wurde Blut vergossen!

Jetzt sind freilich aufgeklärter
Diese Menschen, und sie töten
Nicht einander mehr aus Eifer
Für die himmlischen Intressen; –

Nein, nicht mehr der fromme Wahn,
Nicht die Schwärmerei, nicht Tollheit,
Sondern Eigennutz und Selbstsucht
Treibt sie jetzt zu Mord und Totschlag.

Nach den Gütern dieser Erde
Greifen alle um die Wette,
Und das ist ein ew'ges Raufen,
Und ein jeder stiehlt für sich!

Ja, das Erbe der Gesamtheit
Wird dem Einzelnen zur Beute,
Und von Rechten des Besitzes
Spricht er dann, von Eigentum!

Eigentum! Recht des Besitzes!
O, des Diebstahls! O, der Lüge!
Solch Gemisch von List und Unsinn
Konnte nur der Mensch erfinden.

Keine Eigentümer schuf
Die Natur, denn taschenlos,
Ohne Taschen in den Pelzen,
Kommen wir zur Welt, wir alle.

Keinem von uns allen wurden
Angeboren solche Säckchen
In dem äußern Leibesfelle,
Um den Diebstahl zu verbergen.

Nur der Mensch, das glatte Wesen,
Das mit fremder Wolle künstlich
Sich bekleidet, wußt' auch künstlich
Sich mit Taschen zu versorgen.

Eine Tasche! Unnatürlich
Ist sie wie das Eigentum,
Wie die Rechte des Besitzes –
Taschendiebe sind die Menschen!

Glühend haß' ich sie! Vererben
Will ich dir, mein Sohn, den Haß.
Hier auf diesem Altar sollst du
Ew'gen Haß den Menschen schwören!

Sei der Todfeind jener argen
Unterdrücker, unversöhnlich,
Bis ans Ende deiner Tage, –
Schwör' es, schwör' es hier, mein Sohn!«

Und der Jüngling schwur, wie eh'mals
Hannibal. Der Mond beschien
Gräßlich gelb den alten Blutstein
Und die beiden Misanthropen. – –

Später wollen wir berichten
Wie der Jungbär treu geblieben
Seinem Eidschwur; unsre Leier
Feiert ihn im nächsten Epos.

Was den Atta anbetrifft,
So verlassen wir ihn gleichfalls,
Doch um später ihn zu treffen,
Desto sichrer, mit der Kugel.

Deine Untersuchungsakten,
Hochverräter an der Menschheit
Majestät! sind jetzt geschlossen;
Morgen wird auf dich gefahndet.

Kaput XI.

Wie verschlaf'ne Bajaderen
Schau'n die Berge, stehen fröstelnd
In den weißen Nebelhemden,
Die der Morgenwind bewegt.

Doch sie werden bald ermuntert
Von dem Sonnengott, er streift
Ihnen ab die letzte Hülle
Und bestrahlt die nackte Schönheit!

In der Morgenfrühe war ich
Mit Laskaro ausgezogen
Auf die Bärenjagd. Um Mittag
Kamen wir zum Pont d'Espagne.

So geheißen ist die Brücke,
Die aus Frankreich führt nach Spanien,

331

Nach dem Land der Westbarbaren,
Die um tausend Jahr' zurück sind.

Sind zurück um tausend Jahre
In moderner Weltgesittung –
Meine eignen Ostbarbaren
Sind es nur um ein Jahrhundert.

Zögernd, fast verzagt, verließ ich
Den geweihten Boden Frankreichs,
Dieses Vaterlands der Freiheit
Und der Frauen, die ich liebe.

Mitten auf dem Pont d'Espagne
Saß ein armer Spanier. Elend
Lauschte aus des Mantels Löchern,
Elend lauschte aus den Augen.

Eine alte Mandoline
Kneipte er mit magern Fingern;
Schriller Mißlaut, der verhöhnend
Aus den Klüften widerhallte.

Manchmal beugt' er sich hinunter
Nach dem Abgrund und er lachte,
Klimperte nachher noch toller
Und er sang dabei die Worte:

»Mitten drin in meinem Herzen
Steht ein kleines güldnes Tischchen,
Um das kleine güldne Tischchen
Stehn vier kleine güldne Stühlchen.

Auf den güldnen Stühlchen sitzen
Kleine Dämchen, güldne Pfeile
Im Chignon; sie spielen Karten,
Aber Klara nur gewinnt.

Sie gewinnt und lächelt schalkhaft,
Ach! in meinem Herzen, Klara,
Wirst du jedesmal gewinnen,
Denn du hast ja alle Trümpfe.« –

Weiter wandernd, zu mir selber
Sprach ich: Sonderbar, der Wahnsinn
Sitzt und singt auf jener Brücke,
Die aus Frankreich führt nach Spanien.

Ist der tolle Bursch' das Sinnbild
Vom Ideentausch der Länder?
Oder ist er seines Volkes
Sinnverrücktes Titelblatt?

Gegen Abend erst erreichten
Wir die klägliche Posada,
Wo die Ollea Potrida
Dampfte in der schmutz'gen Schüssel.

Dorten aß ich auch Garbanzos,
Groß und schwer wie Flintenkugeln,
Unverdaulich selbst dem Deutschen,
Der mit Klößen aufgewachsen.

Und ein Seitenstück der Küche
War das Bett. Ganz mit Insekten
Wie gepfeffert. – Ach! die Wanzen
Sind des Menschen schlimmste Feinde.

Schlimmer als der Zorn von tausend
Elefanten ist die Feindschaft
Einer einz'gen kleinen Wanze,
Die auf deinem Lager kriecht.

Mußt dich ruhig beißen lassen –
Das ist schlimm – Noch schlimmer ist es,
Wenn du sie zerdrückst: der Mißduft
Quält dich dann die ganz Nacht.

Ja, das Schrecklichst auf Erden
Ist der Kampf mit Ungeziefer,
Dem Gestank als Waffe dient –
Das Duell mit einer Wanze!

Kaput XII.

Wie sie schwärmen, die Poeten,
Selbst sie zahmen! und sie singen
Und sie sagen: die Natur
Sei ein großer Tempel Gottes;

Sei ein Tempel, dessen Prächte
Von dem Ruhm des Schöpfers zeugten,
Sonne, Mond und Sterne hingen
Dort als Lampen in der Kuppel.

Immerhin, ihr guten Leute!
Doch gesteht, in diesem Tempel
Sind die Treppen unbequem –
Niederträchtig schlechte Treppen!

Dieses Ab- und Niedersteigen,
Bergaufklimmen und das Springen

Über Blöcke, es ermüdet
Meine Seel' und meine Beine.

Neben mir schritt der Laskaro,
Blaß und lang, wie eine Kerze;
Niemals spricht er, niemals lacht er,
Er, der tote Sohn der Hexe.

Ja, es heißt, er sei ein Toter,
Längst verstorben, doch der Mutter,
Der Uraka, Zauberkünste
Hielten scheinbar ihn am Leben. –

Die verwünschten Tempeltreppen!
Daß ich stolpernd in den Abgrund
Nicht den Hals gebrochen mehrmals,
Ist mir heut noch unbegreiflich.

Wie die Wasserstürze kreischten!
Wie der Wind die Tannen peitschte,
Daß sie heulten! Plötzlich platzten
Auch die Wolken – schlechtes Wetter!

In der kleinen Fischerhütte,
An dem Lac de Gobe fanden
Wir ein Obdach und Forellen;
Diese aber schmeckten köstlich.

In dem Polsterstuhle lehnte,
Krank und grau, der alte Fährmann.
Seine beiden schönen Nichten,
Gleich zwei Engeln, pflegten seiner.

Dicke Engel, etwas flämisch,
Wie entsprungen aus dem Rahmen
Eines Rubens: goldne Locken,
Kerngesunde, klare Augen.

Grübchen in Zinnoberwangen,
Drin die Schalkheit heimlich kichert,
Und die Glieder stark und üppig,
Lust und Furcht zugleich erregend.

Hübsche, herzliche Geschöpfe,
Die sich köstlich disputierten:
Welcher Trank dem siechen Oheim
Wohl am besten munden würde?

Reicht die eine ihm die Schale
Mit gekochten Lindenblüten,
Dringt die andre auf ihn ein
Mit Holunderblumen-Aufguß.

»Keins von beiden will ich saufen« –
Rief der Alte ungeduldig –
»Holt mir Wein, daß ich den Gästen
Einen bessern Trunk kredenze!«

Ob es wirklich Wein gewesen,
Was ich trank am Lac de Gobe,
Weiß ich nicht. In Braunschweig hätt' ich
Wohl geglaubt, es wäre Mumme.

Von dem besten schwarzen Bocksfell
War der Schlauch; er stank vorzüglich.
Doch der Alte trank so freudig,
Und er ward gesund und heiter.

Er erzählte uns die Taten
Der Banditen und der Schmuggler,
Die da hausen, frei und frank,
In den Pyrenäenwäldern.

Auch von älteren Geschichten
Wußt' er viele, unter andern
Auch die Kämpfe der Giganten
Mit den Bären in der Vorzeit.

Ja, die Riesen und die Bären
Stritten weiland um die Herrschaft
Dieser Berge, dieser Täler,
Eh' die Menschen eingewandert.

Bei der Menschen Ankunft flohen
Aus dem Lande fort die Riesen,
Wie verblüfft; denn wenig Hirn
Steckt in solchen großen Köpfen.

Auch behauptet man: die Tölpel,
Als sie an das Meer gelangten
Und gesehn, wie sich der Himmel
In der blauen Flut gespiegelt,

Hätten sie geglaubt, das Meer
Sei der Himmel, und sie stürzten
Sich hinein mit Gottvertrauen;
Seien sämtlich dort ersoffen.

Was die Bären anbeträfe,
So vertilge jetzt der Mensch
Sie allmählich, jährlich schwände
Ihre Zahl in dem Gebirge.

»So macht einer« – sprach der Alte –
»Platz dem andern auf der Erde.
Nach dem Untergang der Menschen
Kommt die Herrschaft an die Zwerge,

An die winzig klugen Leutchen,
Die im Schoß der Berge hausen,
In des Reichtums goldnen Schachten,
Emsig klaubend, emsig sammelnd.

Wie sie lauern aus den Löchern,
Mit den pfiffig kleinen Köpfchen,
Sah ich selber oft im Mondschein,
Und mir graute vor der Zukunft!

Vor der Geldmacht jener Knirpse!
Ach, ich fürchte, unsre Enkel
Werden sich wie dumme Riesen
In den Wasserhimmel flüchten!«

Kaput XIII.

In dem schwarzen Felsenkessel
Ruht der See, das tiefe Wasser.
Melancholisch bleiche Sterne
Schau'n vom Himmel. Nacht und Stille.

Nacht und Stille. Ruderschläge.
Wie ein plätscherndes Geheimnis
Schwimmt der Kahn. Des Fährmanns Rolle
Übernahmen seine Nichten.

Rudern flink und froh. Im Dunkeln
Leuchten manchmal ihre stämmig

Nackten Arme, sternbeglänzt,
Und die großen blauen Augen.

Mir zur Seite sitzt Laskaro,
Wie gewöhnlich blaß und schweigsam.
Mich durchschauert der Gedanke:
Ist er wirklich nur ein Toter?

Bin ich etwa selbst gestorben,
Und ich schiffe jetzt hinunter,
Mit gespenstischen Gefährten,
In das kalte Reich der Schatten?

Dieser See, ist er des Styxes
Düstre Flut? Läßt Proserpine,
In Ermangelung des Charon,
Mich durch ihre Zofen holen?

Nein, ich bin noch nicht gestorben
Und erloschen – in der Seele
Glüht mir noch und jauchzt und lodert
Die lebend'ge Lebensflamme.

Diese Mädchen, die das Ruder
Lustig schwingen und auch manchmal
Mit dem Wasser, das herabträuft,
Mich bespritzen, lachend, schäkernd –

Diese frischen, drallen Dirnen
Sind fürwahr nicht geisterhafte
Kammerkatzen aus der Hölle,
Nicht die Zofen Proserpinens!

Daß ich ganz mich überzeuge
Ihrer Oberweltlichkeit,
Und der eignen Lebensfülle
Auch tatsächlich mich versichre,

Drückt' ich hastig meine Lippen
Auf die roten Wangengrübchen,
Und ich machte den Vernunftschluß:
Ja, ich küsse, also leb' ich!

Angelangt ans Ufer, küßt' ich
Noch einmal die guten Mädchen;
Nur in dieser Münze ließen
Sie das Fährgeld sich bezahlen.

Kaput XIV.

Aus dem sonn'gen Goldgrund lachen
Violette Bergeshöhen,
Und am Abhang klebt ein Dörfchen,
Wie ein keckes Vogelnest.

Als ich dort hinaufklomm, fand ich
Daß die Alten ausgeflogen
Und zurückgeblieben nur
Junge Brut, die noch nicht flügge.

Hübsche Bübchen, kleine Mädchen,
Fast vermummt in scharlachroten
Oder weißen wollnen Kappen;
Spielten Brautfahrt, auf dem Marktplatz.

Ließen sich im Spiel nicht stören,
Und ich sah, wie der verliebte

Mäuseprinz pathetisch kniete
Vor der Katzenkaiserstochter.

Armer Prinz! Er wird vermählt
Mit der Schönen. Mürrisch zankt sie,
Und sie beißt ihn, und sie frißt ihn;
Tote Maus, das Spiel ist aus.

Fast den ganzen Tag verweilt' ich
Bei den Kindern, und wir schwatzten
Sehr vertraut. Sie wollten wissen,
Wer ich sei und was ich triebe?

Lieben Freunde, – sprach ich – Deutschland
heißt das Land, wo ich geboren;
Bären gibt es dort in Menge,
Und ich wurde Bärenjäger.

Manchem zog ich dort das Fell
Über seine Bärenohren.
Wohl mitunter ward ich selber
Stark gezaust von Bärentatzen.

Doch mit schlechtgeleckten Tölpeln
Täglich mich herumzubalgen
In der teuren Heimat, dessen
Ward ich endlich überdrüssig.

Und ich bin hierhergekommen
Beßres Weidwerk aufzusuchen;
Meine Kraft will ich versuchen
An dem großen Atta Troll.

Dieser ist ein edler Gegner,
Meiner würdig. Ach! in Deutschland
hab' ich manchen Kampf bestanden,
Wo ich mich des Sieges schämte. – –

Als ich Abschied nahm, da tanzten
Um mich her die kleinen Wesen
Eine Ronde und sie sangen:
»Girofflino, Girofflette!«

Keck und zierlich trat zuletzt
Vor mir hin die Allerjüngste,
Knixte zweimal, dreimal, viermal,
Und sie sang mit feiner Stimme:

»Wenn der König mir begegnet,
Mach' ich ihm zwei Reverenzen,
Und begegnet mir die Kön'gin,
Mach' ich Reverenzen drei.

Aber kommt mir gar der Teufel
In den Weg mit seinen Hörnern,
Knix' ich zweimal, dreimal, viermal –
Girofflino, Girofflette!«

»Girofflino, Girofflette!«
Wiederholt' das Chor, und neckend
Wirbelte um meine Beine
Sich der Ringeltanz und Singsang.

Während ich ins Tal hinabstieg,
Scholl mir nach, verhallend lieblich,
Immerfort, wie Vogelzwitschern:
»Girofflino, Girofflette!«

Kaput XV.

Riesenhafte Felsenblöcke,
Mißgestaltet und verzerrt,
Schau'n mich an gleich Ungetümen,
Die versteinert, aus der Urzeit.

Seltsam! Graue Wolken schweben
Drüber hin, wie Doppelgänger;
Sind ein blödes Konterfei
Jener wilden Steinfiguren.

In der Ferne rast der Sturzbach,
Und der Wind heult in den Föhren;
Ein Geräusch, das unerbittlich
Und fatal wie die Verzweiflung.

Schauerliche Einsamkeiten!
Schwarze Dohlenscharen sitzen
Auf verwittert morschen Tannen,
Flattern mit den lahmen Flügeln.

Neben mir geht der Laskaro,
Blaß und schweigsam, und ich selber
Mag wohl wie der Wahnsinn aussehn,
Den der leid'ge Tod begleitet.

Eine häßlich wüste Gegend.
Liegt darauf ein Fluch? Ich glaube
Blut zu sehen an den Wurzeln
Jenes Baums, der ganz verkrüppelt.

Er beschattet eine Hütte,
Die verschämt sich in der Erde

Halb versteckt; wie furchtsam flehend
Schaut dich an das arme Strohdach.

Die Bewohner dieser Hütte
Sind Cagoten, Überbleibsel
Eines Stamms, der tief im Dunkeln
Sein zertret'nes Dasein fristet.

In den Herzen der Baskesen
Würmelt heute noch der Abscheu
Vor Cagoten. Düstres Erbteil
Aus der düstern Glaubenszeit.

In dem Dome zu Bagnères
Lauscht ein enges Gitterpförtchen;
Dieses, sagte mir der Küster,
War die Türe der Cagoten.

Streng versagt war ihnen eh'mals
Jeder andre Kircheneingang,
Und sie kamen wie verstohlen
In das Gotteshaus geschlichen.

Dort auf einem niedern Schemel
Saß der Cagot, einsam betend
Und gesondert, wie verpestet,
Von der übrigen Gemeinde. –

Aber die geweihten Kerzen
Des Jahrhunderts flackern lustig,
Und das Licht verscheucht die bösen
Mittelalterlichen Schatten! –

Stehn bleib draußen der Laskaro,
Während ich in des Cagoten
Niedre Hütte trat. Ich reichte
Freundlich meine Hand dem Bruder.

Und ich küßte auch sein Kind,
Das, am Busen seines Weibes
Angeklammert, gierig saugte;
Einer kranken Spinne glich es.

Kaput XVI.

Schaust du diese Bergesgipfel
Aus der Fern', so strahlen sie,
Wie geschmückt mit Gold und Purpur,
Fürstlich stolz im Sonnenglanze.

Aber in der Nähe schwindet
Diese Pracht, und wie bei andern
Irdischen Erhabenheiten
Täuschten dich die Lichteffekte.

Was dir Gold und Purpur dünkte,
Ach, das ist nur eitel Schnee,
Eitel Schnee, der blöd und kläglich
In der Einsamkeit sich langweilt.

Oben in der Nähe hört' ich
Wie der arme Schnee geknistert,
Und den fühllos kalten Winden
All' sein weißes Elend klagte.

»O, wie langsam« – seufzt' er – »schleichen
In der Öde hier die Stunden!

Diese Stunden ohne Ende,
Wie gefror'ne Ewigkeiten!

O, ich armer Schnee! O, wär' ich,
Statt auf diese Bergeshöhen,
Wär' ich doch ins Tal gefallen,
In das Tal, wo Blumen blühen!

Hingeschmolzen wär' ich dann
Als ein Bächlein, und des Dorfes
Schönstes Mädchen wüsche lächelnd
Ihr Gesicht mit meiner Welle.

Ja, ich wär' vielleicht geschwommen
Bis ins Meer, wo ich zur Perle
Werden konnte, um am Ende
Eine Königskron' zu zieren!«

Als ich diese Reden hörte,
Sprach ich: »Liebster Schnee, ich zweifle,
Daß im Tale solch ein glänzend
Schicksal dich erwartet hätte.

Tröste dich. Nur wen'ge unten
Werden Perlen, und du fielest
Dort vielleicht in eine Pfütze,
Und ein Dreck wärst du geworden!«

Während ich in solcher Weise
Mit dem Schnee Gespräche führte,
Fiel ein Schuß, und aus den Lüften
Stürzt herab ein brauner Geier.

Späßchen war's von dem Laskaro,
Jägerspäßchen. Doch sein Antlitz

346

Blieb wie immer starr und ernsthaft.
Nur der Lauf der Flinte rauchte.

Eine Feder riß er schweigend
Aus dem Steiß des Vogels, steckte
Sie auf seinen spitzen Filzhut,
Und er schritt des Weges weiter.

Schier unheimlich war der Anblick,
Wie sein Schatten mit der Feder
Auf dem weißen Schnee der Koppen,
Schwarz und lang, sich hinbewegte.

Kaput XVII.

Ist ein Tal gleich einer Gasse,
Geisterhohlweg ist der Name;
Schroffe Felsen ragen schwindlicht
Hoch empor zu jeder Seite.

Dort, am schaurig steilsten Abhang,
Lugt ins Tal, wie eine Warte,
Der Uraka keckes Häuslein;
Dorthin folgt ich dem Laskaro.

Mit der Mutter hielt er Rat,
In geheimster Zeichensprache,
Wie der Atta Troll gelockt
Und getötet werden könne.

Denn wir hatten seine Fährte
Gut erspürt. Entrinnen konnt' er
Uns nicht mehr. Gezählt sind deine
Lebenstage, Atta Troll!

Ob die Alte, die Uraka,
Wirklich eine ausgezeichnet
Große Hexe, wie die Leute
In den Pyrenä'n behaupten,

Will ich nimmermehr entscheiden.
So viel weiß ich, daß ihr Äuß'res
Sehr verdächtig. Sehr verdächtig
Triefen ihre roten Augen.

Bös und schielend ist der Blick;
Und es heißt, den armen Kühen,
Die sie anblickt, trockne plötzlich
In der Euter alle Milch.

Man versichert gar, sie habe,
Streichelnd mit den dürren Händen,
Manches fette Schwein getötet
Und sogar die stärksten Ochsen.

Solcherlei Verbrechens wurde
Sie zuweilen auch verklagt
Bei dem Friedensrichter. Aber
Dieser war ein Voltairianer,

Ein modernes, flaches Weltkind,
Ohne Tiefsinn, ohne Glauben,
Und die Kläger wurden skeptisch
Fast verhöhnend, abgewiesen.

Offiziell treibt die Uraka
Ein Geschäft, das sehr honett;
Denn sie handelt mit Bergkräutern
Und mit ausgestopften Vögeln.

Voll von solchen Naturalien
War die Hütte. Schrecklich rochen
Bilsenkraut und Kuckucksblumen,
Pissewurz und Totenflieder.

Eine Kollektion von Geiern
War vortrefflich aufgestellt,
Mit den ausgestreckten Flügeln
Und den ungeheuren Schnäbeln.

War's der Duft der tollen Pflanzen,
Der betäubend mir zu Kopf stieg?
Wundersam ward mir zu Mute
Bei dem Anblick dieser Vögel.

Sind vielleicht verwünschte Menschen,
Die durch Zauberkunst in diesem
Unglücksel'gen, ausgestopften
Vogelzustand sich befinden.

Sehn mich an so starr and leidend,
Und zugleich so ungeduldig;
Manchmal scheinen sie auch scheu
Nach der Hexe hinzuschielen.

Diese aber, die Uraka,
Kauert neben ihrem Sohne,
Dem Laskaro, am Kamine.
Kochen Blei und gießen Kugeln.

Gießen jene Schicksalskugel,
Die den Atta Troll getötet.
Wie die Flammen hastig zuckten
Über das Gesicht der Hexe!

Sie bewegt die dünnen Lippen
Unaufhörlich, aber lautlos.
Murmelt sie den Drudensegen,
Daß der Kugelguß gedeihe?

Manchmal kichert sie und nickt sie
Ihrem Sohne. Aber dieser
Fördert sein Geschäft so ernsthaft
Und so schweigsam wie der Tod. –

Schwül bedrückt von Schauernissen,
Ging ich, freie Luft zu schöpfen,
An das Fenster, und ich schaute
Dort hinab ins weite Tal.

Was ich sah zu jener Stunde –
Zwischen Mitternacht und Eins –
Werd' ich treu und hübsch berichten
In den folgenden Kapiteln.

Kaput XVIII.

Und es war die Zeit des Vollmonds,
In der Nacht vor Sankt Johannis,
Wo der Spuk der wilden Jagd
Umzieht durch den Geisterhohlweg.

Aus dem Fenster von Urakas
Hexennest konnt' ich vortrefflich
Das Gespensterheer betrachten,
Wie es durch die Gasse hinzog.

Hatte einen guten Platz,
Den Spektakel anzuschauen;

Ich genoß den vollen Anblick
Grabentstiegner Totenfreude.

Peitschenknall, Hallo und Hussa!
Roßgewiehr, Gebell von Hunden!
Jagdhorntöne und Gelächter!
Wie das jauchzend widerhallte!

Lief voraus, gleichsam als Vortrab,
Abenteuerliches Hochwild,
Hirsch' und Säue, rudelweis;
Hetzend hinterdrein die Meute.

Jäger aus verschiednen Zonen
Und aus gar verschiednen Zeiten;
Neben Nimrod von Assyrien
Ritt zum Beispiel Karl der Zehnte.

Hoch auf weißen Rossen sausten
Sie dahin. Zu Fuße folgten
Die Piköre mit der Koppel
Und die Pagen mit den Fackeln.

Mancher in dem wüsten Zuge
Schien mir wohlbekannt – Der Ritter,
Der in goldner Rüstung glänzte,
War es nicht der König Artus?

Und Herr Ogier, der Däne,
Trug er nicht den schillernd grünen
Ringenpanzer, daß er aussah
Wie ein großer Wetterfrosch?

Auch der Helden des Gedankens
Sah ich manchen in dem Zuge.
Ich erkannte unsern Wolfgang
An dem heitern Glanz der Augen –

Denn verdammt von Hengstenberg,
Kann er nicht im Grabe ruhen,
Und mit heidnischem Gelichter
Setzt er fort des Lebens Jagdlust.

An des Mundes holdem Lächeln
Hab' ich auch erkannt den William,
Den die Puritaner gleichfalls
Einst verflucht; auch dieser Sünder

Muß das wilde Heer begleiten
Nachts auf einem schwarzen Rappen.
Neben ihm, auf einem Esel,
Ritt ein Mensch – Und, heil'ger Himmel!

An der matten Betermiene,
An der frommen weißen Schlafmütz,
An der Seelenangst, erkannt' ich
Unsern alten Freund Franz Horn!

Weil er einst das Weltkind Shakespeare
Kommentiert, muß jetzt der Ärmste
Nach dem Tode mit ihm reiten
Im Tumult der wilden Jagd!

Ach, mein stiller Franz muß reiten,
Er, der kaum gewagt zu gehen,
Er, der nur im Teegeschwätze
Und im Beten sich bewegte!

Werden nicht die alten Jungfern,
Die gehätschelt seine Ruhe,
Sich entsetzen, wenn sie hören,
Daß der Franz ein wilder Jäger!

Wenn es manchmal im Galopp geht,
Schaut der große William spöttisch
Auf den armen Kommentator,
Der im Eselstrab ihm nachfolgt,

Ganz ohnmächtig, fest sich krampend
An den Sattelknopf des Grauchens,
Doch im Tode, wie im Leben,
Seinem Autor treulich folgend.

Auch der Damen sah ich viele
In dem tollen Geisterzuge,
Ganz besonders schöne Nymphen,
Schlanke, jugendliche Leiber.

Rittlings saßen sie zu Pferde,
Mythologisch splitternackt;
Doch die Haare fielen lockicht
Lang herab, wie goldne Mäntel.
Trugen Kränze auf den Häuptern,
Und mit keck zurückgebog'nen,
Übermüt'gen Posituren
Schwangen sie belaubte Stäbe.

Neben ihnen sah ich ein'ge
Zugeknöpfte Ritterfräulein,
Schräg auf Damensätteln sitzend,
Und den Falken auf der Faust.

Parodistisch hinterdrein,
Auf Schindmähren, magern Kleppern,
Ritt ein Troß von komödiantisch
Aufgeputzten Weibspersonen,

Deren Antlitz reizend lieblich,
Aber auch ein bißchen frech.
Schrie'n, wie rasend, mit den vollen
Liederlich geschminkten Backen.

Wie das jubelnd widerhallte!
Jagdhorntöne und Gelächter!
Roßgewiehr, Gebell von Hunden!
Peitschenknall, Hallo und Hussa!

Kaput XIX.

Aber als der Schönheit Kleeblatt
Ragten in des Zuges Mitten
Drei Gestalten – Nie vergess' ich
Diese holden Frauenbilder.

Leicht erkennbar war die eine
An dem Halbmond auf dem Haupte;
Stolz, wie eine reine Bildsäul',
Ritt einher die große Göttin.

Hochgeschürzte Tunika,
Brust und Hüfte halb bedeckend.
Fackellicht und Mondschein spielten
Lüstern um die weißen Glieder.

Auch das Antlitz weiß wie Marmor,
Und wie Marmor kalt. Entsetzlich

War die Starrheit und die Blässe
Dieser strengen edlen Züge.

Doch in ihrem schwarzen Auge
Loderte ein grauenhaftes
Und unheimlich süßes Feuer,
Seelenblendend und verzehrend.

Wie verändert ist Diana,
Die, im Übermut der Keuschheit,
Einst den Aktäon verhirschte
Und den Hunden preisgegeben!

Büßt sie jetzt für diese Sünde
In galantester Gesellschaft?
Wie ein spukend armes Weltkind
Fährt sie nächtlich durch die Lüfte.

Spät zwar, aber desto stärker
Ist erwacht in ihr die Wollust,
Und es brennt in ihren Augen
Wie ein wahrer Höllenbrand.

Die verlor'ne Zeit bereut sie,
Wo die Männer schöner waren,
Und die Quantität ersetzt ihr
Jetzt vielleicht die Qualität.

Neben ihr ritt eine Schöne,
Deren Züge nicht so griechisch
Streng gemessen, doch sie strahlten
Nun des Keltenstammes Anmut.

Dies war die Fee Abunde,
Die ich leicht erkennen konnte
An der Süße ihres Lächelns
Und am herzlich tollen Lachen!

Ein Gesicht, gesund und rosig,
Wie gemalt von Meister Greuze,
Mund in Herzform, stets geöffnet,
Und entzückend weiße Zähne.

Trug ein flatternd blaues Nachtkleid,
Das der Wind zu lüften suchte –
Selbst in meinen besten Träumen
Sah ich nimmer solche Schultern!

Wenig fehlte und ich sprang
Aus dem Fenster, sie zu küssen!
Dieses wär' mir schlecht bekommen,
Denn den Hals hätt' ich gebrochen.

Ach! sie hätte nur gelacht,
Wenn ich unten in dem Abgrund
Blutend fiel zu ihren Füßen –
Ach! ich kenne solches Lachen!

Und das dritte Frauenbild,
Das dein Herz so tief bewegte,
War es eine Teufelinne
Wie die andern zwo Gestalten?

Ob's ein Teufel oder Engel,
Weiß ich nicht. Genau bei Weibern
Weiß man niemals, wo der Engel
Aufhört und der Teufel anfängt.

Auf dem glutenkranken Antlitz
Lag des Morgenlandes Zauber,
Auch die Kleider mahnten kostbar
An Scheherezadens Märchen.

Sanfte Lippen, wie Grenaten,
Ein gebognes Liliennäschen,
Und die Glieder schlank und kühlig
Wie die Palme der Oase.

Lehnte hoch auf weißem Zelter,
Dessen Goldzaum von zwei Mohren
Ward geleitet, die zu Fuß
An der Fürstin Seite trabten.

Wirklich eine Fürstin war sie,
War Judäas Königin,
Des Herodes schönes Weib,
Die des Täufers Haupt begehrt hat.

Dieser Blutschuld halber ward sie
Auch vermaledeit; als Nachtspuk
Muß sie bis zum jüngsten Tage
Reiten mit der wilden Jagd.

In den Händen trägt sie immer
Jene Schüssel mit dem Haupte
Des Johannes, und sie küßt es;
Ja, sie küßt das Haupt mit Inbrunst.

Denn sie liebte einst Johannem –
In der Bibel steht es nicht,
Doch im Volke lebt die Sage
Von Herodias' blut'ger Liebe –

Anders wär' ja unerklärlich
Das Gelüste jener Dame –
Wird ein Weib das Haupt begehren
Eines Mann's, den sie nicht liebt?

War vielleicht ein bißchen böse
Auf den Liebsten, ließ ihn köpfen;
Aber als sie auf der Schüssel
Das geliebte Haupt erblickte,

Weinte sie und ward verrückt,
Und sie starb in Liebeswahnsinn.
(Liebeswahnsinn! Pleonasmus!
Liebe ist ja schon ein Wahnsinn!)

Nächtlich auferstehend trägt sie,
Wie gesagt, das blut'ge Haupt
In der Hand, auf ihrer Jagdfahrt –
Doch mit toller Weiberlaune

Schleudert sie das Haupt zuweilen
Durch die Lüfte, kindisch lachend,
Und sie fängt es sehr behende
Wieder auf, wie einen Spielball.

Als sie mir vorüberritt,
Schaute sie mich an und nickte
So kokett zugleich und schmachtend,
Daß mein tiefes Herz erbebte.

Dreimal auf und nieder wogend
Fuhr der Zug vorbei, und dreimal
Im Vorüberreiten grüßte
Mich das liebliche Gespenst.

Als der Zug bereits erblichen
Und verklungen das Getümmel,
Loderte mir im Gehirne
Immer fort der holde Gruß.

Und die ganze Nacht hindurch
Wälzte ich die müden Glieder
Auf der Streu – (denn Federbetten
Gab's nicht in Urakas Hütte) –

Und ich sann: was mag bedeuten
Das geheimnisvolle Nicken?
Warum hast du mich so zärtlich
Angesehn, Herodias?

Kaput XX.

Sonnenaufgang. Goldne Pfeile
Schießen nach den weißen Nebeln
Die sich röten, wie verwundet,
Und in Glanz und Licht zerrinnen.

Endlich ist der Sieg erfochten,
Und der Tag, der Triumphator,
Tritt, in strahlend voller Glorie,
Auf den Nacken des Gebirges.

Der Gevögel laute Sippschaft
Zwitschert in verborgnen Nestern,
Und ein Kräuterduft erhebt sich,
Wie'n Konzert von Wohlgerüchen.

In der ersten Morgenfrühe
Waren wir ins Tal gestiegen,

Und derweilen der Laskaro
Seines Bären Spur verfolgte,

Suchte ich die Zeit zu töten
Mit Gedanken. Doch das Denken
Machte mich am Ende müde
Und sogar ein bißchen traurig.

Endlich müd' und traurig sank ich
Nieder auf die weiche Moosbank,
Unter jener großen Esche,
Wo die kleine Quelle floß,

Die mit wunderlichem Plätschern
Also wunderlich betörte
Mein Gemüt, daß die Gedanken
Und das Denken mir vergingen.

Es ergriff mich wilde Sehnsucht
Wie nach Traum und Tod und Wahnsinn,
Und nach jenen Reiterinnen,
Die ich sah im Geisterheerzug.

O, ihr holden Nachtgesichte,
Die das Morgenrot verscheuchte,
Sagt, wohin seid ihr entflohen?
Sagt, wo hauset ihr am Tage?

Unter alten Tempeltrümmern,
Irgendwo in der Romagna,
(Also heißt es) birgt Diana
Sich vor Christi Tagesherrschaft.

Nur in mitternächt'gem Dunkel
Wagt sie es hervorzutreten,
Und sie freut sich dann des Weidwerks
Mit den heidnischen Gespielen.

Auch die schöne Fee Abunde
Fürchtet sich vor Nazarenern,
Und den Tag hindurch verweilt sie
In dem sichern Avalun.

Dieses Eiland liegt verborgen
Ferne, in dem stillen Meere
Der Romantik, nur erreichbar
Auf des Fabelrosses Flügeln.

Niemals ankert dort die Sorge,
Niemals landet dort ein Dampfschiff
Mit neugierigen Philistern,
Tabakspfeifen in den Mäulern.

Niemals dringt dorthin das blöde
Dumpf langweil'ge Glockenläuten,
Jene trüben Bumm-Bamm-Klänge,
Die den Feen so verhaßt.

Dort, in ungestörtem Frohsinn,
Und in ew'ger Jugend blühend,
Residiert die heitre Dame,
Unsre blonde Frau Abunde.

Lachend geht sie dort spazieren
Unter hohen Sonnenblumen,
Mit dem kosenden Gefolge
Weltentrückter Paladine.

Aber du, Herodias,
Sag', wo bist du? – Ach, ich weiß es
Du bist tot und liegst begraben
Bei der Stadt Jeruscholayim!

Starren Leichenschlaf am Tage
Schläfst du in dem Marmorsarge;
Doch um Mitternacht erweckt dich
Peitschenknall, Hallo und Hussa!

Und du folgst dem wilden Heerzug
Mit Dianen und Abunden,
Mit den heitern Jagdgenossen,
Denen Kreuz und Qual verhaßt ist!

Welche köstliche Gesellschaft!
Könnt' ich nächtlich mit euch jagen,
Durch die Wälder! Dir zur Seite
Ritt' ich stets, Herodias!

Denn ich liebe dich am meisten!
Mehr als jene Griechengöttin,
Mehr als jene Fee des Nordens,
Lieb' ich dich, du tote Jüdin!

Ja, ich liebe dich! Ich merk' es
An dem Zittern meiner Seele.
Liebe mich und sei mein Liebchen,
Schönes Weib, Herodias!

Liebe mich und sei mein Liebchen!
Schleudre fort den blut'gen Dummkopf
Samt der Schüssel, und genieße
Schmackhaft bessere Gerichte.

Bin so recht der rechte Ritter,
Den du brauchst – Mich kümmert's wenig,
Daß du tot und gar verdammt bist –
Habe keine Vorurteile –

Hapert's doch mit meiner eignen
Seligkeit, und ob ich selber
Noch dem Leben angehöre,
Daran zweifle ich zuweilen!

Nimm mich an als deinen Ritter,
Deinen Cavalier-servente;
Werde deinen Mantel tragen
Und auch alle deine Launen.

Jede Nacht, an deiner Seite,
Reit' ich mit dem wilden Heere,
Und wir kosen und wir lachen
Über meine tollen Reden.

Werde dir die Zeit verkürzen
In der Nacht – Jedoch am Tage
Schwindet jede Lust, und weinend
Sitz' ich dann auf deinem Grabe.

Ja, am Tage sitz' ich weinend
Auf dem Schutt der Königsgrüfte,
Auf dem Grabe der Geliebten,
Bei der Stadt Jeruscholayim.

Alte Juden, die vorbeigehn,
Glauben dann gewiß, ich traure
Ob dem Untergang des Tempels
Und der Stadt Jeruscholayim.

363

Kaput XXI.

Argonauten ohne Schiff,
Die zu Fuß gehn im Gebirge,
Und anstatt des goldnen Vließes
Nur ein Bärenfell erzielen –

Ach! wir sind nur arme Teufel,
Helden von modernem Zuschnitt,
Und kein klassischer Poet
Wird uns im Gesang verew'gen!

Und wir haben doch erlitten
Große Nöten! Welcher Regen
Überfiel uns auf der Koppe,
Wo kein Baum und kein Fiaker!

Wolkenbruch! (Das Bruchband platzte.)
Kübelweis stürzt' es herunter!
Jason ward gewiß auf Kolchis
Nicht durchnäßt von solchem Sturzbad.

»Einen Regenschirm! ich gebe
Sechsunddreißig Könige
Jetzt für einen Regenschirm!«
Rief ich, und das Wasser troff.

Sterbensmüde, sehr verdrießlich,
Wie begoss'ne Pudel kamen
Wir in später Nacht zurück
Nach der hohen Hexenhütte.

Dort am lichten Feuerherde
Saß Uraka und sie kämmte

Ihren großen, dicken Mops.
Diesem gab sie schnell den Laufpaß,

Um mit uns sich zu beschäft'gen.
Sie bereitete mein Lager,
Löste mir die Espardillen,
Dieses unbequeme Fußzeug,

Half mir beim Entkleiden, zog mir
Auch die Hosen aus; sie klebten
Mir am Beine, eng und treu,
Wie die Freundschaft eines Tölpels.

»Einen Schlafrock! Sechsunddreißig
Könige für einen trocknen
Schlafrock!« rief ich, und es dampfte
Mir das nasse Hemd am Leibe.

Fröstelnd, zähneklappernd stand ich
Eine Weile an dem Herde.
Wie betäubt vom Feuer sank ich
Endlich nieder auf die Streu.

Konnt' nicht schlafen. Blinzelnd schaut' ich
Nach der Hex', die am Kamin saß
Und den Oberleib des Sohnes,
Den sie ebenfalls entkleidet,

Auf dem Schoß hielt. Ihr zur Seite,
Aufrecht, stand der dicke Mops,
Und in seinen Vorderpfoten
Hielt er sehr geschickt ein Töpfchen.

Aus dem Töpfchen nahm Uraka
Rotes Fett, bestrich damit
Ihres Sohnes Brust und Rippen,
Rieb sie hastig, zitternd hastig.

Und derweil sie rieb und salbte,
Summte sie ein Wiegenliedchen,
Näselnd fein; dazwischen seltsam
Knisterten des Herdes Flammen.

Wie ein Leichnam, gelb und knöchern,
Lag der Sohn im Schoß' der Mutter;
Todestraurig, weit geöffnet
Starren seine bleichen Augen.

Ist er wirklich ein Verstorb'ner,
Dem die Mutterliebe nächtlich
Mit der stärksten Hexensalbe,
Ein verzaubert Leben einreibt? –

Wunderlicher Fieberhalbschlaf!
Wo die Glieder bleiern müde
Wie gebunden, und die Sinne
Überreizt und gräßlich wach!

Wie der Kräuterduft im Zimmer
Mich gepeinigt! Schmerzlich grübelnd
Sann ich nach, wo ich dergleichen
Schon gerochen? Sann vergebens.

Wie der Windzug im Kamine
Mich geängstigt! Klang wie Ächzen
Von getrocknet armen Seelen –
Schienen wohlbekannte Stimmen.

Doch zumeist ward ich gequält
Von den ausgestopften Vögeln,
Die, auf einem Brett, zu Häupten
Neben meinem Lager standen.

Langsam schauerlich bewegten
Sie die Flügel, und sie beugten
Sich zu mir herab, mit langen
Schnäbeln, die wie Menschennasen.

Ach! wo hab' ich solche Nasen
Schon gesehn? War es zu Hamburg
Oder Frankfurt, in der Gasse?
Qualvoll dämmernd die Erinn'rung!

Endlich übermannte gänzlich
Mich der Schlaf, und an die Stelle
Wachender Phantasmen trat
Ein gesunder, fester Traum.

Und mir träumte, daß die Hütte
Plötzlich ward zu einem Ballsaal,
Der von Säulen hochgetragen
Und erhellt von Girandolen.

Unsichtbare Musikanten
Spielten aus Robert le Diable
Die verruchten Nonnentänze;
Ging dort ganz allein spazieren.

Endlich aber öffnen sich
Weit die Pforten, und es kommen,
Langsam feierlichen Schrittes,
Gar verwunderliche Gäste.

Lauter Bären und Gespenster!
Aufrecht wandelnd, führt ein jeder
Von den Bären ein Gespenst,
Das vermummt im weißen Grabtuch.

Solcherweis gepaart, begannen
Sie zu walzen, auf und nieder,
Durch den Saal. Kurioser Anblick!
Zum Erschrecken und zum Lachen!

Denn den plumpen Bären ward es
Herzlich sauer, Schritt zu halten
Mit den weißen Luftgebilden,
Die sich wirbelnd leicht bewegten.

Unerbittlich fortgerissen
Wurden jene armen Bestien.
Und ihr Schnaufen überdröhnte
Fast den Brummbaß des Orchesters.

Manchmal walzten sich die Paare
Auf den Leib, und dem Gespenste,
Das ihn anstieß, gab der Bär
Ein'ge Tritte in den Hintern.

Manchmal auch, im Tanzgetümmel,
Riß der Bär das Leichenlaken
Von dem Haupt des Tanzgenossen;
Kam ein Totenkopf zum Vorschein.

Endlich aber jauchzten schmetternd
Die Trompeten und die Zimbeln,
Und es donnerten die Pauken,
Und es kam die Galoppade.

Diese träumt' ich nicht zu Ende –
Denn ein ungeschlachter Bär
Trat mir auf die Hühneraugen,
Daß ich aufschrie und erwachte.

Kaput XXII.

Phöbus, in der Sonnendroschke,
Peitschte seine Flammenrosse,
Und er hatte schon zur Hälfte
Seine Himmelsfahrt vollendet –

Während ich im Schlafe lag
Und von Bären und Gespenstern,
Die sich wunderlich umschlangen,
Tolle Arabesken! träumte.

Mittags war's, als ich erwachte,
Und ich fand mich ganz allein.
Meine Wirtin und Laskaro
Gingen auf die Jagd schon frühe.

In der Hütte blieb zurück
Nur der Mops. Am Feuerherde
Stand er aufrecht vor dem Kessel,
In den Pfoten einen Löffel.

Schien vortrefflich abgerichtet,
Wenn die Suppe überkochte,
Schnell darin herumzurühren
Und die Blasen abzuschäumen.

Aber bin ich selbst behext?
Oder lodert mir im Kopfe

Noch das Fieber? Meinen Ohren
Glaub' ich kaum – es spricht der Mops!

Ja, er spricht, und zwar gemütlich
Schwäbisch ist die Mundart; träumend,
Wie verloren in Gedanken,
Spricht er folgendergestalt:

»O, ich armer Schwabendichter!
In der Fremde muß ich traurig
Als verwünschter Mops verschmachten,
Und den Hexenkessel hüten!

Welch ein schändliches Verbrechen
Ist die Zauberei! Wie tragisch
Ist mein Schicksal: menschlich fühlen
In der Hülle eines Hundes!

Wär' ich doch daheim geblieben,
Bei den trauten Schulgenossen!
Das sind keine Hexenmeister,
Sie bezaubern keinen Menschen.

Wär' ich doch daheim geblieben,
Bei Karl Mayer, bei den süßen
Gelbveiglein des Vaterlandes.
Bei den frommen Metzelsuppen!

Heute sterb' ich fast vor Heimweh –
Sehen möcht' ich nur den Rauch,
Der emporsteigt aus dem Schornstein,
Wenn man Nudeln kocht in Stukkert!«

Als ich dies vernahm, ergriff mich
Tiefe Rührung; von dem Lager
Sprang ich auf, an das Kamin
Setzt' ich mich, und sprach mitleidig:

»Edler Sänger, wie gerietest
Du in diese Hexenhütte?
Und warum hat man so grausam
Dich in einen Hund verwandelt?«

Jener aber rief mit Freude:
»Also sind Sie kein Franzose?
Sind ein Deutscher und verstanden
Meinen stillen Monolog?

Ach, Herr Landsmann, welch ein Unglück,
Daß der Legationsrat Kölle,
Wenn wir bei Tabak und Bier
In der Kneipe diskurierten,

Immer auf den Satz zurückkam,
Man erwürbe nur durch Reisen
Jene Bildung, die er selber
Aus der Fremde mitgebracht!

Um mir nun die rohe Kruste
Von den Beinen abzulaufen,
Und wie Kölle mir die feinern
Weltmannssitten anzuschleifen:

Nahm ich Abschied von der Heimat,
Und auf meiner Bildungsreise
Kam ich nach den Pyrenäen,
Nach der Hütte der Uraka.

Bracht' ihr ein Empfehlungsschreiben
Vom Justinus Kerner; dachte
Nicht daran, daß dieser Freund
In Verbindung steht mit Hexen.

Freundlich nahm mich auf Uraka,
Doch es wuchs, zu meinem Schrecken,
Diese Freundlichkeit, ausartend
Endlich gar in Sinnenbrunst.

Ja, es flackerte die Unzucht
Scheußlich auf im welken Busen
Dieser lasterhaften Vettel,
Und sie wollte mich verführen.

Doch ich flehte: Ach, entschuld'gen
Sie, Madam! bin kein frivoler
Goetheaner, ich gehöre
Zu der Dichterschule Schwabens.

Sittlichkeit ist unsre Muse,
Und sie trägt vom dicksten Leder
Unterhosen – Ach! vergreifen
Sie sich nicht an meiner Tugend!

Andre Dichter haben Geist,
Andre Phantasie, und andre
Leidenschaft, jedoch die Tugend
Haben wir, die Schwabendichter.

Das ist unser einz'ges Gut!
Rauben Sie mir nicht den sittlich
Religiösen Bettelmantel,
Welcher meine Blöße deckt!

Also sprach ich, doch ironisch
Lächelte das Weib, und lächelnd
Nahm sie eine Mistelgerte
Und berührt' damit mein Haupt.

Ich empfand alsbald ein kaltes
Mißgefühl, als überzöge
Eine Gänsehaut die Glieder.
Doch die Haut von einer Gans

War es nicht, es war vielmehr
Eines Hundes Fell. – Seit jener
Unheilstund' bin ich verwandelt,
Wie Sie sehn, in einen Mops!«

Armer Schelm! Vor lauter Schluchzen
Konnte er nicht weiter sprechen,
Und er weinte so beträglich,
Daß er fast zerfloß in Tränen.

»Hören Sie,« sprach ich mit Wehmut,
»Kann ich etwa von dem Hundsfell
Sie befrein, und Sie der Dichtkunst
Und der Menschheit wiedergeben?«

Jener aber hub wie trostlos
Und verzweiflungsvoll die Pfoten
In die Höhe, und mit Seufzen
Und mit Stöhnen sprach er endlich:

»Bis zum jüngsten Tage bleib' ich
Eingekerkert in der Mopshaut,
Wenn nicht einer Jungfrau Großmut
Mich erlöst aus der Verwünschung.

Ja, nur eine reine Jungfrau,
Die noch keinen Mann berührt hat,
Und die folgende Bedingung
Treu erfüllt, kann mich erlösen:

Dies reine Jungfrau muß
In der Nacht von Sankt Silvester
Die Gedichte Gustav Pfizers
Lesen – ohne einzuschlafen!

Blieb sie wach bei der Lektüre,
Schloß sie nicht die keuschen Augen –
Dann bin ich entzaubert, menschlich
Atm' ich auf, ich bin entmopst!«

»Ach, in diesem Falle« – sprach ich –
»Kann ich selbst nicht unternehmen
Das Erlösungswerk; denn erstens
Bin ich keine reine Jungfrau,

Und imstande wär' ich zweitens
Noch viel wen'ger die Gedichte
Gustav Pfizer's je zu lesen,
Ohne dabei einzuschlafen.«

Kaput XXIII.

Aus dem Spuk der Hexenwirtschaft
Steigen wir ins Tal herunter;
Unsre Füße fassen wieder
Boden in dem Positiven.

Fort, Gespenster! Nachtgesichte!
Luftgebilde! Fieberträume!

Wir beschäft'gen uns vernünftig
Wieder mit dem Atta Troll.

In der Höhle, bei den Jungen
Liegt der Alte, und er schläft,
Mit dem Schnarchen des Gerechten;
Endlich wacht er gähnend auf.

Neben ihm hockt Junker Einohr,
Und er kratzt sich an dem Kopfe
Wie ein Dichter, der den Reim sucht;
Auch skandiert er an den Tatzen.

Gleichfalls an des Vaters Seite,
Liegen träumend auf dem Rücken,
Unschuldrein, vierfüß'ge Lilien,
Atta Troll's geliebte Töchter.

Welche zärtliche Gedanken
Schmachten in der Blütenseele
Dieser weißen Bärenjungfrau'n?
Tränenfeucht sind ihre Blicke.

Ganz besonders scheint die jüngste
Tiefbewegt. In ihrem Herzen
Fühlt sie schon ein sel'ges Jucken,
Ahndet sie die Macht Kupidos.

Ja, der Pfeil des kleinen Gottes
Ist ihr durch den Pelz gedrungen,
Als sie *ihn* erblickt – O Himmel,
Den sie liebt, der ist ein Mensch!

Ist ein Mensch und heißt Schnapphahnski.
Auf der großen Retirade
Kam er ihr vorbeigelaufen
Eines Morgens im Gebirge.

Heldenunglück rührt die Weiber,
Und im Antlitz unsres Helden
Lag, wie immer, der Finanznot
Blasse Wehmut, düstre Sorgen.

Seine ganze Kriegeskasse,
Zweiundzwanzig Silbergroschen,
Die er mitgebracht nach Spanien,
Ward die Beute Esparteros.

Nicht einmal die Uhr gerettet!
Blieb zurück zu Pampeluna
In dem Leihhaus. War ein Erbstück,
Kostbar und von echtem Silber.

Und er lief mit langen Beinen.
Aber, unbewußt, im Laufen,
Hat er Besseres gewonnen
Als die beste Schlacht – ein Herz!

Ja, sie liebt ihn, ihn, den Erbfeind!
O, der unglücksel'gen Bärin!
Wüßt' der Vater das Geheimnis
Ganz entsetzlich würd' er brummen.

Gleich dem alten Odoardo,
Der mit Bürgerstolz erdolchte
Die Emilia Galotti,
Würde auch der Atta Troll

Seine Tochter lieber töten,
Töten mit den eignen Tatzen,
Als erlauben, daß sie sänke
In die Arme eines Prinzen!

Doch in diesem Augenblicke
Ist er weich gestimmt, hat keine
Lust, zu brechen eine Rose
Eh' der Sturmwind sie entblättert.

Weich gestimmt, liegt Atta Troll
In der Höhle bei den Seinen.
Ihn beschleicht, wie Todesahnung,
Trübe Sehnsucht nach dem Jenseits!

»Kinder!« – seufzt er und es triefen
Plötzlich seine großen Augen –
»Kinder! meine Erdenwallfahrt
Ist vollbracht, mir müssen scheiden.

Heute mittag kam im Schlafe
Mir ein Traum, der sehr bedeutsam.
Mein Gemüt genoß das süße
Vorgefühl des bald'gen Sterbens.

Bin fürwahr nicht abergläubisch,
Bin kein Faselbär – doch gibt es
Dinge zwischen Erd' und Himmel,
Die dem Denker unerklärlich.

Über Welt und Schicksal grübelnd,
War ich gähnend eingeschlafen,
Als mir träumte, daß ich läge
Unter einem großen Baume.

Aus den Ästen dieses Baumes
Troff herunter weißer Honig,
Glitt mir just ins offne Maul,
Und ich fühlte süße Wonne.

Selig blinzelnd in die Höhe,
Sah ich in des Baumes Wipfel
Etwa sieben kleine Bärchen,
Die dort auf und nieder rutschten.

Zarte, zierliche Geschöpfe,
Deren Pelz von rosenroter
Farbe war und an den Schultern
Seidig flockte wie zwei Flüglein.

Ja, wie seidne Flüglein hatten
Diese rosenroten Bärchen,
Und mit überirdisch feinen
Flötenstimmen sangen sie!

Wie sie sangen, wurde eiskalt
Meine Haut, doch aus der Haut fuhr
Mir die Seel', gleich einer Flamme;
Strahlend stieg sie in den Himmel.«

Also sprach mit bebend weichem
Grunzton Atta Troll. Er schwieg
Eine Weile, wehmutsvoll –
Aber seine Ohren plötzlich

Spitzten sich und zuckten seltsam,
Und empor vom Lager sprang er,
Freudezitternd, freudebrüllend:
»Kinder, hört ihr diese Laute?

Ist das nicht die süße Stimme
Eurer Mutter? O, ich kenne
Das Gebrumme meiner Mumma!
Mumma! meine schwarze Mumma!«

Atta Troll, mit diesen Worten
Stürzte wie'n Verrückter fort
Aus der Höhle, ins Verderben!
Ach! er stürzte in sein Unglück!

Kaput XXIV.

In dem Tal von Ronceval,
Auf demselben Platz, wo weiland
Des Karoli Magni Neffe
Seine Seele ausgeröchelt,

Dorten fiel auch Atta Troll,
Fiel durch Hinterhalt, wie jener
Den der ritterliche Judas,
Ganelon von Mainz, verraten.

Ach! das Edelste im Bären,
Das Gefühl der Gattenliebe,
Ward ein Fallstrick, den Uraka
Listig zu benutzen wußte.

Das Gebrumm der schwarzen Mumma
Hat sie nachgeäfft so täuschend,
Daß der Atta Troll gelockt ward
Aus der sichern Bärenhöhle –

Wie auf Sehnsuchtsflügeln lief er
Durch das Tal, stand zärtlich schnopernd

Manchmal still vor einem Felsen,
Glaubt, die Mumma sei versteckt dort –

Ach! versteckt war dort Laskaro
Mit der Flinte; dieser schoß ihn
Mitten durch das frohe Herz –
Quoll hervor ein roter Blutstrom.

Mit dem Kopfe wackelt' er
Ein'gemal, doch endlich stürzt er
Stöhnend nieder, zuckte gräßlich –
»Mumma!« war sein letzter Seufzer.

Also fiel der edle Held.
Also starb er. Doch unsterblich
Nach dem Tode auferstehn
Wird er in dem Lied des Dichters.

Auferstehn wird er im Liede,
Und sein Ruhm wird kolossal
Auf vierfüßigen Trochäen
Über diese Erde stelzen.

Der ****** setzt ihm
In Walhalla einst ein Denkmal
Und darauf, im ******
Lapidarstil, auch die Inschrift:

»Atta Troll, Tendenzbär; sittlich
Religiös; als Gatte brünstig;
Durch Verführtsein von dem Zeitgeist,
Waldursprünglich Sanskülotte;

Sehr schlecht tanzend, doch Gesinnung
Tragend in der zott'gen Hochbrust;
Manchmal auch gestunken habend;
Kein Talent, doch ein Charakter!«

Kaput XXV.

Dreiunddreißig alte Weiber,
Auf dem Haupt die scharlachrote
Altbaskesische Kapuze,
Standen an des Dorfes Eingang.

Eine drunter, wie Debora,
Schlug das Tamburin und tanzte.
Und sie sang dabei ein Loblied
Auf Laskaro Bärentöter.

Vier gewalt'ge Männer trugen
Im Triumpf den toten Bären;
Aufrecht saß er in dem Sessel,
Wie ein kranker Badegast.

Hinterdrein, wie Anverwandte
Des Verstorb'nen, ging Laskaro
Mit Uraka; diese grüßte
Rechts und links, doch sehr verlegen.

Der Adjunkt des Maires hielt
Eine Rede vor dem Rathaus,
Als der Zug dorthin gelangte,
Und er sprach von vielen Dingen –

Wie z. B. von dem Aufschwung
Der Marine, von der Presse,

Von der Runkelrübenfrage,
Von der Hyder der Parteisucht.

Die Verdienste Ludwig Philipps
Reichlich auseinandersetzend,
Ging er über zu dem Bären
Und der Großtat des Laskaro.

»Du Laskaro! – rief der Redner,
Und er wischte sich den Schweiß ab
Mit der trikoloren Schärpe –
»Du Laskaro! du Laskaro!

Der du Frankreich und Hispanien
Von dem Atta Troll befreit hast,
Du bist beider Länder Held,
Pyrenäen-Lafayette!«

Als Laskaro solchermaßen
Offiziell sich rühmen hörte,
Lachte er vergnügt im Barte
Und errötete vor Freude,

Und in abgebrochnen Lauten,
Die sich seltsam überstürzten,
Hat er seinen Dank gestottert
Für die große, große Ehre!

Mit Verwund'rung blickte jeder
Auf das unerhörte Schauspiel,
Und geheimnisvoll und ängstlich
Murmelten die alten Weiber:

»Der Laskaro hat gelacht!
Der Laskaro hat errötet!
Der Laskaro hat gesprochen!
Er, der tote Sohn der Hexe!« –

Selb'gen Tags ward ausgebälgt
Atta Troll und ward versteigert
Seine Haut. Für hundert Franken
Hat ein Kürschner sie erstanden.

Wunderschön staffierte dieser,
Und verbrämte sie mit Scharlach,
Und verhandelte sie weiter
Für das Doppelte des Preises.

Erst aus dritter Hand bekam sie
Juliette, und in ihrem
Schlafgemache zu Paris
Liegt sie vor dem Bett als Fußdeck'.

O, wie oft, mit bloßen Füßen,
Stand ich nachts auf dieser irdisch
Braunen Hülle meines Helden,
Auf der Haut des Atta Troll!

Und von Wehmut tief ergriffen,
Dacht' ich dann an Schillers Worte:
Was im Lied soll ewig leben,
Muß im Leben untergehn!

Kaput XXVI.

Und die Mumma? Ach, die Mumma
Ist ein Weib! Gebrechlichkeit
Ist ihr Name! Ach, die Weiber
Sind wie Porzellan gebrechlich.

Als des Schicksals Hand sie trennte
Von dem glorreich edlen Gatten,
Starb sie nicht des Kummertodes,
Ging sie nicht in Trübsinn unter –

Nein, im Gegenteil, sie setzte
Lustig fort ihr Leben, tanzte
Nach wie vor, beim Publiko
Buhlend um den Tagesbeifall.

Eine feste Stellung, eine
Lebenslängliche Versorgung,
Hat sie endlich zu Paris
Im Jardin des Plantes gefunden.

Als ich dorten vor'gen Sonntag
Mich erging mit Julietten,
Und ihr die Natur erklärte,
Die Gewächse und die Bestien,

Die Giraffe und die Zeder
Von dem Libanon, das große
Dromedar, die Goldfasanen,
Auch das Zebra – im Gespräche

Blieben wir am Ende stehen
An der Brüstung jener Grube,

Wo die Bären residieren –
Heil'ger Herr, was sahn wir dort!

Ein gewalt'ger Wüstenbär
Aus Sibirien, schneeweißhaaricht,
Spielte dort ein überzartes
Liebesspiel mit einer Bärin.

Diese aber war die Mumma!
War die Gattin Atta Trolls!
Ich erkannte sie am zärtlich
Feuchten Glanze ihres Auges.

Ja, sie war es! Sie, des Südens
Schwarze Tochter! Sie, die Mumma,
Lebt mit einem Russen jetzt,
Einem nordischen Barbaren!

Schmunzelnd sprach zu mir ein Neger,
Der zu uns herangetreten:
»Gibt es wohl ein schönres Schauspiel
Als zwei Liebende zu sehen?«

Ich entgegnete: »Mit wem
Hab' ich hier die Ehr' zu sprechen?«
Jener aber rief verwundert:
»Kennen Sie mich gar nicht wieder?

Ich bin ja der Mohrenfürst,
Der bei Freiligrath getrommelt.
Damals ging's mir schlecht, in Deutschland
Fand ich mich sehr isoliert.

Aber hier, wo ich als Wärter
Angestellt, wo ich die Pflanzen
Meines Tropenvaterlandes
Und auch Löw' und Tiger finde:

Hier ist mir gemütlich wohler
Als bei euch auf deutschen Messen,
Wo ich täglich trommeln mußte
Und so schlecht gefüttert wurde!

Hab' mich jüngst vermählt mit einer
Blonden Köchin aus dem Elsaß.
Ganz und gar in ihren Armen
Wird mir heimatlich zumute!

Ihre Füße mahnen mich
An die holden Elefanten.
Wenn sie spricht Französisch, klingt mir's
Wie die schwarze Muttersprache.

Manchmal keift sie, und ich denke
An das Rasseln jener Trommel,
Die mit Schädeln war behangen;
Schlang' und Leu entflohn davor.

Doch im Mondschein, sehr empfindsam
Weint sie wie ein Krokodil,
Das aus lauem Strom hervorblickt,
Um die Kühle zu genießen.

Und sie gibt mir gute Bissen!
Ich gedeih'! Mit meinem alten,
Afrikanischem App'tit,
Wie am Niger, fress' ich wieder!

Hab' mir schon ein rundes Bäuchlein
Angemästet. Aus dem Hemde
Schaut's hervor, wie'n schwarzer Mond,
Der aus weißen Wolken tritt.«

Kaput XXVII.
(An August Varnhagen von Ense.)

»Wo des Himmels, Meister Ludwig,
Habt Ihr all' das tolle Zeug
Aufgegabelt?« Diese Worte
Rief der Kardinal von Este,

Als er das Gedicht gelesen
Von des Rolands Rasereien,
Das Ariosto untertänig
Seiner Eminenz gewidmet.

Ja, Varnhagen, alter Freund,
Ja, ich seh' um deine Lippen
Fast dieselben Worte schweben,
Mit demselben feinen Lächeln.

Manchmal lachst du gar im Lesen!
Doch mitunter mag sich ernsthaft
Deine hohe Stirne furchen,
Und Erinn'rung überschleicht dich: –

»Klang das nicht wie Jugendträume,
Die ich träumte mit Chamisso
Und Brentano und Fouqué,
In den blauen Mondscheinnächten?

Ist das nicht das fromme Läuten
Der verlornen Waldkapelle?
Klingelt schalkhaft nicht dazwischen
Die bekannte Schellenkappe?

In die Nachtigallenchöre
Bricht herein der Bärenbrummbaß,
Dumpf und grollend, dieser wechselt
Wieder ab mit Geisterlispeln!

Wahnsinn, der sich klug gebärdet!
Weisheit, welche überschnappt!
Sterbeseufzer, welche plötzlich
Sich verwandeln in Gelächter!« ...

Ja, mein Freund, es sind die Klänge
Aus der längst verscholl'nen Traumzeit;
Nur daß oft moderne Triller
Gaukeln durch den alten Grundton.

Trotz des Übermutes wirst du
Hie und dort Verzagnis spüren –
Deiner wohlerprobten Milde
Sei empfohlen dies Gedicht!

Ach, es ist vielleicht das letzte
Freie Waldlied der Romantik!
In des Tages Brand- und Schlachtlärm
Wird es kümmerlich verhallen.

Andre Zeiten, andre Vögel!
Andre Vögel, andre Lieder!
Welch ein Schnattern, wie von Gänsen,
Die das Kapitol gerettet!

Welch ein Zwitschern! Das sind Spatzen,
Pfennigslichtchen in den Krallen;
Sie gebärden sich wie Jovis
Adler mit dem Donnerkeil!

Welch ein Gurren! Turteltauben,
Liebesatt, sie wollen hassen,
Und hinfüro statt der Venus,
Nur Bellonas Wagen ziehen!

Welch ein Sumsen, welterschütternd!
Das sind ja des Völkerfrühlings
Kolossale Maienkäfer,
Von Berserkerwut ergriffen!

Andre Zeiten! andre Vögel!
Andre Vögel, andre Lieder!
Sie gefielen mir vielleicht,
Wenn ich andre Ohren hätte!

Deutschland

Ein Wintermärchen

Geschrieben im Januar 1844

Vorwort

Das nachstehende Gedicht schrieb ich im diesjährigen Monat Januar zu Paris, und die freie Luft des Ortes wehete in manche Strophe weit schärfer hinein, als mir eigentlich lieb war. Ich unterließ nicht, schon gleich zu mildern und auszuscheiden, was mit dem deutschen Klima unverträglich schien. Nichtsdestoweniger, als ich das Manuskript im Monat März an meinen Verleger nach Hamburg schickte, wurden mir noch mannigfache Bedenklichkeiten in Erwägung gestellt. Ich mußte mich dem fatalen Geschäfte des Umarbeitens nochmals unterziehen, und da mag es wohl geschehen sein, daß die ernsten Töne mehr als nötig abgedämpft oder von den Schellen des Humors gar zu heiter überklingelt wurden. Einigen nackten Gedanken habe ich im hastigen Unmut ihre Feigenblätter wieder abgerissen, und zimperlich spröde Ohren habe ich vielleicht verletzt. Es ist mir leid, aber ich tröste mich mit dem Bewußtsein, daß größere Autoren sich ähnliche Vergehen zuschulden kommen ließen. Des Aristophanes will ich zu solcher Beschönigung gar nicht erwähnen, denn der war ein blinder Heide, und sein Publikum zu Athen hatte zwar eine klassische Erziehung genossen, wußte aber wenig von Sittlichkeit. Auf Cervantes und Molière könnte ich mich schon viel besser berufen; und ersterer schrieb für den hohen Adel beider Kastilien, letzterer für den großen König und den großen Hof von Versailles! Ach, ich vergesse, daß wir in einer sehr bürgerlichen Zeit leben, und ich sehe leider voraus, daß viele Töchter gebildeter Stände an der Spree, wo nicht gar an der Alster, über mein armes Gedicht die mehr oder minder gebogenen Näschen rümpfen werden! Was ich aber mit noch größerem Leidwesen voraussehe, das ist das Zeter jener Pharisäer der Nationalität, die jetzt mit den Antipathien der Regierungen Hand in Hand gehen, auch die volle Liebe und Hochachtung der Zensur genießen, und in der Tagespresse den Ton angeben können, wo es gilt jene Gegner zu befehden, die auch zugleich die Gegner ihrer allerhöchsten Herrschaften sind. Wir sind im Herzen gewappnet gegen das Mißfallen dieser heldenmütigen Lakaien in schwarz-rot-goldner Livree. Ich höre schon ihre Bierstimmen: »Du lästerst sogar unsere Farben, Verächter des Vaterlands, Freund der Franzosen, denen du den freien Rhein abtreten willst!« Beruhigt euch. Ich werde eure Farben achten und ehren, wenn sie es verdienen, wenn sie nicht mehr eine müßige oder knechtische Spielerei sind. Pflanzt die schwarz-rot-goldne Fahne auf die Höhe des deutschen Gedankens, macht sie zur Standarte des freien Menschtums, und ich will mein bestes Herzblut für sie hingeben. Beruhigt euch, ich liebe das Vaterland ebensosehr wie ihr. Wegen dieser Liebe habe ich dreizehn Lebensjahre im Exil verlebt, und wegen eben dieser Liebe kehre ich wieder zurück ins Exil, vielleicht für immer, jedenfalls ohne zu flennen, oder eine schiefmäulige Duldergrimasse zu schneiden. Ich bin der Freund der Franzosen, wie ich der Freund aller Menschen bin, wenn sie vernünftig und gut sind, und weil ich selber nicht so dumm oder so schlecht bin, als daß ich wünschen sollte, daß meine Deutschen und die Franzosen, die beiden auserwählten Völker der Humanität, sich die Hälse brächen zum Besten von England und Rußland und zur Schadenfreude aller Junker und Pfaffen dieses Erdballs. Seid ruhig, ich werde den Rhein nimmermehr den Franzosen abtreten, schon aus dem ganz einfachen Grunde: weil mir der Rhein gehört. Ja, mir gehört er, durch unveräußerliches Geburtsrecht, ich bin des freien Rheins noch weit freierer Sohn, an seinem Ufer stand meine Wiege, und ich sehe gar nicht ein, warum der Rhein irgend einem andern gehören soll als den Landeskindern. Elsaß und Lothringen kann ich freilich dem deutschen Reiche nicht so leicht einverleiben wie ihr es tut, denn die Leute in jenen Landen hängen fest an Frankreich wegen der Rechte, die sie durch die französische Staatsumwälzung gewonnen, wegen jener Gleichheitsgesetze und freien Institutionen, die dem bürgerlichen Gemüte sehr angenehm sind, aber dem Magen der großen Menge dennoch vieles zu wünschen übrig lassen. Indessen, die Elsasser und Lothringer werden sich wieder an Deutschland anschließen, wenn wir das vollenden, was die Franzosen begonnen haben, wenn wir diese überflügeln in der Tat, wie wir es schon getan in Gedanken, wenn wir uns bis zu den letzten Folgerungen desselben emporschwingen, wenn wir die Dienstbarkeit bis in ihrem letzten Schlupfwinkel, dem Himmel, zerstören, wenn wir den Gott, der auf Erden im Menschen wohnt, aus seiner Erniedrigung retten, wenn wir die Erlöser Gottes werden, wenn wir das arme, glückenterbte Volk und den verhöhnten Genius und die geschändete Schönheit wieder in ihre Würde einsetzen, wie unsere großen Meister gesagt und gesungen, und wie wir es wollen, wir, die Jünger – Ja, nicht bloß Elsaß und Lothringen, sondern ganz Frankreich wird uns alsdann zufallen, ganz Europa, die ganze Welt – die ganze Welt wird deutsch werden! Von dieser Sendung und Universalherrschaft Deutschlands träume ich oft wenn ich unter Eichen wandle. Das ist *mein* Patriotismus.

Ich werde in einem nächsten Buche auf dieses Thema zurückkommen, mit letzter Entschlossenheit, mit strenger Rücksichtslosigkeit, jedenfalls mit Loyalität. Den entschiedensten Widerspruch werde ich zu achten wissen, wenn er aus einer Überzeugung hervorgeht. Selbst der rohesten Feindseligkeit will ich alsdann geduldig verzeihen; ich will sogar der Dummheit Rede stehen, wenn sie nur ehrlich gemeint ist. Meine ganze schweigende Verachtung widme ich hingegen dem gesinnungslosen Wichte, der aus leidiger Scheelsucht oder unsauberer Privatgiftigkeit meinen guten Leumund in der öffentlichen Meinung herabzuwürdigen sucht, und dabei die Maske des Patriotismus, wo nicht gar die der Religion und der Moral, benutzt. Der anarchische Zustand der deutschen politischen und literarischen Zeitungsblätterwelt ward in solcher Beziehung zuweilen mit einem Talente ausgebeutet, das ich schier bewundern mußte. Wahrhaftig, Schusterle ist nicht tot, er lebt noch immer, und steht seit Jahren an der Spitze einer wohlorganisierten Bande von literarischen Strauchdieben, die in den böhmischen Wäldern unserer Tagespresse ihr Wesen treiben, hinter jedem Busch, hinter jedem Blatt, versteckt liegen und dem leisesten Pfiff ihres würdigen Hauptmanns gehorchen.

Noch ein Wort. Das »Wintermärchen« bildet den Schluß der »Neuen Gedichte«, die in diesem Augenblick bei Hoffmann und Campe erscheinen. Um den Einzeldruck veranstalten zu können, mußte mein Verleger das Gedicht den überwachenden Behörden zu besonderer Sorgfalt überliefern, und neue Varianten und Ausmerzungen sind das Ergebnis dieser höheren Kritik.

Hamburg, den 17. September 1844.

Heinrich Heine.

Kaput I.

Im traurigen Monat November war's,
Die Tage wurden trüber,
Der Wind riß von den Bäumen das Laub,
Da reist' ich nach Deutschland hinüber.

Und als ich an die Grenze kam,
Da fühlt' ich ein stärkeres Klopfen
In meiner Brust, ich glaube sogar
Die Augen begunnen zu tropfen.

Und als ich die deutsche Sprache vernahm,
Da ward mir seltsam zumute;
Ich meinte nicht anders, als ob das Herz
Recht angenehm verblute.

Ein kleines Harfenmädchen sang.
Sie sang mit wahrem Gefühle
Und falscher Stimme, doch ward ich sehr
Gerühret von ihrem Spiele.

Sie sang von Liebe und Liebesgram,
Aufopfrung und Wiederfinden
Dort oben, in jener besseren Welt,
Wo alle Leiden schwinden.

Sie sang vom irdischen Jammertal,
Von Freuden, die bald zerronnen,
Vom Jenseits, wo die Seele schwelgt
Verklärt in ew'gen Wonnen.

Sie sang das alte Entsagungslied,
Das Eiapopeia vom Himmel,

Womit man einlullt, wenn es greint,
Das Volk, den großen Lümmel.

Ich kenne die Weise, ich kenne den Text,
Ich kenn' auch die Herren Verfasser;
Ich weiß, sie tranken heimlich Wein
Und predigten öffentlich Wasser.

Ein neues Lied, ein besseres Lied,
O Freunde, will ich euch dichten!
Wir wollen hier auf Erden schon
Das Himmelreich errichten.

Wir wollen auf Erden glücklich sein,
Und wollen nicht mehr darben;
Verschlemmen soll nicht der faule Bauch
Was fleißig Hände erwarben.

Es wächst hinieden Brot genug
Für alle Menschenkinder,
Auch Rosen und Myrten, Schönheit und Lust,
Und Zuckererbsen nicht minder.

Ja, Zuckererbsen für jedermann,
Sobald die Schoten platzen!
Den Himmel überlassen wir
Den Engeln und den Spatzen.

Und wachsen uns Flügel nach dem Tod,
So wollen wir euch besuchen
Dort oben, und wir, wir essen mit euch
Die seligsten Torten und Kuchen.

Ein neues Lied, ein besseres Lied,
Es klingt wie Flöten und Geigen!

Das Miserere ist vorbei,
Die Sterbeglocken schweigen.

Die Jungfer Europa ist verlobt
Mit dem schönen Geniusse
Der Freiheit, sie liegen einander im Arm,
Sie schwelgen im ersten Kusse.

Und fehlt der Pfaffensegen dabei,
Die Ehe wird gültig nicht minder –
Es lebe Bräutigam und Braut,
Und ihre zukünftigen Kinder!

Ein Hochzeitcarmen ist mein Lied,
Das bessere, das neue!
In meiner Seele gehen auf
Die Sterne der höchsten Weihe –

Begeisterte Sterne, sie lodern wild,
Zerfließen in Flammenbächen –
Ich fühle mich wunderbar erstarkt,
Ich könnte Eichen zerbrechen!

Seit ich auf deutsche Erde trat,
Durchströmen mich Zaubersäfte –
Der Riese hat wieder die Mutter berührt,
Und es wuchsen ihm neu die Kräfte.

Kaput II.

Während die Kleine von Himmelslust
Getrillert und musizieret,
Ward von den preußischen Douaniers
Mein Koffer visitieret.

Beschnüffelten alles, kramten herum
In Hemden, Hosen, Schnupftüchern;
Sie suchten nach Spitzen, nach Bijouterien,
Auch nach verbotenen Büchern.

Ihr Toren, die ihr im Koffer sucht!
Hier werdet ihr nichts entdecken!
Die Konterbande, die mit mir reist,
Die hab' ich im Kopfe stecken.

Hier hab' ich Spitzen, die feiner sind
Als die von Brüssel und Mecheln,
Und pack' ich einst meine Spitzen aus,
Sie werden euch sticheln und hecheln.

Im Kopfe trage ich Bijouterien,
Der Zukunft Krondiamanten,
Die Tempelkleinodien des neuen Gotts,
Des großen Unbekannten.

Und viele Bücher trag' ich im Kopf!
Ich darf es euch versichern,
Mein Kopf ist ein zwitscherndes Vogelnest
Von konfiszierlichen Büchern.

Glaubt mir, in Satans Bibliothek
Kann es nicht schlimmere geben;
Sie sind gefährlicher noch als die
Von Hoffmann von Fallersleben! –

Ein Passagier, der neben mir stand,
Bermerkte mir, ich hätte
Jetzt vor mir den preußischen Zollverein,
Die große Douanenkette.

»Der Zollverein« – bemerkte er –
»Wird unser Volkstum begründen,
Es wird das zersplitterte Vaterland
Zu einem Ganzen verbinden.

Er gibt die äußere Einheit uns,
Die sogenannt materielle;
Die geistige Einheit gibt uns die Zensur,
Die wahrhaft ideelle –

Sie gibt die innere Einheit uns,
Die Einheit im Denken und Sinnen;
Ein einiges Deutschland tut uns not,
Einig nach außen und innen«.

Kaput III.

Zu Aachen, im alten Dome, liegt
Karolus Magnus begraben.
(Man muß ihn nicht verwechseln mit Karl
Mayer, der lebt in Schwaben.)

Ich möchte nicht tot und begraben sein
Als Kaiser zu Aachen im Dome;
Weit lieber lebt' ich als kleinster Poet
Zu Stukkert am Neckarstrome.

Zu Aachen langweilen sich auf der Straß'
Die Hunde, sie flehn untertänig:
»Gib uns einen Fußtritt, o Fremdling, das wird
Vielleicht uns zerstreuen ein wenig.«

Ich bin in diesem langweil'gen Nest
Ein Stündchen herumgeschlendert.

401

Sah wieder preußisches Militär,
Hat sich nicht sehr verändert.

Es sind die grauen Mäntel noch,
Mit dem hohen, roten Kragen
(Das Rot bedeutet Franzosenblut,
Sang Körner in früheren Tagen.)

Noch immer das hölzern pedantische Volk,
Noch immer ein rechter Winkel
In jeder Bewegung, und im Gesicht
Der eingefrorene Dünkel.

Sie stelzen noch immer so steif herum,
So kerzengrade geschniegelt,
Als hätten sie verschluckt den Stock
Womit man sie einst geprügelt.

Ja, ganz verschwand die Fuchtel nie,
Sie tragen sie jetzt im Innern;
Das trauliche Du wird immer noch
An das alte Er erinnern.

Der lange Schnurrbart ist eigentlich nur
Des Zopftums neuere Phase:
Der Zopf, der eh'mals hinten hing,
Der hängt jetzt unter der Nase.

Nicht übel gefiel mir das neue Kostüm
Der Reuter, das muß ich loben,
Besonders die Pickelhaube, den Helm,
Mit der stählernen Spitze nach oben.

Das ist so rittertümlich und mahnt
An der Vorzeit holde Romantik,
An die Burgfrau Johanna von Montfaucon,
An den Freiherrn Fouqué, Uhland, Tieck.

Das mahnt an das Mittelalter so schön,
An Edelknechte und Knappen,
Die in dem Herzen getragen die Treu
Und auf dem Hintern ein Wappen.

Das mahnt an Kreuzzug und Turnei,
An Minne und frommes Dienen,
An die ungedruckte Glaubenszeit,
Wo noch keine Zeitung erschienen.

Ja, ja, der Helm gefällt mir, er zeugt
Vom allerhöchsten Witze!
Ein königlicher Einfall war's!
Es fehlt nicht die Pointe, die Spitze!

Nur fürcht' ich, wenn ein Gewitter entsteht,
Zieht leicht so eine Spitze
Herab auf euer romantisches Haupt
Des Himmels modernste Blitze!

Und wenn es Krieg gibt, müßt ihr euch
Viel leichteres Kopfzeug kaufen;
Des Mittelalters schwerer Helm
Könnt' euch genieren im Laufen.

Zu Aachen, auf dem Posthausschild,
Sah ich den Vogel wieder,
Der mir so tief verhaßt! Voll Gift
Schaute er auf mich nieder.

Du häßlicher Vogel, wirst du einst
Mir in die Hände fallen,
So rupfe ich dir die Federn aus
Und hacke dir ab die Krallen.

Du sollst mir dann, in luft'ger Höh',
Auf einer Stange sitzen,
Und ich rufe zum lustigen Schießen herbei
Die rheinischen Vogelschützen.

Wer mir den Vogel herunterschießt,
Mit Zepter und Krone belehn' ich,
Den wackern Mann! Wir blasen Tusch
Und rufen: »Es lebe der König!«

Kaput IV.

Zu Köllen kam ich spät abends an,
Da hörte ich rauschen den Rheinfluß,
Da fächelte mich schon deutsche Luft,
Da fühlt' ich ihren Einfluß –

Auf meinen Appetit. Ich aß
Dort Eierkuchen mit Schinken,
Und da er sehr gesalzen war
Mußt' ich auch Rheinwein trinken.

Der Rheinwein glänzt noch immer wie Gold
Im grünen Römerglase,
Und trinkst du etwelche Schoppen zu viel,
So steigt er dir in die Nase.

In die Nase steigt ein Prickeln so süß,
Man kann sich vor Wonne nicht lassen!

Es trieb mich hinaus in die dämmernde Nacht,
In die widerhallenden Gassen.

Die steinernen Häuser schauten mich an,
Als wollten sie mir berichten
Legenden aus altverschollener Zeit,
Der heil'gen Stadt Köllen Geschichten.

Ja, hier hat einst die Klerisei
Ihr frommes Wesen getrieben,
Hier haben die Dunkelmänner geherrscht,
Die Ulrich von Hutten beschrieben.

Der Cancan des Mittelalters ward hier
Getanzt von Nonnen und Mönchen;
Hier schrieb Hochstraaten, der Menzel von
Köln,
Die gift'gen Denunziatiönchen.

Die Flamme des Scheiterhaufens hat hier
Bücher und Menschen verschlungen;
Die Glocken wurden geläutet dabei
Und Kyrie Eleison gesunden.

Dummheit und Bosheit buhlten hier
Gleich Hunden auf freier Gasse;
Die Enkelbrut erkennt man noch heut
An ihrem Glaubenshasse. –

Doch siehe! dort im Mondenschein
Den kolossalen Gesellen!
Er ragt verteufelt schwarz empor,
Das ist der Dom von Köllen.

Er sollte des Geistes Bastille sein,
Und die listigen Römlinge dachten:
»In diesem Riesenkerker wird
Die deutsche Vernunft verschmachten!«

Da kam der Luther, und er hat
Sein großes »Halt!« gesprochen –
Seit jenem Tage blieb der Bau
Des Domes unterbrochen.

Er ward nicht vollendet – und das ist gut.
Denn eben die Nichtvollendung
Macht ihn zum Denkmal von Deutschlands Kraft
Und protestantischer Sendung.

Ihr armen Schelme vom Domverein,
Ihr wollt mit schwachen Händen
Fortsetzen das unterbrochene Werk,
Und die alte Zwingburg vollenden!

O törichter Wahn! Vergebens wird
Geschüttelt der Klingelbeutel,
Gebettelt bei Ketzern und Juden sogar;
Ist alles fruchtlos und eitel.

Vergebens wird der große Franz Liszt
Zum Besten des Doms musizieren,
Und ein talentvoller König wird
Vergebens deklamieren!

Er wird nicht vollendet, der Kölner Dom,
Obgleich die Narren in Schwaben
Zu seinem Fortbau ein ganzes Schiff
Voll Steine gesendet haben.

Er wird nicht vollendet, trotz allem Geschrei
Der Raben und der Eulen,
Die, altertümlich gesinnt, so gern
In hohen Kirchtürmen weilen.

Ja, kommen wird die Zeit sogar
Wo man, statt ihn zu vollenden,
Die inneren Räume zu einem Stall
Für Pferde wird verwenden.

»Und wird der Dom ein Pferdestall,
Was sollen wir dann beginnen
Mit den heil'gen drei Kön'gen, die da ruhn
Im Tabernakel da drinnen?«

So höre ich fragen. Doch brauchen wir uns
In unserer Zeit zu genieren?
Die heil'gen drei Kön'ge aus Morgenland,
Sie können wo anders logieren.

Folgt meinem Rat und steckt sie hinein
In jene drei Körbe von Eisen,
Die hoch zu Münster hängen am Turm,
Der Sankt Lamberti geheißen.

Fehlt etwa einer vom Triumvirat,
So nehmt einen anderen Menschen,
Ersetzt den König des Morgenlands
Durch einen abendländschen.

Kaput V.

Und als ich an die Rheinbrück kam,
Wohl an die Hafenschanze,

Da sah ich fließen den Vater Rhein
Im stillen Mondenglanze.

Sei mir gegrüßt, mein Vater Rhein,
Wie ist es dir ergangen?
Ich habe oft an dich gedacht,
Mit Sehnsucht und Verlangen.

So sprach ich, da hört' ich im Wasser tief
Gar seltsam grämliche Töne,
Wie Hüsteln eines alten Manns,
Ein Brümmeln und weiches Gestöhne:

»Willkommen, mein Junge, das ist mir lieb,
Daß du mich nicht vergessen;
Seit dreizehn Jahren sah ich dich nicht,
Mir ging es schlecht unterdessen.

Zu Biberich hab' ich Steine verschluckt,
Wahrhaftig sie schmeckten nicht lecker!
Doch schwerer liegen im Magen mir
Die Verse von Niklas Becker.

Er hat mich besungen als ob ich noch
Die reinste Jungfer wäre,
Die sich von niemand rauben läßt
Das Kränzlein ihrer Ehre.

Wenn ich es höre, das dumme Lied,
Dann möcht ich mir zerraufen
Den weißen Bart, ich möchte fürwahr
Mich in mir selbst ersaufen!

Daß ich keine reine Jungfer bin,
Die Franzosen wissen es besser,
Sie haben mit meinem Wasser so oft
Vermischt ihr Siegergewässer.

Das dumme Lied und der dumme Kerl!
Er hat mich schmählich blamieret,
Gewissermaßen hat er mich auch
Politisch kompromittieret.

Denn kehren jetzt die Franzosen zurück,
So muß ich vor ihnen erröten,
Ich, der um ihre Rückkehr so oft
Mit Tränen zum Himmel gebeten.

Ich habe sie immer so lieb gehabt,
Die lieben kleinen Französchen –
Singen und springen sie noch wie sonst?
Tragen noch weiße Höschen?

Ich möchte sie gerne wiedersehn,
Doch fürcht' ich die Persiflage,
Von wegen des verwünschten Lieds,
Von wegen der Blamage.

Der Alfred de Musset, der Gassenbub,
Der kommt an ihrer Spitze,
Vielleicht als Tambour, und trommelt mir vor
All seine schlechten Witze.«

So klagte der arme Vater Rhein,
Konnt sich nicht zufrieden geben.
Ich sprach zu ihm manch tröstendes Wort,
Um ihm das Herz zu heben:

O, fürchte nicht, mein Vater Rhein,
Den spöttelnden Scherz der Franzosen;
Sie sind die alten Franzosen nicht mehr,
Auch tragen sie andere Hosen.

Die Hosen sind rot und nicht mehr weiß,
Sie haben auch andere Knöpfe,
Sie singen nicht mehr, sie springen nicht mehr,
Sie senken nachdenklich die Köpfe.

Sie philosophieren und sprechen jetzt
Von Kant, von Fichte und Hegel,
Sie rauchen Tabak, sie trinken Bier,
Und manche schieben auch Kegel.

Sie werden Philister ganz wie wir
Und treiben es endlich noch ärger;
Sie sind keine Voltairianer mehr,
Sie werden Hengstenberger.

Der Alfred de Musset, das ist wahr
Ist noch ein Gassenjunge;
Doch fürchte nichts, wir fesseln ihm
Die schändliche Spötterzunge.

Und trommelt er dir einen schlechten Witz,
So pfeifen wir ihm einen schlimmern,
Wir pfeifen ihm vor was ihm passiert
Bei schönen Frauenzimmern.

Gib dich zufrieden, Vater Rhein,
Denk' nicht an schlechte Lieder,
Ein besseres Lied vernimmst du bald –
Leb' wohl, wir sehen uns wieder.

Kaput VI.

Den Paganini begleitete stets
Ein Spiritus Familiaris,
Manchmal als Hund, manchmal in Gestalt
Des seligen Georg Harrys.

Napoleon sah einen roten Mann
Vor jedem wicht'gen Ereignis.
Sokrates hatte seinen Dämon,
Das war kein Hirnerzeugnis.

Ich selbst, wenn ich am Schreibtisch saß
Des Nachts, hab ich gesehen
Zuweilen einen vermummten Gast
Unheimlich hinter mir stehen.

Unter dem Mantel hielt er etwas
Verborgen, das seltsam blinkte
Wenn es zum Vorschein kam, und ein Beil,
Ein Richtbeil, zu sein mir dünkte.

Er schien von untersetzter Statur,
Die Augen wie zwei Sterne;
Er störte mich im Schreiben nie,
Blieb ruhig stehn in der Ferne.

Seit Jahren hatte ich nicht gesehn
Den sonderbaren Gesellen,
Da fand ich ihn plötzlich wieder hier
In der stillen Mondnacht zu Köllen.

Ich schlenderte sinnend die Straßen entlang,
Da sah ich ihn hinter mir gehen,

Als ob er mein Schatten wäre, und stand
Ich still, so blieb er stehen.

Blieb stehen, als wartete er auf was,
Und förderte ich die Schritte,
Dann folgte er wieder. So kamen wir
Bis auf des Domplatz Mitte.

Es ward mir unleidlich, ich drehte mich um
Und sprach: »Jetzt steh mir Rede,
Was folgst du mir auf Weg und Steg
Hier in der nächtlichen Öde?

Ich treffe dich immer in der Stund,
Wo Weltgefühle sprießen,
In meiner Brust und durch das Hirn
Die Geistesblitze schießen.

Du siehst mich an so stier und fest –
Steh' Rede: Was verhüllst du
Hier unter dem Mantel, das heimlich blinkt?
Wer bist du und was willst du?«

Doch jener erwiderte trockenen Tons,
Sogar ein bißchen phlegmatisch:
»Ich bitte dich, exorziere mich nicht,
Und werde nur nicht emphatisch!

Ich bin kein Gespenst der Vergangenheit,
Kein grabenstiegner Strohwisch,
Und von Rhetorik bin ich kein Freund,
Bin auch nicht sehr philosophisch.

Ich bin von praktischer Natur,
Und immer schweigsam und ruhig.
Doch wisse: was du ersonnen im Geist',
Das führ' ich aus, das tu' ich.

Und gehn auch Jahre drüber hin,
Ich raste nicht, bis ich verwandle
In Wirklichkeit was du gedacht;
Du denkst, und ich, ich handle.

Du bist der Richter, der Büttel bin ich,
Und mit dem Gehorsam des Knechtes
Vollstreck' ich das Urteil, das du gefällt,
Und sei es ein ungerechtes.

Dem Konsul trug man ein Beil voran,
Zu Rom, in alten Tagen.
Auch du hast deinen Liktor, doch wird
Das Beil dir nachgetragen.

Ich bin dein Liktor, und ich geh'
Beständig mit dem blanken
Richtbeile hinter dir – ich bin
Die Tat von deinem Gedanken.«

Kaput VII.

Ich ging nach Haus und schlief als ob
Die Engel gewiegt mich hätten.
Man ruht in deutschen Betten so weich,
Denn das sind Federbetten.

Wie sehnt' ich mich oft nach der Süßigkeit
Des vaterländischen Pfühles,

Wenn ich auf harten Matratzen lag,
In der schlaflosen Nacht des Exiles!

Man schläft sehr gut und träumt auch gut
In unseren Federbetten.
Hier fühlt die deutsche Seele sich frei
Von allen Erdenketten.

Sie fühlt sich frei und schwingt sich empor
Zu den höchsten Himmelsräumen.
O deutsche Seele, wie stolz ist dein Flug
In deinen nächtlichen Träumen!

Die Götter erbleichen wenn du nahst!
Du hast auf deinen Wegen
Gar manches Sternlein ausgeputzt
Mit deinen Flügelschlägen!

Franzosen und Russen gehört das Land,
Das Meer gehört den Briten,
Wir aber besitzen im Luftreich des Traums
Die Herrschaft unbestritten.

Hier üben wir die Hegemonie,
Hier sind wir unzerstückelt;
Die andern Völker haben sich
Auf platter Erde entwickelt. – –

Und als ich einschlief, da träumte mir,
Ich schlenderte wieder im hellen
Mondschein die hallenden Straßen entlang,
In dem altertümlichen Köllen.

Und hinter mir ging wieder einher
Mein schwarzer, vermummter Begleiter.
Ich war so müde, mit brachen die Knie,
Doch immer gingen wir weiter.

Wir gingen weiter. Mein Herz in der Brust
War klaffend aufgeschnitten,
Und aus der Herzenswunde hervor
Die roten Tropfen glitten.

Ich tauchte manchmal die Finger hinein,
Und manchmal ist es geschehen,
Daß ich die Haustürpfosten bestrich
Mit dem Blut im Vorübergehen.

Und jedesmal wenn ich ein Haus
Bezeichnet in solcher Weise,
Ein Sterbeglöckchen erscholl fernher,
Wehmütig wimmernd und leise.

Am Himmel aber erblich der Mond,
Er wurde immer trüber;
Gleich schwarzen Rossen jagten an ihm
Die wilden Wolken vorüber.

Und immer ging hinter mir einher
Mit seinem verborgenen Beile
Die dunkle Gestalt – so wanderten wir
Wohl eine gute Weile.

Wir gehen und gehen, bis wir zuletzt
Wieder zum Domplatz gelangen;
Weit offen standen die Pforten dort,
Wir sind hineingegangen.

Es herrschte im ungeheuren Raum
Nur Tod und Nacht und Schweigen;
Es brannten Ampeln hie und da,
Um die Dunkelheit recht zu zeigen.

Ich wandelte lange den Pfeilern entlang
Und hörte nur die Tritte
Von meinem Begleiter, er folgte mir
Auch hier bei jedem Schritte.

Wir kamen endlich zu einem Ort,
Wo funkelnde Kerzenhelle
Und blitzendes Gold und Edelstein;
Das war die Drei-Königs-Kapelle.

Die heil'gen drei Könige jedoch,
Die sonst so still dort lagen,
O Wunder! sie saßen aufrecht jetzt
Auf ihren Sarkophagen.

Drei Totengerippe, phantastisch geputzt,
Mit Kronen auf den elenden
Vergilbten Schädeln, sie trugen auch
Das Zepter in knöchernen Händen.

Wie Hampelmänner bewegten sie
Die längstverstorbenen Knochen;
Die haben nach Moder und zugleich
Nach Weihrauchduft gerochen.

Der eine bewegte sogar den Mund
Und hielt eine Rede, sehr lange;
Er setzte mir auseinander warum
Er meinen Respekt verlange.

Zuerst weil er ein Toter sei,
Und zweitens weil er ein König,
Und drittens weil er ein Heil'ger sei, –
Das alles rührte mich wenig.

Ich gab ihm zur Antwort lachenden Muts:
Vergebens ist deine Bemühung!
Ich sehe, daß du der Vergangenheit
Gehörst in jeder Beziehung.

Fort! fort von hier! im tiefen Grab,
Ist eure natürliche Stelle.
Das Leben nimmt jetzt in Beschlag
Die Schätze dieser Kapelle.

Der Zukunft fröhliche Kavallerie
Soll hier im Dome hausen,
Und weicht ihr nicht willig, so brauch' ich Gewalt
Und laß euch mit Kolben lausen!

So sprach ich und ich drehte mich um,
Da sah ich furchtbar blinken
Des stummen Begleiters furchtbares Beil –
Und er verstand mein Winken.

Er nahte sich, und mit dem Beil
Zerschmetterte er die armen
Skelette des Aberglaubens, er schlug
Sie nieder ohn' Erbarmen.

Es dröhnte der Hiebe Widerhall
Aus allen Gewölben, entsetzlich –
Blutströme schossen aus meiner Brust,
Und ich erwachte plötzlich.

Kaput VIII.

Von Köllen bis Hagen kostet die Post
Fünf Taler sechs Groschen Preußisch.
Die Diligence war leider besetzt
Und ich kam in die offene Beichais'

Ein Spätherbstmorgen, feucht und grau,
Im Schlamme keuchte der Wagen;
Doch trotz des schlechten Wetters und Wegs
Durchströmte mich süßes Behagen.

Das ist ja meine Heimatluft!
Die glühende Wange empfand es!
Und dieser Landstraßenkot, er ist
Der Dreck meines Vaterlandes!

Die Pferde wedelten mit dem Schwanz
So traulich wie alte Bekannte,
Und ihre Mistküchlein dünkten mir schön
Wie die Äpfel der Atalante!

Wir fuhren durch Mühlheim. Die Stadt ist nett,
Die Menschen still und fleißig.
War dort zuletzt im Monat Mai
Des Jahres Einunddreißig.

Damals stand alles im Blütenschmuck
Und die Sonnenlichter lachten,
Die Vögel sangen sehnsuchtvoll,
Und die Menschen hofften und dachten –

Sie dachten: »Die magere Ritterschaft
Wird bald von hinnen reisen,

Und der Abschiedstrunk wird ihnen kredenzt
Aus langen Flaschen von Eisen!

Und die Freiheit kommt mit Spiel und Tanz,
Mit der Fahne, der weiß-blau-roten;
Vielleicht holt sie sogar aus dem Grab
Den Bonaparte, den Toten!«

Ach Gott! die Ritter sind immer noch hier,
Und manche dieser Gäuche,
Die spindeldürre gekommen ins Land,
Die haben jetzt dicke Bäuche.

Die blassen Kanaillen, die ausgesehn
Wie Liebe, Glauben und Hoffen,
Sie haben seitdem in unserm Wein
Sich roten Nasen gesoffen – – –

Und die Freiheit hat sich den Fuß verrenkt,
Kann nicht mehr springen und stürmen;
Die Trikolore in Paris
Schaut traurig herab von den Türmen.

Der Kaiser ist auferstanden seitdem,
Doch die englischen Würmer haben
Aus ihm einen stillen Mann gemacht,
Und er ließ sich wieder begraben.

Hab' selber sein Leichenbegängnis gesehn,
Ich sah den goldenen Wagen
Und die goldenen Siegesgöttinnen drauf,
Die den goldenen Sarg getragen.

Den elysäischen Feldern entlang,
Durch des Triumphes Bogen,
Wohl durch den Nebel, wohl über den Schnee,
Kam langsam der Zug gezogen.

Mißtönend schauerlich war die Musik.
Die Musikanten starrten
Vor Kälte. Wehmütig grüßten mich
Die Adler der Standarten.

Die Menschen schauten so geisterhaft
In alter Erinn'rung verloren –
Der imperiale Märchentraum
War wieder heraufbeschworen.

Ich weinte an jenem Tag. Mir sind
Die Tränen ins Auge gekommen,
Als ich den verschollenen Liebesruf,
Das »Vive l'Empereur!« vernommen.

Kaput IX.

Von Köllen war ich dreiviertel auf acht
Des Morgens fortgereiset;
Wir kamen nach Hagen schon gegen drei,
Da wird zu Mittag gespeiset.

Der Tisch war gedeckt. Hier fand ich ganz
Die altgermanische Küche.
Sei mir gegrüßt, mein Sauerkraut,
Holdselig sind deine Gerüche!

Gestovte Kastanien im grünen Kohl!
So aß ich sie einst bei der Mutter!

Ihr heimischen Stockfische seid mir gegrüßt!
Wie schwimmt ihr klug in der Butter!

Jedwedem fühlenden Herzen bleibt
Das Vaterland ewig teuer –
Ich liebe auch recht braun geschmort
Die Bücklinge und Eier.

Wie jauchzten die Würste im spritzelnden Fett!
Die Krammetsvögel, die frommen
Gebratenen Englein mit Apfelmus,
Sie zwitscherten mir: Willkommen!

»Willkommen Landsmann«, – zwitscherten sie –
»Bist lange ausgeblieben,
Hast dich mit fremdem Gevögel solang'
In der Fremde herumgetrieben!«

Es stand auf dem Tische eine Gans,
Ein stilles, gemütliches Wesen.
Sie hat vielleicht mich einst geliebt,
Als wir beide noch jung gewesen.

Sie blickte mich an so bedeutungsvoll,
So innig, so treu, so wehe!
Besaß eine schöne Seele gewiß,
Doch war das Fleisch sehr zähe.

Auch einen Schweinskopf trug man auf
In einer zinnernen Schüssel;
Noch immer schmückt man den Schweinen bei uns
Mit Lorbeerblättern den Rüssel.

Kaput X.

Dicht hinter Hagen ward es Nacht,
Und ich fühlte in den Gedärmen
Ein seltsames Frösteln. Ich konnte mich erst
Zu Unna, im Wirtshaus, erwärmen.

Ein hübsches Mädchen fand ich dort,
Die schenkte mir freundlich den Punsch ein,
Wie gelbe Seide das Lockenhaar,
Die Augen sanft wie Mondschein.

Den lispelnd westfälischen Akzent
Vernahm ich mit Wollust wieder.
Viel süße Erinnerung dampfte der Punsch,
Ich dachte der lieben Brüder,

Der lieben Westfalen, womit ich so oft
In Göttingen getrunken,
Bis wir gerührt einander ans Herz
Und unter die Tische gesunken!

Ich habe sie immer so lieb gehabt,
Die lieben, guten Westfalen,
Ein Volk so fest, so sicher, so treu,
Ganz ohne Gleißen und Prahlen.

Wie standen sie prächtig auf der Mensur,
Mit ihren Löwenherzen!
Es fielen so grade, so ehrlich gemeint,
Die Quarten und die Terzen.

Sie fechten gut, sie trinken gut,
Und wenn sie die Hand dir reichen,

Zum Freundschaftsbündnis, dann weinen sie;
Sind sentimentale Eichen.

Der Himmel erhalte dich, wackres Volk,
Er segne deine Saaten,
Bewahre dich vor Krieg und Ruhm,
Vor Helden und Heldentaten.

Er schenke deinen Söhnen stets
Ein sehr gelindes Examen,
Und deine Töchter bringe er hübsch
Unter die Haube – Amen.

Kaput XI.

Das ist der Teutoburger Wald,
Den Tacitus beschrieben,
Das ist der klassische Morast,
Wo Varus stecken geblieben.

Hier schlug ihn der Cheruskerfürst,
Der Hermann, der edle Recke;
Die deutsche Nationalität,
Die siegte in diesem Drecke.

Wenn Hermann nicht die Schlacht gewann,
Mit seinen blonden Horden,
So gäb' es deutsche Freiheit nicht mehr,
Wir wären römisch geworden!

In unserem Vaterland herrschten jetzt
Nur römische Sprache und Sitten,
Vestalen gäb' es in München sogar,
Die Schwaben hießen Quiriten!

Der Hengstenberg wär' ein Haruspex
Und grübelte in den Gedärmen
Von Ochsen. Neander wär' ein Augur,
Und schaute nach Vögelschwärmen.

Birch-Pfeiffer söffe Terpentin,
Wie einst die römischen Damen.
(Man sagt, daß sie dadurch den Urin
Besonders wohlriechend bekamen.)

Der Raumer wäre kein deutscher Lump,
Er wäre ein röm'scher Lumpazius.
Der Freiligrath dichtete ohne Reim,
Wie weiland Flaccus Horatius.

Der grobe Bettler, Vater Jahn,
Der hieße jetzt Grobianus.
Me hercule! Maßmann spräche Latein,
Der Marcus Tullius Maßmanus!

Die Wahrheitsfreunde würden jetzt
Mit Löwen, Hyänen, Schakalen,
Sich raufen in der Arena, anstatt
Mit Hunden in kleinen Journalen.

Wir hätten *einen* Nero jetzt
Statt Landesväter drei Dutzend.
Wir schnitten uns die Adern auf,
Den Schergen der Knechtschaft trutzend.

Der Schelling wär' ganz eine Seneca,
Und käme in solchem Konflikt um.
Zu unsrem Cornelius sagten wir:
Cacatum non est pictum.

Gottlob! Der Hermann gewann die Schlacht,
Die Römer wurden vertrieben,
Varus mit seinen Legionen erlag,
Und wir sind Deutsche geblieben!

Wir blieben deutsch, wir sprechen deutsch,
Wie wir es gesprochen haben;
Der Esel heißt Esel, nicht asinus,
Die Schwaben blieben Schwaben.

Der Raumer blieb ein deutscher Lump
Und kriegt den Adlerorden.
In Reimen dichtet Freiligrath,
Ist kein Horaz geworden.

Gottlob, der Maßmann spricht kein Latein.
Birch-Pfeiffer schreibt nur Dramen,
Und säuft nicht schnöden Terpentin,
Wie Roms galante Damen.

O Hermann, dir verdanken wir das!
Drum wird dir, wie sich gebühret
Zu Detmold ein Monument gesetzt;
Hab' selber subskribieret.

Kaput XII.

Im nächtlichen Walde humpelt dahin
Die Chaise. Da kracht es plötzlich –
Ein Rad ging los. Wir halten still.
Das ist nicht sehr ergötzlich.

Der Postillion steigt ab und eilt
Ins Dorf, und ich verweile

Um Mitternacht allein im Wald.
Ringsum ertönt ein Geheule.

Das sind die Wölfe, die heulen so wild,
Mit ausgehungerten Stimmen.
Wie Lichter in der Dunkelheit
Die feurigen Augen glimmen.

Die hörten von meiner Ankunft gewiß,
Die Bestien, und mir zur Ehre
Illuminierten sie den Wald,
Und singen sie ihre Chöre.

Das ist ein Ständchen, ich merke es jetzt,
Ich soll gefeiert werden!
Ich warf mich gleich in Positur
Und sprach mit gerührten Gebärden:

Mitwölfe! Ich bin glücklich heut
In eurer Mitte zu weilen,
Wo so viel edle Gemüter mir
Mit Liebe entgegenheulen.

»Was ich in diesem Augenblick
Empfinde, ist unermeßlich;
Ach, diese schöne Stunde bleibt
Mir ewig unvergeßlich.

Ich danke euch für das Vertrau'n,
Womit ihr mich beehret,
Und das ihr in jeder Prüfungszeit
Durch treue Beweise bewähret.

Mitwölfe! Ihr zweifeltet nie an mir,
Ihr ließet euch nicht fangen

Von Schelmen, die euch gesagt, ich sei
Zu den Hunden übergegangen,

Ich sei abtrünning und werde bald
Hofrat in der Lämmerhürde –
Dergleichen zu widersprechen war
Ganz unter meiner Würde.

Der Schafpelz, den ich umgehängt
Zuweilen, um mich zu wärmen,
Glaubt mir's, er brachte mich nie dahin
Für das Glück der Schafe zu schwärmen.

Ich bin kein Schaf, ich bin kein Hund,
Kein Hofrat und kein Schellfisch –
Ich bin ein Wolf geblieben, mein Herz
Und meine Zähne sind wölfisch.

Ich bin ein Wolf und werde stets
Auch heulen mit den Wölfen –
Ja, zählt auf mich und helft euch selbst,
Dann wird auch Gott euch helfen!«

Das war die Rede, die ich hielt,
Ganz ohne Vorbereitung;
Verstümmelt hat Kolb sie abgedruckt
In der »Allgemeinen Zeitung«.

Kaput XIII.

Die Sonne ging auf bei Paderborn
Mit sehr verdroß'ner Gebärde.
Sie treibt in der Tat ein verdrießlich Geschäft –
Beleuchten die dumme Erde!

Hat sie die eine Seite erhellt,
Und bringt sie mit strahlender Eile
Der andern ihr Licht, so verdunkelt schon
Sich jene mittlerweile.

Der Stein entrollt dem Sisyphus,
Der Danaiden Tonne
Wird nie gefüllt, und den Erdenball
Beleuchtet vergeblich die Sonne! – –

Und als der Morgennebel zerrann,
Da sah ich am Wege ragen,
Im Frührotschein, das Bild des Mann's,
Der an das Kreuz geschlagen.

Mit Wehmut erfüllt mich jedesmal
Dein Anblick, mein armer Vetter,
Der du die Welt erlösen gewollt,
Du Narr, du Menschheitsretter!

Sie haben dir übel mitgespielt,
Die Herren vom hohen Rate.
Wer hieß dich auch reden so rücksichtslos
Von der Kirche und vom Staate!

Zu deinem Malheur war die Buchdruckerei
Noch nicht in jenen Tagen
Erfunden; du hättest geschrieben ein Buch
Über die Himmelsfragen.

Der Zensor hätte gestrichen darin
Was etwa anzüglich auf Erden,
Und liebend bewahrte dich die Zensur
Vor dem Gekreuzigtwerden.

Ach! hättest du nur einen andern Text
Zu deiner Bergpredigt genommen,
Besaßest ja Geist und Talent genug,
Und konntest schonen die Frommen!

Geldwechsler, Bankiers, hast du sogar
Mit der Peitsche gejagt aus dem Tempel –
Unglücklicher Schwärmer, jetzt hängst du am Kreuz
Als warnendes Exempel!

Kaput XIV.

Ein feuchter Wind, ein kahles Land,
Die Chaise wackelt im Schlamme;
Doch singt es und klingt es in meinem Gemüt:
»Sonne, du klagende Flamme!«

Das ist der Schlußreim des alten Lieds,
Das oft meine Amme gesungen –
»Sonne, du klagende Flamme!« das hat
Wie Waldhornruf geklungen.

Es kommt im Lied ein Mörder vor,
Der lebt' in Lust und Freude;
Man findet ihn endlich im Walde gehenkt,
An einer grauen Weide.

Des Mörders Todesurteil war
Genagelt am Weidenstamme;
Das haben die Rächer der Feme getan –
Sonne, du klagende Flamme!

Die Sonne war Kläger, sie hatte bewirkt,
Daß man den Mörder verdamme.

Ottilie hatte sterbend geschrien:
Sonne, du klagende Flamme!

Und denk' ich des Liedes, so denk' ich auch
Der Amme, der lieben Alten;
Ich sehe wieder ihr braunes Gesicht,
Mit allen Runzeln und Falten.

Sie war geboren im Münsterland,
Und wußte, in großer Menge,
Gespenstergeschichten, grausenhaft,
Und Märchen und Volksgesänge.

Wie pochte mein Herz, wenn die alte Frau
Von der Königstochter erzählte,
Die einsam auf der Heide saß
Und die goldnen Haare strählte.

Die Gänse mußte sie hüten dort
Als Gänsemagd, und trieb sie
Am Abend die Gänse wieder durchs Tor,
Gar traurig stehen blieb sie.

Denn angenagelt über dem Tor
Sah sie ein Roßhaupt ragen,
Das war der Kopf des armen Pferds,
Das sie in die Fremde getragen.

Die Königstochter seufzte tief:
»O, Falada, daß du hangest!«
Der Pferdekopf herunterrief:
»O wehe, daß du gangest!«

Die Königstochter seufzte tief:
»Wenn das meine Mutter wüßte!«
Der Pferdekopf herunterrief:
»Ihr Herze brechen müßte!«

Mit stockendem Atem horchte ich hin,
Wenn die Alte ernster und leiser
Zu sprechen begann und vom Rotbart sprach,
Von unserem heimlichen Kaiser.

Sie hat mir versichert, er sei nicht tot,
Wie da glauben die Gelehrten,
Er hause versteckt in einem Berg
Mit seinen Waffengefährten.

Kyffhäuser ist der Berg genannt,
Und drinnen ist eine Höhle;
Die Ampeln erhellen so geisterhaft
Die hochgewölbten Säle.

Ein Marstall ist der erste Saal,
Und dorten kann man sehen
Viel tausend Pferde, blankgeschirrt,
Die an den Krippen stehen.

Sie sind gesattelt und gezäumt,
Jedoch von diesen Rossen
Kein einziges wiehert, kein einziges stampft,
Sind still, wie aus Eisen gegossen.

Im zweiten Saale, auf der Streu,
Sieht man Soldaten liegen,
Viel tausend Soldaten, bärtiges Volk
Mit kriegerisch trotzigen Zügen.

Sie sind gerüstet von Kopf bis Fuß,
Doch alle diese Braven,
Sie rühren sich nicht, bewegen sich nicht,
Sie liegen fest und schlafen.

Hochaufgestapelt im dritten Saal
Sind Schwerter, Streitäxte, Speere
Harnische, Helme, von Silber und Stahl,
Altfränkische Feuergewehre.

Sehr wenig Kanonen, jedoch genug
Um eine Trophäe zu bilden.
Hoch ragt daraus eine Fahne hervor,
Die Farbe ist schwarz-rot-gülden.

Der Kaiser bewohnt den vierten Saal.
Schon seit Jahrhunderten sitzt er
Auf steinernem Stuhl, am steinernen Tisch,
Das Haupt auf den Armen stützt er.

Sein Bart, der bis zur Erde wuchs,
Ist rot wie Feuerflammen,
Zuweilen zwinkert er mit dem Aug',
Zieht manchmal die Brauen zusammen.

Schläft er oder denkt er nach?
Man kann's nicht genau ermitteln;
Doch wenn die rechte Stunde kommt,
Wird er gewaltig sich rütteln.

Die gute Fahne ergreift er dann
Und ruft: »Zu Pferd'! zu Pferde!«
Sein reisiges Volk erwacht und springt
Lautrasselnd empor von der Erde.

Ein jeder schwingt sich auf sein Roß,
Das wiehert und stampft mit den Hufen!
Sie reiten hinaus in die klirrende Welt,
Und die Trompeten rufen.

Sie reiten gut, sie schlagen gut,
Sie haben ausgeschlafen.
Der Kaiser hält ein strenges Gericht,
Er will die Mörder bestrafen –

Die Mörder, die gemeuchelt einst
Die teure, wundersame,
Goldlockichte Jungfrau Germania –
Sonne, du klagende Flamme!

Wohl mancher, der sich geborgen geglaubt,
Und lachend auf seinem Schloß saß,
Er wird nicht entgehen dem rächenden Strang,
Dem Zorne Barbarossas! – – –

Wie klingen sie lieblich, wie klingen sie süß,
Die Märchen der alten Amme!
Mein abergläubisches Herze jauchzt:
»Sonne, du klangende Flamme!«

Kaput XV.

Ein feiner Regen prickelt herab,
Eiskalt, wie Nähnadelspitzen.
Die Pferde bewegen traurig den Schwanz,
Sie waten im Kot und schwitzen.

Der Postillion stößt in sein Horn,
Ich kenne das alte Getute –

»Es reiten drei Reiter zum Tor hinaus!« –
Es wird mir so dämmrig zumute.

Mich schläferte und ich entschlief,
Und siehe! mir träumte am Ende,
Daß ich mich in dem Wunderberg
Beim Kaiser Rotbart befände.

Er saß nicht mehr auf steinernem Stuhl,
Am steinernen Tisch, wie ein Steinbild;
Auch sah er nicht so ehrwürdig aus,
Wie man sich gewöhnlich einbild't.

Er watschelte durch die Säle herum
Mit mir im trauten Geschwätze.
Er zeigte wie ein Antiquar
Mir seine Kuriosa und Schätze.

Im Saale der Waffen erklärte er mir,
Wie man sich der Kolben bediene,
Von einigen Schwertern rieb er den Rost
Mit seinem Hermeline.

Er nahm ein Pfauenwedel zur Hand,
Und reinigte vom Staube
Gar manchen Harnisch, gar manchen Helm,
Auch manche Pickelhaube.

Die Fahne stäubte er gleichfalls ab,
Und er sprach: »Mein größter Stolz ist,
Daß noch keine Motte die Seide zerfraß,
Und auch kein Wurm im Holz ist.«

Und als wir kamen in den Saal,
Wo schlafend am Boden liegen
Viel tausend Krieger, kampfbereit,
Der Alte sprach mit Vergnügen:

»Hier müssen wir leiser reden und gehn.
Damit wir nicht wecken die Leute;
Wieder verflossen sind hundert Jahr
Und Löhnungstag ist heute.«

Und siehe! der Kaiser nahte sich sacht
Den schlafenden Soldaten,
Und steckte heimlich in die Tasch'
Jedwedem einen Dukaten.

Er sprach mit schmunzelndem Gesicht,
Als ich ihn ansah verwundert:
»Ich zahle einen Dukaten per Mann,
Als Sold, nach jedem Jahrhundert.«

Im Saale wo die Pferde stehn
In langen, schweigenden Reihen,
Da rieb der Kaiser sich die Händ',
Schien sonderbar sich zu freuen.

Er zählte die Gäule, Stück vor Stück,
Und klätschelte ihnen die Rippen;
Er zählte und zählte, mit ängstlicher Hast
Bewegten sich seine Lippen.

»Das ist noch nicht die rechte Zahl« –
Sprach er zuletzt verdrossen –
»Soldaten und Waffen hab' ich genug,
Doch fehlt es noch an Rossen.

Roßkämme hab' ich ausgeschickt
In alle Welt, die kaufen
Für mich die besten Pferde ein,
Hab' schon einen guten Haufen.

Ich warte bis die Zahl komplett,
Dann schlag' ich los und befreie,
Mein Vaterland, mein deutsches Volk,
Das meiner harret mit Treue.«

So sprach der Kaiser, ich aber rief:
Schlag' los, du alter Geselle,
Schlag' los, und hast du nicht Pferde genug,
Nimm Esel an ihrer Stelle.

Der Rotbart erwiderte lächelnd: »Es hat
Mit dem Schlagen gar keine Eile,
Man baute nicht Rom in einem Tag,
Gut Ding will haben Weile.

Wer heute nicht kommt, kommt morgen gewiß,
Nur langsam wächst die Eiche,
Und chi va piano va sano, so heißt
Das Sprichwort im römischen Reiche.«

Kaput XVI.

Das Stoßen des Wagens weckte mich auf,
Doch sanken die Augenlider
Bald wieder zu, und ich entschlief
Und träumte vom Rotbart wieder.

Ging wieder schwatzend mit ihm herum
Durch alle die hallenden Säle;

Er frug mich dies, er frug mich das,
Verlangte, daß ich erzähle.

Er hatte aus der Oberwelt
Seit vielen, vielen Jahren,
Wohl seit dem siebenjährigen Krieg,
Kein Sterbenswort erfahren.

Er frug nach Moses Mendelssohn,
Nach der Karschin, mit Intresse
Frug er nach der Gräfin Dubarry,
Des fünfzehnten Ludwigs Mätresse.

O Kaiser, rief ich, wie bist du zurück!
Der Moses ist längst gestorben,
Nebst seiner Rebekka, auch Abraham,
Der Sohn, ist gestorben, verdorben.

Der Abraham hatte mit Lea erzeugt
Ein Bübchen, Felix heißt er,
Der brachte es weit im Christentum,
Ist schon Kapellenmeister.

Die alte Karschin ist gleichfalls tot.
Auch die Tochter ist tot, die Klenke;
Helmine Chézy, die Enkelin,
Ist noch am Leben, ich denke.

Die Dubarry lebte lustig und flott,
Solange Ludwig regierte,
Der Fünfzehnte nämlich, sie war schon alt
Als man sie guillotinierte.

Der König Ludwig der Fünfzehnte starb
Ganz ruhig in seinem Bette,
Der Sechzehnte aber ward guillotiniert
Mit der Königin Antoinette.

Die Königin zeigte großen Mut,
Ganz wie es sich gebührte,
Die Dubarry aber weinte und schrie
Als man sie guillotinierte. – –

Der Kaiser blieb plötzlich stille stehn,
Und sah mich an mit den stieren
Augen und sprach: »Um Gotteswill'n
Was ist das, guillotinieren?«

Das Guillotinieren – erklärte ich ihm –
Ist eine neue Methode,
Womit man die Leute jeglichen Stands
Vom Leben bringt zu Tode.

Bei dieser Methode bedient man sich
Auch einer neuen Maschine,
Die hat erfunden Herr Guillotin,
Drum nennt man sie Guillotine.

Du wirst hier an ein Brett geschnallt; –
Das senkt sich; – du wirst geschoben
Geschwinde zwischen zwei Pfosten; – es hängt
Ein dreieckig Beil ganz oben; –

Man zieht eine Schnur, dann schießt herab
Das Beil, ganz lustig und munter; –
Bei dieser Gelegenheit fällt dein Kopf
In einen Sack hinunter.

Der Kaiser fiel mir in die Red':
»Schweig still, von deiner Maschine
Will ich nichts wissen, Gott bewahr',
Daß ich mich ihrer bediene!

Der König und die Königin!
Geschnallt! an einem Brette!
Das ist ja gegen allen Respekt
Und alle Etikette!

Und du, wer bist du, daß du es wagst
Mich so vertraulich zu duzen?
Warte, du Bürschchen, ich werde dir schon
Die kecken Flügel stutzen!

Es regt mir die innerste Galle auf,
Wenn ich dich höre sprechen,
Dein Odem schon ist Hochverrat
Und Majestätsverbrechen!«

Als solchermaßen in Eifer geriet
Der Alte und sonder Schranken
Und Schonung mich anschnob, da platzten heraus
Auch mir die geheimsten Gedanken.

»Herr Rotbart« – rief ich laut – »du bist
Ein altes Fabelwesen,
Geh' leg' dich schlafen, wir werden uns
Auch ohne dich erlösen.

Die Republikaner lachen uns aus,
Sehn sie an unserer Spitze
So ein Gespenst mit Zepter und Kron';
Sie rissen schlechte Witze.

Auch deine Fahne gefällt mir nicht mehr
Die altdeutschen Narren verdarben
Mir schon in der Burschenschaft die Lust
An den schwarz-rot-goldnen Farben.

Das beste wäre du bliebest zu Haus,
Hier in dem alten Kyffhäuser –
Bedenk' ich die Sach ganz genau
So brauchen wir gar keinen Kaiser.«

Kaput XVII.

Ich habe mich mit dem Kaiser gezankt
Im Traum, im Traum versteht sich, –
Im wachenden Zustand sprechen wir nicht
Mit Fürsten so widersetzig.

Nur träumend, im idealen Traum,
Wagt ihnen der Deutsche zu sagen
Die deutsche Meinung, die er so tief
Im treuen Herzen getragen.

Als ich erwacht', fuhr ich einem Wald
Vorbei, der Anblick der Bäume,
Der nackten hölzernen Wirklichkeit
Verscheuchte meine Träume.

Die Eichen schüttelten ernsthaft das Haupt,
Die Birken und Birkenreiser
Sie nickten so warnend – und ich rief:
»Vergib mir, mein teurer Kaiser!

Vergib mir, o Rotbart, das rasche Wort!
Ich weiß, du bist viel weiser

Als ich, ich habe so wenig Geduld –
Doch komme du bald, mein Kaiser!

Behagt dir das Guillotinieren nicht,
So bleib bei den alten Mitteln:
Das Schwert für Edelleute, der Strick
Für Bürger und Bauern in Kitteln.

Nur manchmal wechsle ab, und laß
Den Adel hängen, und köpfe
Ein bißchen die Bürger und Bauern, wir sind
Ja alle Gottesgeschöpfe.

Stell' wieder her das Halsgericht,
Das peinliche Karls des Fünften,
Und teile wieder ein das Volk
Nach Ständen, Gilden und Zünften.

Das alte heilige römische Reich,
Stell's wieder her, das ganze,
Gib uns den modrigsten Plunder zurück
Mit allem Firlefanze.

Das Mittelalter, immerhin,
Das wahre, wie es gewesen,
Ich will es ertragen – erlöse uns nur
Von jenem Zwitterwesen,

Von jenem Gamaschenrittertum,
Das ekelhaft ein Gemisch ist
Von gotischem Wahn und modernem Lug,
Das weder Fleisch noch Fisch ist.

Jag' fort das Komödiantenpack,
Und schließe die Schauspielhäuser,
Wo man die Vorzeit parodiert –
Komme du bald, o Kaiser!«

Kaput XVIII.

Minden ist eine feste Burg,
Hat gute Wehr' und Waffen!
Mit preußischen Festungen hab' ich jedoch
Nicht gerne was zu schaffen.

Wir kamen dort an zur Abendzeit.
Die Planken der Zugbrück stöhnten
So schaurig, als wir hinübergerollt;
Die dunklen Gräben gähnten.

Die hohen Bastionen schauten mich an,
So drohend und verdrossen;
Das große Tor ging rasselnd auf,
Ward rasselnd wieder geschlossen.

Ach! meine Seele ward betrübt,
Wie des Odysseus Seele,
Als er gehört, daß Polyphem
Den Felsblick schob vor die Höhle.

Es trat an den Wagen ein Korporal
Und frug uns: wie wir hießen?
Ich heiße Niemand, bin Augenarzt
Und steche den Star den Riesen.

Im Wirtshaus ward mir noch schlimmer zumut,
Das Essen wollt mir nicht schmecken.

Ging schlafen sogleich, doch schlief ich nicht,
Mich drückten so schwer die Decken.

Es war ein breites Federbett,
Gardinen von rotem Damaste,
Der Himmel von verblichenem Gold,
Mit einem schmutzigen Quaste.

Verfluchter Quast! der die ganz Nacht
Die liebe Ruhe mir raubte!
Er hing mir, wie des Damokles Schwert,
So drohend über dem Haupte!

Schien manchmal ein Schlangenkopf zu sein,
Und ich hörte ihn heimlich zischen:
»Du bist und bleibst in der Festung jetzt,
Du kannst nicht mehr entwischen!«

»O, daß ich wäre« – seufzte ich –
»Daß ich zu Hause wäre,
Bei meiner lieben Frau in Paris,
Im Faubourg Poissonière!«

Ich fühlte, wie über die Stirne mir
Auch manchmal etwas gestrichen,
Gleich einer kalten Zensorhand,
Und meine Gedanken wichen –

Gendarmen in Leichenlaken gehüllt,
Ein weißes Spukgewirre,
Umringte mein Bett, ich hörte auch
Unheimliches Kettengeklirre.

Ach! die Gespenster schleppten mich fort,
Und ich hab' mich endlich befunden
An einer steilen Felsenwand;
Dort war ich festgebunden.

Der böse schmutzige Betthimmelquast!
Ich fand ihn gleichfalls wieder,
Doch sah er jetzt wie ein Geier aus,
Mit Krallen und schwarzem Gefieder.

Er glich dem preußischen Adler jetzt,
Und hielt meinen Leib umklammert;
Er fraß mir die Leber aus der Brust,
Ich habe gestöhnt und gejammert.

Ich jammerte lange – da krähte der Hahn,
Und der Fiebertraum erblaßte.
Ich lag zu Minden im schwitzenden Bett,
Der Adler ward wieder zum Quaste.

Ich reiste fort mit Extrapost,
Und schöpfte freien Odem
Erst draußen in der freien Natur,
Auf bückeburg'schem Boden.

Kaput XIX.

O, Danton, du hast dich sehr geirrt
Und mußtest den Irrtum büßen!
Mitnehmen kann man das Vaterland
An den Sohlen, an den Füßen.

Das halbe Fürstentum Bückeburg
Blieb mir an den Stiefeln kleben;
So lehmichte Wege habe ich wohl
Noch nie gesehen im Leben.

In Bückeburg stieg ich ab in der Stadt,
Um dort zu betrachten die Stammburg,
Wo mein Großvater geboren ward;
Die Großmutter war aus Hamburg.

Ich kam nach Hannover um Mittagszeit,
Und ließ mir die Stiefel putzen.
Ich ging sogleich die Stadt zu besehn,
Ich reise gern mit Nutzen.

Mein Gott! da sieht es sauber aus!
Der Kot liegt nicht auf den Gassen.
Viel' Prachtgebäude sah ich dort,
Sehr imponierende Massen.

Besonders gefiel mir ein großer Platz,
Umgeben von stattlichen Häusern;
Dort wohnt der König, dort steht sein Palast,
Er ist von schönem Äußern,

(Nämlich der Palast.) Vor dem Portal
Zu jeder Seite ein Schildhaus.
Rotröcke mit Flinten halten dort Wacht,
Sie sehen drohend und wild aus.

Mein Cicerone sprach: »Hier wohnt
Der Ernst Augustus, ein alter,
Hochtoryscher Lord, ein Edelmann,
Sehr rüstig für sein Alter.

Idyllisch sicher haust er hier,
Denn besser als alle Trabanten
Beschützet ihn der mangelnde Mut
Von unseren lieben Bekannten.

Ich seh' ihn zuweilen, er klagt alsdann,
Wie gar langweilig das Amt sei,
Das Königsamt, wozu er jetzt
Hier in Hannover verdammt sei.

An großbritannisches Leben gewöhnt,
Sei es ihm hier zu enge,
Ihn plage der Spleen, er fürchte schier,
Daß er sich mal erhänge.

Vorgestern fand ich ihn traurig gebückt
Am Kamin, in der Morgenstunde;
Er kochte höchstselbst ein Lavement
Für seine kranken Hunde.«

Kaput XX.

Von Harburg fuhr ich in einer Stund'
Nach Hamburg. Es war schon Abend.
Die Sterne am Himmel grüßten mich,
Die Luft war lind und labend.

Und als ich zu meiner Frau Mutter kam,
Erschrak sie fast vor Freude;
Sie rief: »Mein liebes Kind!« und schlug
Zusammen die Hände beide.

»Mein liebes Kind, wohl dreizehn Jahr
Verflossen unterdessen!

Du wirst gewiß sehr hungrig sein –
Sag' an, was willst du essen?

Ich habe Fisch und Gänsefleisch
Und schöne Apfelsinen.«
»So gibt mir Fisch und Gänsefleisch
Und schöne Apfelsinen.«

Und als ich aß mit großem App'tit,
Die Mutter ward glücklich und munter,
Sie frug wohl dies, sie frug wohl das,
Verfängliche Fragen mitunter.

»Mein liebes Kind! und wirst du auch
Recht sorgsam gepflegt in der Fremde?
Versteht deine Frau die Haushaltung,
Und flickt sie dir Strümpfe und Hemde?«

»Der Fisch ist gut, lieb Mütterlein,
Doch muß man ihn schweigend verzehren;
Man kriegt so leicht eine Grät' in den Hals,
Du darfst mich jetzt nicht stören.«

Und als ich den braven Fisch verzehrt,
Die Gans ward aufgetragen.
Die Mutter frug wieder wohl dies, wohl das,
Mitunter verfängliche Fragen.

»Mein liebes Kind! in welchem Land
Läßt sich am besten leben?
Hier oder in Frankreich? und welchem Volk
Wirst du den Vorzug geben?«

»Die deutsche Gans, lieb Mütterlein,
Ist gut, jedoch die Franzosen,
Sie stopfen die Gänse besser als wir,
Auch haben sie bessere Saucen.« –

Und als die Gans sich wieder empfahl,
Da machten ihre Aufwartung
Die Apfelsinen, sie schmeckten so süß,
Ganz über alle Erwartung.

Die Mutter aber fing wieder an
Zu fragen sehr vergnüglich,
Nach tausend Dingen, mitunter sogar
Nach Dingen, die sehr anzüglich.

»Mein liebes Kind! Wie denkst du jetzt?
Treibst du noch immer aus Neigung
Die Politik? Zu welcher Partei
Gehörst du mit Überzeugung?«

»Die Apfelsinen, lieb Mütterlein,
Sind gut, und mit wahrem Vergnügen
Verschlucke ich den süßen Saft,
Und lasse die Schalen liegen.«

Kaput XXI.

Die Stadt, zur Hälfte abgebrannt,
Wird aufgebaut allmählich;
Wie'n Pudel, der halb geschoren ist,
Sieht Hamburg aus, trübselig.

Gar manche Gassen fehlen mir,
Die ich nur ungern vermisse –

Wo ist das Haus, wo ich geküßt
Der Liebe erste Küsse?

Wo ist die Druckerei, wo ich
Die Reisebilder druckte?
Wo ist der Austerkeller, wo ich
Die ersten Austern schluckte?

Und der Dreckwall, wo ist der Dreckwall hin?
Ich kann ihn vergeblich suchen!
Wo ist der Pavillon, wo ich
Gegessen so manchen Kuchen?

Wo ist das Rathaus, worin der Senat
Und die Bürgerschaft gethronet?
Ein Raub der Flammen! Die Flamme hat
Das Heiligste nicht verschonet.

Die Leute seufzten noch vor Angst,
Und mit wehmüt'gem Gesichte
Erzählten sie mir vom großen Brand
Die schreckliche Geschichte:

»Es brannte an allen Ecken zugleich,
Man sah nur Rauch und Flammen!
Die Kirchentürme loderten auf
Und stürzten krachend zusammen.

Die alte Börse ist verbrannt,
Wo unsere Väter gewandelt,
Und miteinander jahrhundertelang
So redlich als möglich gehandelt.

Die Bank, die silberne Seele der Stadt,
Und die Bücher wo eingeschrieben
Jedweden Mannes Banko-Wert,
Gottlob! sie sind uns geblieben!

Gottlob! man kollektierte für uns
Selbst bei den fernsten Nationen –
Ein gutes Geschäft – die Kollekte betrug
Wohl an die acht Millionen.

Die Hilfsgeldkasse wurde geführt
Von wahren Christen und Frommen –
Erfahren hat nie die linke Hand,
Wieviel die rechte genommen.

Aus allen Ländern floß das Geld
In unsre offnen Hände,
Auch Viktualien nahmen wir an,
Verschmähten keine Spende.

Man schickte uns Kleider und Betten genug,
Auch Brot und Fleisch und Suppen!
Der König von Preußen wollte sogar
Uns schicken seine Truppen.

Der materielle Schaden ward
Vergütet, das ließ sich schätzen –
Jedoch den Schrecken, unseren Schreck,
Den kann uns niemand ersetzen!«

Aufmunternd sprach ich: »Ihr lieben Leut',
Ihr müßt nicht jammern und flennen,
Troja war eine bessere Stadt
Und mußte doch verbrennen.

Baut eure Häuser wieder auf
Und trocknet eure Pfützen,
Und schafft euch beß're Gesetze an,
Und beß're Feuerspritzen.

Gießt nicht zu viel Cayenne-Piment
In eure Mockturtelsuppen,
Auch eure Karpfen sind euch nicht gesund,
Ihr kocht sie so fett mit den Schuppen.

Kalkuten schaden euch nicht viel,
Doch hütet euch vor der Tücke
Des Vogels, der sein Ei gelegt
In des Bürgermeisters Perücke.

Wer dieser fatale Vogel ist,
Ich brauch' es euch nicht zu sagen –
Denk' ich an ihn, so dreht sich herum
Das Essen in meinem Magen.«

Kaput XXII.

Noch mehr verändert als die Stadt
Sind mir die Menschen erschienen,
Sie gehn so betrübt und gebrochen herum,
Wie wandelnde Ruinen.

Die Mageren sind noch dünner jetzt,
Noch fetter sind die Feisten,
Die Kinder sind alt, die Alten sind
Kindisch geworden, die meisten.

Gar manche, die ich als Kälber verließ,
Fand ich als Ochsen wieder;

Gar manches kleine Gänschen ward
Zur Gans mit stolzem Gefieder.

Die alte Gudel fand ich geschminkt
Und geputzt wie eine Sirene;
Hat schwarze Locken sich angeschafft
Und blendend weiße Zähne.

Am besten hat sich konserviert
Mein Freund, der Papierverkäufer;
Sein Haar ward gelb und umwallt sein Haupt,
Sieht aus wie Johannes der Täufer.

Den **** den sah ich nur von fern,
Er huschte mir rasch vorüber;
Ich höre, sein Geist ist abgebrannt
Und war versichert bei Bieber.

Auch meinen alten Zensor sah
Ich wieder. Im Nebel, gebücket,
Begegnet' er mir auf dem Gänsemarkt,
Schien sehr darniedergedrücket.

Wir schüttelten uns die Hände, es schwamm
Im Auge des Mann's eine Träne.
Wie freute er sich, mich wieder zu sehn!
Es war eine rührende Szene. –

Nicht alle fand ich. Mancher hat
Das Zeitliche gesegnet.
Ach! meinem Gumpelino sogar
Bin ich nicht mehr begegnet.

Der Edle hatte ausgehaucht
Die große Seele soeben,
Und wird als verklärter Seraph jetzt
Am Throne Jehovas schweben.

Vergebens suchte ich überall
Den krummen Adonis, der Tassen
Und Nachtgeschirr von Porzellan
Feilbot in Hamburgs Gassen.

Ob noch der kleine Meyer lebt,
Das kann ich wahrhaftig nicht sagen;
Er fehlte mir, doch ich vergaß
Bei Cornet nach ihm zu fragen.

Sarras, der treue Pudel, ist tot.
Ein großer Verlust! Ich wette,
Daß Campe lieber ein ganzes Schock
Schriftsteller verloren hätte. – –

Die Population des Hamburger Staats
Besteht, seit Menschengedenken,
Aus Juden und Christen; es pflegen auch
Die letztren nicht viel zu verschenken.

Die Christen sind alle ziemlich gut,
Auch essen sie gut zu Mittag,
Und ihre Wechsel bezahlen sie prompt,
Noch vor dem letzten Respittag.

Die Juden teilen sich wieder ein
In zwei verschiedne Parteien;
Die Alten gehn in die Synagog'
Und in den Tempel die Neuen.

Die Neuen essen Schweinefleisch,
Zeigen sich widersetzig,
Sind Demokraten; die Alten sind
Vielmehr aristokrätzig.

Ich liebe die Alten, ich liebe die Neu'n –
Doch schwör' ich, beim ewigen Gotte,
Ich liebe gewisse Fischchen noch mehr,
Man heißt sie geräucherte Sprotte.

Kaput XXIII.

Als Republik war Hamburg nie
So groß wie Venedig und Florenz,
Doch Hamburg hat bessere Austern; man speist
Die besten im Keller von Lorenz.

Es war ein schöner Abend, als ich
Mich hinbegab mit Campen;
Wir wollten miteinander dort
In Rheinwein und Austern schlampampen.

Auch gute Gesellschaft fand ich dort,
Mit Freude sah ich wieder
Manch alten Genossen, zum Beispiel Chaufepié,
Auch manche neue Brüder.

Da war der Wille, dessen Gesicht
Ein Stammbuch, worin mit Hieben
Die akademischen Feinde sich
Recht leserlich eingeschrieben.

Da war der Fuchs, ein blinder Heid,
Und persönlicher Feind des Jehova,

Glaubt nur an Hegel und etwa noch
An die Venus des Canova.

Mein Campe war Amphitryo
Und lächelte vor Wonne;
Sein Auge strahlte Seligkeit,
Wie eine verklärte Madonne.

Ich aß und trank, mit gutem App'tit,
Und dachte in meinem Gemüte:
»Der Campe ist wirklich ein großer Mann,
Ist aller Verleger Blüte.

Ein andrer Verleger hätte mich
Vielleicht verhungern lassen,
Der aber gibt mir zu trinken sogar;
Werde ihn niemals verlassen.

Ich danke dem Schöpfer in der Höh',
Der diesen Saft der Reben
Erschuf, und zum Verleger mir
Den Julius Campe gegeben!

Ich danke dem Schöpfer in der Höh',
Der, durch sein großes Werde,
Die Austern erschaffen in der See
Und den Rheinwein auf der Erde!

Der auch Zitronen wachsen ließ,
Die Austern zu betauen –
Nun laß mich, Vater, diese Nacht
Das Essen gut verdauen!«

Der Rheinwein stimmt mich immer weich,
und löst jedwedes Zerwürfnis

In meiner Brust, entzündet darin
Der Menschenliebe Bedürfnis.

Es treibt mich aus dem Zimmer hinaus,
Ich muß in den Straßen schlendern;
Die Seele sucht eine Seele und späht
Nach zärtlich weißen Gewändern.

In solchen Momenten zerfließe ich fast
Vor Wehmut und vor Sehnen;
Die Katzen scheinen mir alle grau,
Die Weiber alle Helenen. – – –

Und als ich auf die Drehbahn kam
Da sah ich im Mondenschimmer
Ein hehres Weib, ein wunderbar
Hochbusiges Frauenzimmer.

Ihr Antlitz war rund und kerngesund,
Die Augen wie blaue Turkoasen,
Die Wangen wie Rosen, wie Kirschen der Mund,
Auch etwas rötlich die Nase.

Ihr Haupt bedeckte eine Mütz'
Von weißem gesteiftem Linnen,
Gefältet wie eine Mauerkron',
Mit Türmchen und zackigen Zinnen.

Sie trug eine weiße Tunika,
Bis an die Waden reichend.
Und welche Waden! Das Fußgestell
Zwei dorischen Säulen gleichend.

Die weltlichste Natürlichkeit
Konnt' man in den Zügen lesen;
Doch das übermenschliche Hinterteil
Verriet ein höheres Wesen.

Sie trat zu mir heran und sprach:
»Willkommen an der Elbe,
Nach dreizehnjähr'ger Abwesenheit –
Ich sehe du bist noch derselbe!

Du suchst die schönen Seelen vielleicht,
Die dir so oft begegent
Und mit dir geschwärmt die Nacht hindurch,
In dieser schönen Gegend.

Das Leben verschlang sie, das Ungetüm,
Die hundertköpfige Hyder;
Du findest nicht die alte Zeit
Und die Zeitgenössinnen wieder!

Du findest die holden Blumen nicht mehr,
Die das junge Herz vergöttert;
Hier blühten sie – jetzt sind sie verwelkt,
Und der Sturm hat sie entblättert.

Verwelkt, entblättert, zertreten sogar
Von rohen Schicksalsfüßen –
Mein Freund, das ist auf Erden das Los
Von allem Schönen und Süßen!«

»Wer bist du?« – rief ich – »du schaust mich an
Wie'n Traum aus alten Zeiten –
Wo wohnst du, großes Frauenbild?
Und darf ich dich begleiten?«

Da lächelte das Weib und sprach:
»Du irrst dich, ich bin eine feine,
Anständ'ge, moralische Person;
Du irrst dich, ich bin nicht so eine.

Ich bin nicht so eine kleine Mamsell,
So eine welsche Lorettin –
Denn wisse: ich bin Hammonia,
Hamburgs beschützende Göttin!

Du stutzest und erschreckst sogar,
Du sonst so mutiger Sänger!
Willst du mich noch begleiten jetzt?
Wohlan, so zög're nicht länger.«

Ich aber lachte laut und rief:
»Ich folge auf der Stelle –
Schreit' du voran, ich folge dir,
Und ging' es in die Hölle!«

Kaput XXIV.

Wie ich die enge Saaltrepp' hinauf
Gekommen, ich kann es nicht sagen;
Es haben unsichtbare Geister mich
Vielleicht hinaufgetragen.

Hier, in Hammonias Kämmerlein,
Verflossen mir schnell die Stunden.
Die Göttin gestand die Sympathie,
Die sie immer für mich empfunden.

»Siehst du«, – sprach sie – »in früherer Zeit
War mir am meisten teuer

Der Sänger, der den Messias besang
Auf seiner frommen Leier.

Dort auf der Kommode steht noch jetzt
Die Büste von meinem Klopstock,
Jedoch seit Jahren dient sie mir
Nur noch als Haubenkopfstock.

Du bist mein Liebling jetzt, es hängt
Dein Bildnis zu häupten des Bettes;
Und siehst du, ein frischer Lorbeer umkränzt
Den Rahmen des holden Porträtes.

Nur daß du meine Söhne so oft
Genergelt, ich muß es gestehen,
Hat mich zuweilen tief verletzt;
Das darf nicht mehr geschehen.

Es hat die Zeit dich hoffentlich
Von solcher Unart geheilet,
Und dir eine größere Toleranz
Sogar für Narren erteilet.

Doch sprich, wie kam der Gedanke dir
Zu reisen nach dem Norden
In solcher Jahreszeit? Das Wetter ist
Schon winterlich geworden!«

»O, meine Göttin!« – erwiderte ich –
»Es schlafen tief im Grunde
Des Menschenherzens Gedanken, die oft
Erwachen zur unrechten Stunde.

Es ging mir äußerlich ziemlich gut,
Doch innerlich war ich beklommen,
Und die Beklemmnis täglich wuchs –
Ich hatte das Heimweh bekommen.

Die sonst so leichte französische Luft,
Sie fing mich an zu drücken;
Ich mußte Atem schöpfen hier
In Deutschland, um nicht zu ersticken.

Ich sehnte mich nach Torfgeruch,
Nach deutschem Tabaksdampfe;
Es bebte mein Fuß vor Ungeduld,
Daß er deutschen Boden stampfe.

Ich seufzte des Nachts, und sehnte mich,
Daß ich sie wiedersähe,
Die alte Frau, die am Dammtor wohnt;
Das Lottchen wohnt in der Nähe.

Auch jenem edlen alten Herrn,
Der immer mich ausgescholten
Und immer großmütig beschützt, auch ihm
Hat mancher Seufzer gegolten.

Ich wollte wieder aus seinem Mund
Vernehmen den ›dummen Jungen!‹
Das hat mir immer wie Musik
Im Herzen nachgeklungen.

Ich sehnte mich nach dem blauen Rauch,
Der aufsteigt aus deutschen Schornsteinen,
Nach niedersächsischen Nachtigall'n,
Nach stillen Buchenhainen.

Ich sehnte mich nach den Plätzen sogar,
Nach jenen Leidensstationen,
Wo ich geschleppt das Jugendkreuz
Und meine Dornenkronen.

Ich wollte weinen wo ich einst
Geweint die bittersten Tränen –
Ich glaube Vaterlandsliebe nennt
Man dieses törichte Sehnen.

Ich spreche nicht gern davon; es ist
Nur eine Krankheit im Grunde.
Verschämten Gemütes, verberge ich stets
Dem Publiko meine Wunde.

Fatal ist mir das Lumpenpack,
Das, um die Herzen zu rühren,
Den Patriotismus trägt zur Schau
Mit allen seinen Geschwüren.

Schamlose schäbige Bettler sind's,
Almosen wollen sie haben –
Ein'n Pfennig Popularität
Für Menzel und seine Schwaben!

O meine Göttin, du hast mich heut
In weicher Stimmung gefunden;
Bin etwas krank, doch pfleg' ich mich,
Und ich werde bald gesunden.

Ja, ich bin krank, und du könntest mir
Die Seele sehr erfrischen
Durch eine gute Tasse Tee;
Du mußt ihn mit Rum vermischen.«

Kaput XXV.

Die Göttin hat mir Tee gekocht
Und Rum hineingegossen;
Sie selber aber hat den Rum
Ganz ohne Tee genossen.

An meine Schulter lehnte sie
Ihr Haupt (die Mauerkrone,
Die Mütze, ward etwas zerknittert davon)
Und sie sprach mit sanftem Tone:

»Ich dachte manchmal mit Schrecken dran,
Daß du in dem sittenlosen
Paris so ganz ohne Aufsicht lebst,
Bei jenen frivolen Franzosen.

Du schlenderst dort herum, und hast
Nicht mal an deiner Seite
Einen treuen deutschen Verleger, der dich
Als Mentor warne und leite.

Und die Verführung ist dort so groß,
Dort gibt es so viele Sylphiden,
Die ungesund, und gar zu leicht
Verliert man den Seelenfrieden.

Geh nicht zurück und bleib bei uns;
Hier herrschen noch Zucht und Sitte,
Und manches stille Vergnügen blüht
Auch hier, in unserer Mitte.

Bleib bei uns in Deutschland, es wird dir hier
Jetzt besser als eh'mals munden;

Wir schreiten fort, du hast gewiß
Den Fortschritt selbst gefunden.

Auch die Zensur ist nicht mehr streng,
Hoffmann wird älter und milder,
Er streicht nicht mehr mit Jugendzorn
Dir deine Reisebilder.

Du selbst bist älter und milder jetzt,
Wirst dich in manches schicken,
Und wirst sogar die Vergangenheit
In besserem Lichte erblicken.

Ja, daß es uns früher so schrecklich ging
In Deutschland, ist Übertreibung;
Man konnte entrinnen der Knechtschaft, wie einst
In Rom, durch Selbstentleibung.

Gedankenfreiheit genoß das Volk,
Sie war für die großen Massen,
Beschränkung traf nur die g'ringe Zahl
Derjen'gen, die drucken lassen.

Gesetzlose Willkür herrschte nie,
Dem schlimmsten Demagogen
Ward niemals ohne Urteilspruch
Die Staatskokarde entzogen.

So übel war es in Deutschland nie,
Trotz aller Zeitbedrängnis –
Glaub' mir, verhungert ist nie ein Mensch
In einem deutschen Gefängnis.

Es blühte in der Vergangenheit
So manche schöne Erscheinung
Des Glaubens und der Gemütlichkeit;
Jetzt herrscht nur Zweifel, Verneinung.

Die praktische äußere Freiheit wird einst
Das Ideal vertilgen,
Das wir im Busen getragen – es war
So rein wie der Traum der Liljen!

Auch unsre schöne Poesie
Erlischt, sie ist schon ein wenig
Erloschen; mit andern Königen stirbt
Auch Freiligraths Mohrenkönig.

Der Enkel wird essen und trinken genug,
Doch nicht in beschaulicher Stille;
Es poltert heran ein Spektakelstück,
Zu Ende geht die Idylle.

O, könntest zu schweigen, ich würde dir
Das Buch des Schicksals entsiegeln,
Ich ließe dir spätere Zeiten sehn
In meinen Zauberspiegeln.

Was ich den sterblichen Menschen nie
Gezeigt, ich möcht' es dir zeigen:
Die Zukunft deines Vaterlands –
Doch ach! du kannst nicht schweigen!«

»Mein Gott, o Göttin!« – rief ich entzückt –
»Das wäre mein größtes Vergnügen,
Laß mich das künftige Deutschland sehn –
Ich bin ein Mann und verschwiegen.

Ich will dir schwören jeden Eid,
Den du nur magst begehren,
Mein Schweigen zu verbürgen dir –
Sag an, wie soll ich schwören?«

Doch jene erwiderte: »Schwöre mir
In Vater Abrahams Weise,
Wie er Eliesern schwören ließ,
Als dieser sich gab auf die Reise.

»Heb auf das Gewand und lege die Hand
Hier unten an meine Hüften,
Und schwöre mir Verschwiegenheit
In Reden und in Schriften!«

Ein feierlicher Moment! Ich war
Wie angeweht vom Hauche
Der Vorzeit, als ich schwur den Eid,
Nach uraltem Erzväterbrauche.

Ich hob das Gewand der Göttin auf,
Und legte an ihre Hüften
Die Hand, gelobend Verschwiegenheit
In Reden und in Schriften.

Kaput XXVI.

Die Wangen der Göttin glühten so rot,
(Ich glaube in die Krone
Stieg ihr der Rum) und sie sprach zu mir
In sehr wehmütigem Tone:

»Ich werde alt. Geboren bin ich
Am Tage von Hamburgs Begründung.

Die Mutter war Schellfischkönigin
Hier an der Elbe Mündung.

Mein Vater war ein großer Monarch,
Karolus Magnus geheißen,
Er war noch mächt'ger und klüger sogar,
Als Friedrich der Große von Preußen.

Der Stuhl ist zu Aachen, auf welchem er
Am Tage der Krönung ruhte;
Den Stuhl worauf er saß in der Nacht,
Den erbte die Mutter, die gute.

Die Mutter hinterließ ihn mir,
Ein Möbel von scheinlosem Äußern,
Doch böte mir Rothschild all sein Geld,
Ich würde ihn nicht veräußern.

Siehst du, dort in dem Winkel steht
Ein alter Sessel, zerrissen
Das Leder der Lehne, von Mottenfraß
Zernagt das Polsterkissen.

Doch gehe hin und hebe auf
Das Kissen von dem Sessel,
Du schaust eine runde Öffnung dann,
Darunter einen Kessel –

Das ist ein Zauberkessel worin
Die magischen Kräfte brauen,
Und steckst du in die Ründung den Kopf,
So wirst du die Zukunft schauen –

Die Zukunft Deutschlands erblickst du hier,
Gleich wogenden Phantasmen,
Doch schaudre nicht, wenn aus dem Wust
Aufsteigen die Miasmen!«

Sie sprach's und lachte sonderbar,
Ich aber ließ mich nicht schrecken,
Neugierig eilte ich den Kopf
In die furchtbare Ründung zu stecken.

Was ich gesehn, verrate ich nicht,
Ich habe zu schweigen versprochen,
Erlaubt ist mir zu sagen kaum,
O Gott! was ich gerochen! – – –

Ich denke mit Widerwillen noch
An jene schnöden, verfluchten
Vorspielgerüche, das schien ein Gemisch
Von altem Kohl und Juchten.

Entsetzlich waren die Düfte, o Gott!
Die sich nachher erhuben;
Es war als fegte man den Mist
Aus sechsunddreißig Gruben. – – –

Ich weiß wohl was Saint-Just gesagt
Weiland im Wohlfahrtsausschuß:
Man heile die große Krankheit nicht
Mit Rosenöl und Moschus –

Doch dieser deutsche Zukunftsduft
Mocht' alles überragen
Was meine Nase je geahnt –
Ich konnt' es nicht länger ertragen – – –

Mir schwanden die Sinne, und als ich aufschlug
Die Augen, saß ich an der Seite
Der Göttin noch immer, es lehnte mein Haupt
An ihre Brust, die breite.

Es blitzte ihr Blick, es glühte ihr Mund,
Es zuckten die Nüstern der Nase,
Bacchantisch umschlang sie den Dichter und sang
Mit schauerlich wilder Ekstase:

»Es ist ein König in Thule, der hat
'nen Becher, nichts geht ihm darüber,
Und wenn er aus dem Becher trinkt,
Dann gehen die Augen ihm über.

Dann steigen in ihm Gedanken auf,
Die kaum sich ließen ahnden,
Dann ist er kapabel und dekretiert,
Auf dich, mein Kind, zu fahnden.

Geh nicht nach Norden, und hüte dich
Vor jenem König in Thule,
Hüt dich vor Gendarmen und Polizei,
Vor der ganzen historischen Schule.

Bleib bei mir in Hamburg, ich liebe dich,
Wir wollen trinken und essen
Den Wein und die Austern der Gegenwart,
Und die dunkle Zukunft vergessen.

Den Deckel darauf! damit uns nicht
Der Mißduft die Freude vertrübet –
Ich liebe dich, wie je ein Weib
Einen deutschen Poeten geliebet!

Ich küsse dich, und ich fühle wie mich
Dein Genius begeistert;
Es hat ein wunderbarer Rausch
Sich meiner Seele bemeistert.

Mir ist, als ob ich auf der Straß'
Die Nachtwächter singen hörte –
Es sind Hymenäen, Hochzeitmusik,
Mein süßer Lustgefährte!

Jetzt kommen die reitenden Diener auch,
Mit üppig lodernden Fackeln,
Sie tanzen ehrbar den Fackeltanz,
Sie springen und hüpfen und wackeln.

Es kommt der hoch- und wohlweise Senat,
Es kommen die Oberalten;
Der Bürgermeister räuspert sich
Und will eine Rede halten.

In glänzender Uniform erscheint
Das Korps der Diplomaten;
Sie gratulieren mit Vorbehalt
Im Namen der Nachbarstaaten.

Es kommt die geistliche Deputation,
Rabbiner und Pastöre –
Doch ach! da kommt der Hoffmann auch
Mit seiner Zensorschere!

Die Schere klirrt in seiner Hand,
Es rückt der wilde Geselle
Dir auf den Leib – er schneidet ins Fleisch –
Es war die beste Stelle.«

Kaput XXVII.

Was sich in jener Wundernacht
Des weitern zugetragen,
Erzähl' ich euch ein andermal,
In warmen Sommertagen.

Das alte Geschlecht der Heuchelei
Verschwindet Gott sei Dank heut,
Es sinkt allmählich ins Grab, es stirbt
An seiner Lügenkrankheit.

Es wächst heran ein neues Geschlecht,
Ganz ohne Schminke und Sünden,
Mit freien Gedanken, mit freier Luft –
Dem werde ich alles verkünden.

Schon knospet die Jugend, welche versteht
Des Dichters Stolz und Güte,
Und sich an seinem Herzen wärmt,
An seinem Sonnengemüte.

Mein Herz ist liebend wie das Licht,
Und rein und keusch wie das Feuer;
Die edelsten Grazien haben gestimmt
Die Saiten meiner Leier.

Es ist dieselbe Leier, die einst
Mein Vater ließ ertönen,
Der selige Herr Aristophanes,
Der Liebling der Kamönen.

Es ist die Leier, worauf er einst
Den Paisteteros besungen,

Der um die Basileia gefreit,
Mit ihr sich emporgeschwungen.

Im letzten Kapitel hab' ich versucht
Ein bißchen nachzuahmen
Den Schluß der »Vögel«, die sind gewiß
Das beste von Vaters Dramen.

Die »Frösche« sind auch vortrefflich. Man gibt
In deutscher Übersetzung
Sie jetzt auf der Bühne von Berlin,
Zu königlicher Ergetzung.

Der König liebt das Stück. Das zeugt
Von gutem antiken Geschmacke;
Den Alten amüsierte weit mehr
Modernes Froschgequacke.

Der König liebt das Stück. Jedoch
Wär' noch der Autor am Leben,
Ich riete ihm nicht sich in Person
Nach Preußen zu begeben.

Dem wirklichen Aristophanes,
Dem ging es schlecht, dem Armen;
Wir würden ihn bald begleitet sehn
Mit Chören von Gendarmen.

Der Pöbel bekäm' die Erlaubnis bald
Zu schimpfen statt zu wedeln;
Die Polizei erhielte Befehl
Zu fahnden auf den Edeln.

O König! Ich meine es gut mit dir,
Und will einen Rat dir geben:
Die toten Dichter, verehre sie nur,
Doch schone die da leben.

Beleid'ge lebendige Dichter nicht,
Sie haben Flammen und Waffen,
Die furchtbarer sind als Jovis Blitz,
Den ja der Poet erschaffen.

Beleid'ge die Götter, die alten und neu'n,
Des ganzen Olymps Gelichter,
Und den höchsten Jehova obendrein –
Beleid'ge nur nicht den Dichter!

Die Götter bestrafen freilich sehr hart
Des Menschen Missetaten,
Das Höllenfeuer ist ziemlich heiß,
Dort muß man schmoren und braten –

Doch Heilige gibt es, die aus der Glut
Losbeten den Sünder; durch Spenden
An Kirchen und Seelenmessen wird
Erworben ein hohes Verwenden.

Und am Ende der Tage kommt Christus herab
Und bricht die Pforten der Hölle;
Und hält er auch ein strenges Gericht,
Entschlüpfen wird mancher Geselle.

Doch gibt es Höllen aus deren Haft
Unmöglich jede Befreiung;
Hier hilft kein Beten, ohnmächtig ist hier
Des Welterlösers Verzeihung.

Kennst du die Hölle des Dante nicht,
Die schrecklichen Terzetten?
Wen da der Dichter hineingesperrt,
Den kann kein Gott mehr retten –

Kein Gott, kein Heiland, erlöst ihn je
Aus diesen singenden Flammen!
Nimm dich in acht, daß wir dich nicht
Zu solcher Hölle verdammen!

Editorisches Nachwort

Über diese Ausgabe

Der Text der vorliegenden Heine-Auswahlausgabe in fünf Bänden folgt der Ausgabe von Heines Werken in fünfzehn Teilen, herausgegeben von Hermann Friedemann, Helene Herrmann, Erwin Kalischer, Raimund Pissin und Veit Valentin, Berlin 1908 ff. Gegenüber der früheren, textkritischen Ausgabe von Ernst Elster weist diese Ausgabe nur in einem prinzipiellen Punkt eine Abweichung auf: in der Behandlung der Interpunktion. In seiner editorischen Vorbemerkung begründet R. Pissin diese Änderung wie folgt: »Elster hat die Heinesche Original-Interpunktion eliminiert, d. h. im Anschluß an die modernen Regeln ihr Alter- und Eigentümliches, oft streichend, mehr noch hinzufügend beseitigt. Wir waren bestrebt, die ausdrücklich bezeugten Absichten und Vorschriften Heines zu befolgen, der sich durchaus bewußt war, eine besondere und charakteristische Interpunktion durchgeführt zu haben. Sie bezweckt nicht sowohl die logisch-grammatische Gliederung einer Periode, als stellt vielmehr *Anweisungen für den Vortrag* dar. Der Dichter gibt dem Vorleser seiner Schriften, dem Deklamator seiner Gedichte Anweisungen über Tempo, Betonung, Atempausen. Diesen dynamisch-metronomischen Charakter der Heineschen Vortragszeichen suchten wir unverwischt zu erhalten.«

Als Herausgeber der vorliegenden Auswahlausgabe schließe ich mich durch die Wahl der Textvorlage der hier genannten Intention an, freilich weniger, um das Vorlesen oder Vortragen der Heineschen Texte zu erleichtern und zu befördern, als vielmehr darum, den Absichten Heines – es hätten auch andere sein können – überhaupt gerecht zu werden.

Was die Lyrik Heines betrifft, die in Band 1 und Band 5

dieser Ausgabe zu finden ist, sei zur Interpunktion noch folgendes aus R. Pissins editorischer Vorbemerkung hinzugefügt:

»Wir sind bei dem wiederholten Bemühen, den nicht immer konsequenten Interpunktionstendenzen der Heineschen Lyrik möglichst getreu zu folgen, zu einigen Ergebnissen, besonders hinsichtlich der bei Heine sehr beliebten Apostrophe, gelangt, die zum Schluß hier kurz zusammengefaßt werden sollen.

I. Wir haben eine regelmäßige *Streichung* des Apostrophs in folgenden Fällen durchzuführen versucht:

1. In der 3. Person Sing. Präs., z. B. starrt, naht, kaut.
2. In den Imperativen der starken Verben: schaff, geh, laß.
3. In allen Formen und Ableitungen der Verben *gehn, sehn, stehn.*

II. Erhalten wurde der Apostroph:

1. Bei allen anderen Verben, die im Infinitiv einen e-Ausfall haben, namentlich bei denen auf –h'n, wie zieh'n, glüh'n.
2. Im Plural vokalisch auslautender Substantiva, z. B. Klau'n, Melodei'n.
3. In den *Part. praet.,* wie gezog'ne, verworr'ne.
4. Bei den Adjektiven und Komparativen auf 're: bitt're, sich're, bunt're, beß're.
5. Im Imperativ der schwachen Verben: sag', lob'.

Die ausgesprochene Vorliebe Heines für den Apostroph zeigt sich in seinen Jugenddichtungen sehr viel stärker als in den späteren. (Im ›Romanzero‹ ist er z. B. bei weitem nicht mehr so häufig; im ›Atta Troll‹ schwankt die Häufigkeit des Gebrauchs.)

In voller Schärfe konnten wir daher die oben angegebenen Grundsätze – namentlich II, 1.–4., – lediglich im ›Buch der Lieder‹ zur Anwendung bringen, aber auch innerhalb dieser Sammlung weisen die ersten Bogen den Apostroph in reicherer Fülle auf als die jüngeren Partien. Es war also notwendig, selbst in diesem räumlich und zeitlich ziemlich eng umgrenzten Gebiet durch eine vorsichtige Normalisierung – auf Grund statistischer Zusammenstellungen – die Inkonsequenzen der

Originaldrucke zu bessern, um das Textbild möglichst wahr und möglichst einheitlich zu gestalten. Dieses Kompromiß schien uns der gangbarste Weg zwischen den beiden größeren Übeln: entweder eine abgeblaßte moderne Interpunktion zu bieten, oder die zahlreichen Willkürlichkeiten der Originaldrucke sklavisch zu reproduzieren.«

In der vorliegenden Ausgabe wurde gegenüber dem hier dargelegten – und mit Blick auf die Lyrik modifizierten – Grundsatz der Heine-Texttreue nur in einem Punkt abgewichen: Wo sich in den Gedichten wörtliche Rede über mehrere Strophen erstreckt, habe ich darauf verzichtet, diese durch Anführungszeichen an jedem Strophenbeginn wiederholt kenntlich zu machen.

Bei der Auswahl und Anordnung der Heineschen Schriften für diese Ausgabe war der Gesichtspunkt leitend, die für die Hauptstadien der Œuvres repräsentativen Werke oder Werkgruppen zusammenzustellen. Dabei sollte weder dem politischen vor dem lyrischen noch – umgekehrt – dem lyrischen vor dem politischen Heine der Vorzug gegeben werden.

Daß die Lyrik Heines auf zwei Bände verteilt wurde, ist durch ihren Umfang begründet. Statt den »Romanzero« in Band 5 weiteren Spätschriften zuzuordnen, hätte man ihn auch mit der frühen Lyrik Heines, dem »Buch der Lieder« zusammenstellen können, um die »Zeitgedichte«, den »Atta Troll« und »Deutschland. Ein Wintermärchen« in einem eigenen Band unter dem Gesichtspunkt »Poesie und Zeitkritik« zusammenzufassen. Ebendiese Separierung der sogenannten »politischen Lyrik« Heines sollte indes bewußt vermieden werden.

Eine gewisse Verlegenheit bei der Zuordnung stellte allein »Der Rabbi von Bacherach« dar, der als einziges – und in vieler Hinsicht für sich stehendes – Romanfragment den »Reisebildern« in Band 2 vorangestellt wurde. Werkgeschichtlich läßt sich für diese zeitliche Zuordnung insofern argumentieren, als Heine mit der Ausführung dieser Werke bereits 1824 begonnen hatte, also noch vor der »Harzreise«, dem ersten Prosastück

Heines, das seinen Namen in der literarischen Öffentlichkeit bekannt machte.

Die Schriften Heines wurden mit Ausnahme der »Neuen Gedichte« (Band 1) und der Berichte der »Lutezia« (Band 4) stets vollständig wiedergegeben. Von den »Reisebildern« in Band 2 fehlen nur »Die Nordsee«, deren zahlreiche Gedichte sich jedoch im »Buch der Lieder« (Band 1) finden, und die »Englischen Fragmente«. Am schmerzlichsten wird man vielleicht die »Memoiren des Herren von Schnabelewopski« oder »Die Götter im Exil« vermissen – reizvolle Arbeiten, die das Heine-Bild auch bereichern würden. Allein, es ging um eine Auswahl, und da mußte wohl den hier abgedruckten Werken der Vorzug gegeben werden. Sie ergeben ein hinreichend konturiertes Bild, um den ganzen Heine erkennen zu lassen.

Über diesen Band

In dem 1827 erschienenen »Buch der Lieder« vereinigte Heine die Lyrik eines Jahrzehnts. Gedichte, die vorher bereits in Zeitschriften und drei anderen Sammlungen erschienen waren, in den »Gedichten« von 1821, den »Tragödien nebst einem lyrischen Intermezzo« von 1823 und in den »Reisebildern«, wurden von ihm neu arrangiert: als eine »auserlesene Gedichtesammlung, chronologisch geordnet und streng gewählt«. Es ist Heine dabei gelungen, ein neues Ganzes hervorzubringen, was der Wirkung des Buches beim Publikum zugute kam. Noch zu seinen Lebzeiten erreichte es die zwölfte Auflage.

Die Gedichte erscheinen hier nach der – letzten von Heine durchgesehenen – fünften Ausgabe. Heines kurzes Vorwort zu dieser Ausgabe wurde in der vorliegenden Ausgabe nicht abgedruckt, weil sie über die Aussage einer erneuten Durchsicht hinaus nichts Wesentliches mehr enthält.

Aus der Sammlung der »Neuen Gedichte«, die in dieser Zusammenstellung erstmals 1844 erschienen, habe ich aus Gründen des Umfangs eine Auswahl treffen müssen. Von den vier Abteilungen »Neuer Frühling«, »Verschiedene«, »Romanzen« und »Zeitgedichte« habe ich den letzten beiden den Vorzug gegeben. Mir erschien es wichtiger, diese beiden vollständig wiederzugeben, als aus allen Zyklen einzelne Gedichte auszuwählen. Neben den »Romanzen« und »Zeitgedichten« habe ich aus »Verschiedene« nur noch den »Tannhäuser« aufgenommen. Die Heinesche Version des – nach Bitternissen schmachtenden – edlen Ritters erschien mir doch zu reizvoll, um auf sie zu verzichten.

»Aus Laune, Übermut, körperlichem wie seelischem Wohlbehagen scheint der *Atta Troll* hervorgegangen zu sein«, heißt es in der Einleitung bei Helene Herrmann. »Die Fröhlichkeit eines nervösen Sommerfrischlers, der die Verkleidungslust genießt, mit der der Großstädter sich in Tracht und Sitten des Gebirgsortes einlebt, erfüllte den von Paris Ermüdeten. Seine Briefe an den Verleger sprechen das aus. Mit der ›heitersten Ausbeute‹ hofft er von seiner Gebirgsreise heimzukehren.« Im Sommer 1841 machte Heine mit seiner Frau eine Badereise; dabei hielt er sich im Pyrenäenort Cauterets auf und wanderte auch über die spanische Grenze und ins Roncevalles, die den Erlebnishintergrund für den »Atta Troll« darstellen. Dessen erste Fassung erschien in Fortsetzungen vom 4.1. bis 10.3.1843 in der *Zeitung für die elegante Welt.*

1847 erschien eine stark überarbeitete Buchausgabe, für die etwa ein Drittel des Textes neu geschrieben wurde. Durch den neuen Untertitel »Ein Sommernachtstraum« verknüpfte Heine den »Atta Troll« mit »Deutschland. Ein Wintermärchen«, das 1844 erschienen war, und verschärfte den politischen und gesellschaftskritischen Gehalt des Epos. Wie seiner Vorrede zur Auflage von 1847 zu entnehmen, hat Heine auch die überarbeitete Version noch als unfertig betrachtet: als »leidlich aufgestutzt und nur äußerlich geründet«. Es ist aber bei dieser Version geblieben.

»Deutschland. Ein Wintermärchen« wirkt gegenüber dem

»Atta Troll« sehr viel zeitbezogener und kämpferischer. Die
Heine-Forschung hat dies häufig auf einen Wandel der politischen Einstellung Heines zurückgeführt, wobei man dessen
Begegnung mit Marx im Dezember 1843 eine große Bedeutung
beimißt. Heine war kurz zuvor aus Deutschland zurückge-
kehrt, das er nach 13jähriger Abwesenheit erstmals wieder
besucht hatte. Seine Reise führte ihn über Brüssel, Amsterdam
und Bremen nach Hamburg. Über Hannover, Bückeburg,
Minden, Unna, Hagen, Köln und Aachen kehrte er nach Paris
zurück. In »Deutschland. Ein Wintermärchen« bilden die Sta-
tionen der Rückreise in umgekehrter Reihenfolge den Leitfa-
den des Epos.

In seiner Vorrede zum Separatdruck des »Wintermärchens« –
es war kurz zuvor als Abschluß der »Neuen Gedichte«
erschienen – geht Heine auf die vorweggenommene Kritik des
Vaterlandsverrats und der Franzosenfreundschaft ein und for-
muliert sein Bekenntnis wie folgt: »Ich bin der Freund der
Franzosen, wie ich der Freund aller Menschen bin, wenn sie
vernünftig und gut sind (...)« Seinen Patriotismus, seine Idee
von einem besseren Deutschland sah er erfüllt, »wenn wir das
vollenden, was die Franzosen begonnen haben, wenn wir diese
überflügeln in der Tat, wie wir es schon getan in Gedanken,
wenn wir uns bis zu den letzten Folgerungen desselben emporschwingen, wenn wir die Dienstbarkeit bis in ihrem letzten
Schlupfwinkel, dem Himmel, zerstören, wenn wir den Gott,
der auf Erden im Menschen wohnt, aus seiner Erniedrigung
retten, wenn wir die Erlöser Gottes werden, wenn wir das
arme, glückenterbte Volk und den verhöhnten Genius und die
geschändete Schönheit wieder in ihre Würde einsetzen (...)«

Inhalt dieser Ausgabe